Ulrike Petermann

Kinder und Jugendliche besser verstehen

Ein Ratgeber bei seelischen Problemen

BASTEI-LÜBBE-TASCHENBUCH
Band 66301

© 1985/1991 by Kösel-Verlag GmbH & Co. KG, München
Lizenzausgabe: Gustav Lübbe Verlag GmbH, Bergisch Gladbach
Printed in Germany, September 1994
Einbandgestaltung: K.K.K., Köln
Titelfoto: ZEFA, Düsseldorf
Druck und Bindung: Ebner Ulm
ISBN 3-404-66301-2

Der Preis dieses Bandes versteht sich einschließlich
der gesetzlichen Mehrwertsteuer.

Inhalt

Vorwort

Seelische Probleme bei Kindern und Jugendlichen sind keine Seltenheit. Sie können in jeder Familie vorkommen. Oft ist Eltern gar nicht bekannt, daß ihr Kind unter einem seelischen Problem leidet. Andere Eltern sind zu besorgt und vermuten hinter den kleinsten Anzeichen seelische Probleme. Beides ist für ein Kind bzw. einen Jugendlichen nicht hilfreich. Deshalb will das Buch Eltern, aber auch Erziehern, Lehrern und anderen wichtigen Bezugspersonen von Kindern, mit Informationen und Entscheidungshilfen zur Seite stehen. Familien sollen in die Lage versetzt werden, ihr Kind besser kennenzulernen. Die einen Eltern sollen auf die seelischen Probleme ihrer Kinder und Jugendlichen aufmerksam gemacht werden. Die anderen sollen in ihrer Sorge entlastet werden. In beiden Fällen ist es notwendig, seelische Probleme bei Kindern richtig einschätzen sowie anschließend die gebotenen Maßnahmen ergreifen zu können.

Was sind nun aber seelische Probleme, und wie äußern sie sich? Kurz gesagt können seelische Probleme dadurch zustande kommen, daß jemand Ereignisse, Erlebnisse, Aufgaben und bestimmte Situationen als unangenehm belastend empfindet und sich den Dingen nicht gewachsen fühlt. Diese unangenehme Belastung kann sich mehr körperlich oder mehr psychisch auswirken. Die Auswirkungen bezeichnet man als *psychische Störungen,* die sich vielfältig äußern können, z. B. als Verhaltensstörung, als Lernstörung oder als psychosomatische Störung.

Die wichtigsten psychischen Störungen werden in 25 Stichworten dargestellt. In jedem Stichwort wird zuerst die Störung genau beschrieben, dann auf die Ursachen eingegangen und schließlich über die Möglichkeiten der Hilfe berichtet. Dadurch sollen Unsicherheiten im Umgang mit psychischen Störungen abgebaut und die verschiedenen, oft genug verwirrenden Hilfeangebote gesichtet werden. Dies ist keine leichte Aufgabe, da über psychische Störungen viel diskutiert wird, neue Begriffe und Gegensätzliches genannt und über Psychotherapien manch Wunderliches bis Kurioses berichtet wird. So erstaunen die Vorurteile, Unsicherheiten oder Schuldgefühle nicht, die man bei vielen Eltern antrifft. Deshalb ist es auch eine Aufgabe dieses Buches, fundierte und brauchbare Forschungsergebnisse, besonders der letzten Jahre, zu verarbeiten und damit zu zeigen, was »seriöse« Psychologie zu leisten vermag.

Ein Letztes ist zu diesem Buch anzumerken. Es vertritt gegenüber psychischen Störungen und deren Bewältigung eine optimistische Haltung. So wird immer wieder versucht zu belegen, daß psychische Störungen erlernt sind – zumindest der größte Teil von ihnen. Sie sind damit auch wieder verlernbar, also veränderbar. Nun ist es für einen Laien schwer zu glauben, daß z. B. Angst oder Depression erlernt sein sollen. Erlernen ist ein Vorgang, der unbemerkt und über viele Jahre erfolgt. Erlernen heißt nicht, daß die Mutter oder der Lehrer dem Kind beibringen, wie man ängstlich oder depressiv ist bzw. wird. Lernvorgänge sind das Vehikel, auf dem die Entwicklung des Kindes sich vollzieht. Kinder haben den Wunsch zu lernen, sie suchen Orientierung im Vorbild der Erwachsenen und werden durch Lob, Anerkennung und Nicht-Beachtung von Erwachsenen gelenkt. Diese Lernvorgänge unterstreichen einerseits die Erziehungsverantwortung der Eltern und andererseits die *Chance des Neulernens* und eines Neuanfangs. Denn die Regeln des Lernens geben uns Hinweise darauf, wie man einem Kind oder Jugendlichen gezielt helfen kann.

Zum Schluß, aber deshalb nicht am unwichtigsten, möchte ich mich bedanken, und zwar bei all denen, die es mir ermöglichten, daß dieses Buch in dieser Form vorliegt. In irgendeiner Form unterstützt haben mich viele Eltern, Erzieher sowie deren Kinder und Jugendliche, mit denen ich in den letzten zehn Jahren zusammenarbeiten konnte. Wertvolle Rückmeldungen zu Vorformen dieses Buches erhielt ich von Eltern, Erziehern und in der

Kinder- und Jugendarbeit engagierten Laien. Vielfältige Hilfe, Unterstützung und vor allem Geduld sowie Zuversicht gab mir mein Ehemann Franz, dem ich an dieser Stelle besonders herzlich danke.

Ulrike Petermann

Hilfe bei seelischen Problemen – Einiges Grundsätzliches

Die Zielsetzung

Wir bewegen uns allmählich einer Zeit entgegen, in der wir die Gesundheitsversorgung unserer Bevölkerung als gut bezeichnen können. Die Bundesrepublik verfügt über ein gut ausgebautes Netz von psychologischen Beratungsstellen und immer mehr frei praktizierenden Ärzten und Diplom-Psychologen. In den meisten großen Städten gibt es Spezialeinrichtungen, die eine umfassende Hilfe ermöglichen. Häufig kommt es jedoch vor, daß man als Betroffener gar nicht weiß, wo man sich hinwenden soll. Man sucht, verläßt sich auf den Ratschlag guter Freunde und ist doch immer wieder enttäuscht. Aus dieser Enttäuschung heraus wächst Mißtrauen und Unzufriedenheit. Ich habe mir vorgenommen, mit gezielten Informationen in Form dieses Ratgebers das Unbehagen zu verringern.

Es ist sicherlich nicht möglich, alle medizinischen und psychologischen Hilfeangebote sachkundig zu kennen und zu beurteilen. Ich will mir deshalb den Bereich vornehmen, in dem ich seit zehn Jahren arbeite: *das Kindes- und Jugendalter* (Kleinkinder, Schulkinder und Jugendliche bis ca. 20 Jahre). Die Bedeutung dieses Lebensabschnittes liegt auf der Hand. Fehler und Versäumnisse in diesem Zeitraum prägen so einschneidend, daß sie nur mit großem Aufwand oder fachlicher Hilfe rückgängig gemacht und notwendige Entwicklungen nachgeholt werden können. Dieses Buch möchte vor sachlichen Fehlentscheidungen bewahren und ungünstige Entwicklungen bei Kindern und Jugendlichen vermeiden helfen. Ich war dabei bemüht, neuere medizinische und psychologische Erkenntnisse so aufzuarbeiten, daß sie leicht verständlich sind. Diese gezielten und knappen Informationen können an Hand weiterführender Literatur vertieft werden. Die

Literaturempfehlungen folgen jedem Stichwort und sind unter anderem auch danach ausgewählt, ob sie für einen Laien anschaulich und eingängig sind.

Dieser Ratgeber geht auf 25 Stichworte ein, die jeweils in sieben Punkte gegliedert sind:

1. Zwei *Fallbeispiele,* die markant die beobachtbaren Kennzeichen der psychischen Störung illustrieren, leiten jedes Stichwort ein.

2. Eine genaue Darstellung von den *Erscheinungsformen* (= Symptomen), Auswirkungen, Folgen u. ä. der Störung folgt (»Was ist gemeint?«).

3. Einige wichtige Hinweise auf die (möglichen) *Ursachen* und die Bedingungen, die aktuell die Störung beeinflussen oder aufrechterhalten, werden erläutert (»Was sind die Ursachen?«). Hierbei wird auf familiäre, biologische und physiologische Ursachen und Erbfaktoren eingegangen.

4. Es werden die Hilfestellungen erläutert, die Eltern oder andere Bezugspersonen (wie Lehrer, Erzieher) anwenden können (»Wie kann man helfen?«). Im einzelnen werden *Verhaltensregeln* formuliert, *konkrete Handlungsanweisungen* gegeben und in manchen Fällen auf die Möglichkeiten von *Selbsthilfegruppen* verwiesen.

5. Dann werden die Möglichkeiten einer psychologischen *Beratung* und *Behandlung* vorgestellt (»Wie hilft der Fachmann?«). Diese Überlegungen werden nur soweit ausgeführt, daß eine grundlegende Orientierung erfolgen kann.

6. Einige gezielte *Literaturempfehlungen* folgen, wobei sowohl wissenschaftliche als auch für Laien gut lesbare Schriften angegeben werden. Die für Laien gut lesbaren Schriften sind mit einem Stern (*) gekennzeichnet.

7. *Adressen,* die Betroffenen weiterhelfen können, sind am Ende aufgeführt.

Dieser starre Aufbau wurde bei allen Stichworten beibehalten, damit eine gute Orientierung möglich ist.

Die Auswahl der Stichworte

In alphabetischer Anordnung wurden die 25 häufigsten psychischen Störungen aufgenommen. Somit wird der Ratgeber zu einem praktischen Nachschlagebuch. Selbstverständlich lassen sich die Stichworte auch nach inhaltlichen Gesichtspunkten in Gruppen zusammenfassen:

1. Ängste
- Angst
- Phobie

2. Körperliche und psychische Störungen im Zusammenspiel
2.1 Körperliche Störungen mit psychischen Folgen
- Chronische Krankheiten
- Geistige Behinderung

2.2 Psychosomatische Störungen
- Einkoten/Einnässen
- Pubertätsmagersucht
- Schlafstörungen
- Sprachentwicklungs- und Sprechstörungen
- Übergewicht
- Weitere psychosomatische Störungen, wie Asthma, Magengeschwüre

3. Lernstörungen
- Impulsivität
- Konzentrationsprobleme
- Lese-Rechtschreib-Schwäche (Legasthenie)
- Motivationsprobleme

4. Schwere psychische Störungen
- Autistische Störungen
- Depression
- Schizophrenie
- Selbstmord und Selbstmordversuch

5. Sucht
- Alkoholismus
- Drogenabhängigkeit

6. Verhaltensstörungen
- Aggression
- Delinquenz
- Hyperaktivität
- Kontaktprobleme

7. Sexuelle Störungen

Es lassen sich also sieben Gruppen bilden, wobei manche, – beispielsweise *Ängste, Lernstörungen* und *Sucht* –, hinreichend bekannt sind. Andere Gruppen müssen näher erläutert werden.

Die größte Gruppe, die acht Stichworte umfaßt, setzt sich aus Störungen zusammen, die sich aus dem *Zusammenwirken körperlicher und psychischer Faktoren* ergeben. In dieser Gruppe befinden sich zunächst sowohl Störungen, die eindeutig körperlich verursacht sind, als auch solche, bei denen unklar bleibt, ob eine psychische Störung die körperliche Krankheit bedingte oder ob ein körperlicher Mangel zu einer psychischen Beeinträchtigung führte. Ein Beispiel für die erste Untergruppe sind chronische Krankheiten, wie Krebs (Tumore, Leukämie), die erhebliche psychische Belastungen zur Folge haben, die langfristig sowohl für das Kind bzw. den Jugendlichen als auch für die Familie schwerwiegende Auswirkungen haben. In der zweiten Untergruppe befinden sich so belastende psychosomatische Störungen, wie Pubertätsmagersucht, Einkoten/Einnässen oder Übergewicht.

Eine von den Ursachen und Erscheinungsformen her weitgefaßte Gruppe bezieht sich auf *psychische Störungen mit schwerwiegenden Folgen* (autistische Störungen, Depression, Schizophrenie, Selbstmord). Die schwerwiegenden Folgen reichen von häufigen oder langen Psychiatrieaufenthalten, Rückfallgefahren, nicht mehr rückgängig zu machenden psychischen Störungen bis zum

Tod. Hierbei wird, z. B. bei der Depression, nicht an leichte Störungen gedacht. Niedergedrückte Stimmungen, Trauergefühle, Mattigkeit und ähnliches erlebt fast jeder Mensch mehr oder weniger oft und ausgeprägt. Man könnte hier von einer depressiven Verstimmung sprechen, aber nicht von einer schweren Störung (einer Depression).

Noch ein weiteres möchte ich ansprechen. Oftmals wird, gerade unter Laien, davon ausgegangen, daß psychische Störungen »irgendwie vom Inneren des Menschen heraus« kommen. Dabei fällt vielen z. B. der Begriff »endogen« ein. Wichtig erscheint mir, darauf hinzuweisen, daß nur sehr wenige psychische Probleme eindeutig vererbt, körperlich oder sonstwie »innerlich« verursacht sind. Über die Ursachen streiten sich zwar die Forscher, gerade auch was die schweren psychischen Störungen Depression und Schizophrenie angeht. Dies vor allem deshalb, weil es keine eindeutigen Beweise für die Ursachen gibt. Aus diesem Grunde werden generell verschiedene Ursachenbereiche für jede Störung dargestellt.

Ohne Zweifel hat man in der Vergangenheit den körperlichen, angeborenen und erblich bedingten Ursachen zu viel Bedeutung beigemessen. Neuere Forschungsergebnisse haben diese Bedeutung in Frage gestellt, andere Faktoren wie die Umwelt, kritische Lebensereignisse und die Erziehung wurden als mindestens ebenso wichtige Ursachen erkannt. Aus diesen Gründen nimmt man bei vielen Störungen ein sogenanntes »*Diathese-Streß-Modell*« an. Dieses Modell besagt, daß sowohl Umweltfaktoren (= Streß) als auch die körperliche und seelische Beschaffenheit einer Person, für bestimmte Dinge anfällig zu sein (= Diathese), psychische Störungen verursachen. Das bedeutet also, daß in der Regel zwei Dinge zusammenkommen müssen, bevor sich eine psychische Störung entwickelt: Eine angeborene oder erworbene (z. B. gelernte) *Empfänglichkeit* bzw. Anfälligkeit für eine Störung oder Krankheit, wobei die Empfänglichkeit auf die geminderte Fähigkeit, Belastungen auszuhalten, zurückgeführt wird. Der zweite Faktor betrifft eine *Streßeinwirkung*, also eine Belastungssituation für Körper und Psyche, die von außen kommt.

Was nun aber als eine Belastungssituation empfunden wird, ist im Einzelfall sehr unterschiedlich. Dies hängt vielfach von der Fähigkeit ab, mit Belastungen umzugehen und sich diesen gewachsen zu fühlen. Kann ich mit einer Anforderung umgehen, dann fühle ich mich *nicht unangenehm belastet,* sondern erlebe eine positive Form der Streßeinwirkung (= sogenannter »Eustress«). Kann ich aber ein Ereignis oder eine Aufgabe nicht bewältigen, dann fühle ich mich *unangenehm belastet* und empfinde die Streßeinwirkung entsprechend negativ (= sogenannter »Distress«).

In welcher Form sich Menschen belastet fühlen und wie sie damit umgehen, ist erworben. Das Wort »erworben« kann in diesem Zusammenhang unterschiedliches bedeuten: Beispielsweise stellen Probleme während der Schwangerschaft oder Geburtskomplikationen wichtige Weichen für das zukünftige Leben; ebenso eine schwere Erkrankung im Säuglings- und Kleinkindalter. Auch die gefühlsmäßige Beziehung zwischen Mutter und Kind trägt zum Erwerb einer bestimmten Haltung gegenüber belastenden Ereignissen im Leben bei. Erlebt ein Kind z. B. immer Sicherheit und Geborgenheit durch das Verhalten seiner Eltern, so kann es Vertrauen zu anderen und Selbstvertrauen gerade in seine Belastungsfähigkeit aufbauen. Erwerben heißt auch Lernen. Ein Kind lernt, und je jünger, desto ausgeprägter, von seinen engsten Bezugspersonen, also in der Regel den Eltern. Es beobachtet unter anderem, wie seine Eltern mit Belastungen umgehen. Dies ahmt das Kind nach, es imitiert die Eltern, da es genauso werden möchte wie sie. Damit werden die Eltern zum *wichtigsten Vorbild* für ihre Kinder. Bei diesem Lernvorgang spricht man häufig von *Vorbildlernen* oder *Imitationslernen*.

Die letzte Gruppe bildet einen Sammelbegriff für Beeinträchtigungen, die man deutlich am *veränderten* allgemeinen Verhalten bzw. am *Sozialverhalten* erkennt (z. B. Aggression, Kontaktprobleme, Überaktivität). Bei diesen Störungen sind andere oft in irgendeiner Form mitbetroffen.

Da die vorher beschriebenen Lernvorgänge nicht nur beim Erwerb einer bestimmten Lebenseinstellung, sondern auch allgemein in der Erziehung eine sehr wichtige Stellung einnehmen, soll ausführlich im nächsten Punkt darauf eingegangen werden.

Die Mißverständnisse in der Erziehung

Erziehungsfehler sind offensichtlich unvermeidbar! Dies ist dann nicht weiter schlimm, solange man bereit ist, sich Fehler einzugestehen und daraus zu lernen. Allerdings sehen wir eher die Fehler des anderen und verkennen nur zu gern und verständlicherweise die eigenen. Eltern erklären in jedem Beratungsgespräch, daß sie immer nur das Beste für ihr Kind wollen, und daß sie ratlos vor dem stehen, was aus ihrem Kind bzw. dem Jugendlichen geworden ist. Selbstverständlich finden Eltern ausreichend Gründe, warum ihre Erziehung an einer ungünstigen Entwicklung ihres Kindes ganz unbeteiligt sein muß. Oft wird aber in einem solchen Gespräch schnell deutlich, wo die Mißverständnisse in der Erziehung liegen und wie sich diese – für die Eltern oft unbemerkt – auf ihr Kind auswirken.

Einen guten Hinweis darauf, welche Mißverständnisse die Erziehung bestimmen, geben knapp formulierte, *ungünstige Leitsätze* (»Lebensweisheiten«) von Eltern:

1. »Mein Kind soll es einmal besser haben als ich und nicht um alles betteln müssen!«
2. »Eine gute Mutter darf ihr Kind nicht strafen!«
3. »Kinder müssen sich natürlich, aus sich heraus entwikkeln!«
4. »Was mir nicht geschadet hat, schadet meinem Kind auch nicht!«
5. »Mein Kind schaut so lieb, das kann ja gar nichts Böses tun!«
6. »Wenn ich schon keine Zeit für mein Kind habe, dann soll es wenigstens seinen Willen bekommen!«

7. »Wenn ich mit meinem Kind diskutiere, verliere ich meine Autorität!«
8. »Mein Kind bekommt seinen Willen, damit ich meine Ruhe habe!«
9. »Mein Mann ist mit unseren Kindern zu streng, dies gleiche ich dann aus!«

Die Auswirkungen dieser Überzeugungen von Eltern können an einigen Beispielen erläutert werden. So kann der Satz: »Mein Kind soll es einmal besser haben als ich und nicht um alles betteln müssen!« bewirken, daß Eltern ihrem Kind jeden Wunsch von den Augen ablesen. Die Folge davon ist beispielsweise ein Überangebot an Spielsachen. Das Kind greift aber kaum eines der Angebote auf und kann ihren Wert nicht schätzen, da es gar nicht weiß, warum es dies alles erhalten hat. Dieses Kind sieht also keinen Zusammenhang mehr zwischen seinem eigenen Verhalten oder seinen Anstrengungen und dem, was mit ihm geschieht. Durch eine solche Erziehung wachsen passive, motivationslose, ja teilweise depressive Kinder heran, die sich selbst nichts mehr zutrauen.

Ein anderes Beispiel: Eine Mutter, die glaubt, nicht strafen zu dürfen, nimmt sich eine wichtige Möglichkeit, ihrem Kind für sein gezeigtes Verhalten eine Rückmeldung zu geben. »Strafen« stellt für viele Eltern eine qualvolle Tortur dar, die man oft mit einer sehr menschenunwürdigen Behandlung aus der eigenen Kindheit verbindet. Gebote und Verbote sowie die sich daraus ergebenden natürlichen Folgen (= Konsequenzen), wenn die Ge- und Verbote nicht beachtet werden, stellen jedoch notwendige Orientierungen für ein Kind oder einen Jugendlichen dar.

Ohne ausdrückliches und erkennbares *Loben* und *Anerkennen,* ohne ehrliche und zugleich *aufbauende Kritik,* ohne *begründetes Zurückweisen* von Forderungen sowie ohne *Bestrafen* des Kindes wird es nicht lernen, mit schwierigen Situationen seines späteren Lebens zurechtzukommen. Diese positiven wie negativen Konsequenzen müssen *immer* und *sofort,* also »konsequent«, von den Eltern kommen. Nachlässigkeiten der Eltern an diesem Punkt sind für ein Kind zwar bequem, aber keinesfalls eine Hilfe. Zum Bestrafen noch ein Wort: Unter *Strafen* sind hier in erster Linie natürliche Folgen aus einer Handlung, z. B. eine Wiedergutmachung, eine Schadensbehebung, und der Entzug von Vergünstigungen oder Belohnungen gemeint; es sind *nicht* körperliche Züchtigungen, *nicht* ständiges Nörgeln, Schimpfen oder lautes Schreien und *nicht* stunden- oder gar tagelanger »Liebesentzug« darunter zu verstehen.

Ein letztes Beispiel: In einem Gespräch erklärte mir ein Vater: »Wenn ich mit meinem Kind diskutiere, verliere ich meine Autorität!«. Bei einem solchen Vater besteht die Gefahr, daß er jedes klärende Gespräch verhindert und deshalb Konflikte in der Familie nie offen angesprochen werden. Solche autoritären Strukturen in einer Familie erzeugen oft psychisch labile, unsichere und ängstliche Kinder.

Das Gefährliche an den Leitsätzen ist, daß sie uns oft gar nicht richtig bewußt sind und nur unterschwellig unser Handeln bestimmen. Darüber hinaus bewirken diese einseitigen Leitsätze, daß wir Ereignisse in der Familie verzerrt wahrnehmen und dadurch unter falschen Vorannahmen ungünstig handeln.

Das Kind als Spiegel der Familie

Immer häufiger erleben sich Eltern in einer psychologischen Beratung »ertappt« und glauben, daß ihnen die Alleinschuld an den Problemen ihrer Kinder und Jugendlichen zugesprochen wird. Dieser Eindruck läßt bei vielen Eltern Zweifel an der Qualität einer psychologischen Hilfe aufkommen. Diese Zweifel sind zunächst einmal berechtigt, da in der Tat nicht alle psychischen Beeinträchtigungen des Kindes durch familiäre Einflüsse zu erklären sind.

Gleichzeitig kann den Eltern aber einsichtig gemacht werden, daß sie das wichtigste und über viele Jahre hinweg einzige

Vorbild ihrer Kinder sind und diese damit prägen, und zwar durch alle ihre guten und schlechten Seiten. So kann man einer ängstlichen Mutter an Hand von Beobachtungen ihrer eigenen Person und ihres Kindes aufzeigen, in welcher Form sich diese Ängstlichkeit auf das Kind übertragen hat.

Man kann auch verdeutlichen, daß das ängstliche Kind häufig entweder von allzu ehrgeizigen Berufsplänen seiner Eltern überfordert wird oder daß Vater und Mutter unterschiedliche Ziele formulieren. Alle diese Punkte stellen Einflüsse von Eltern auf ihre Kinder dar. Leider wird oft in Beratungsgesprächen nicht so eindeutig und in annehmbarer Weise der Zusammenhang zwischen dem Verhalten der Eltern und dem des Kindes angesprochen. Vieles bleibt im Dunkeln, die Eltern fühlen sich deshalb angegriffen, entwickeln manchmal Schuldgefühle und werden in ihrer Erziehung noch unsicherer. Ein solches Vorgehen hilft weder dem Kind noch den Eltern. Aus diesem Grund ist es in einer psychologischen Beratung wichtig, daß die Eltern mit fachmännischer Hilfe die Zusammenhänge zwischen ihrem Verhalten und dem Verhalten ihres Kindes erkennen lernen, ohne daß dabei Schuldgefühle entstehen. Schuldgefühle können verhindert werden, indem auch die Zusammenhänge zum positiven Verhalten bedacht und deutlich hervorgehoben werden. Viele Gründe, warum sich Eltern in einer ungünstigen Weise ihrem Kind gegenüber verhalten, sind nur zu menschlich und verstehbar. Fehler sind jedoch dazu da, daß sie gemacht werden und daß man daraus lernt. Ein schlechtes Gewissen ist hier hinderlich.

Die Bedeutung der Familie ist für die Entwicklung des Kindes also ganz entscheidend, und es wird sehr häufig bei der Darstellung der Ursachen psychischer Beeinträchtigungen darauf verwiesen. So schlägt sich die *Vorbildwirkung* der Eltern bei den meisten psychischen Beeinträchtigungen nieder (z. B. übermäßiger Alkoholgenuß, unkonzentriertes oder überaktives Verhalten, Kontaktarmut). Viele depressive und passive Kinder werden für Anstrengungen *nie gelobt,* ihre *Erfolge* werden als *selbstverständlich* von den Eltern hingenommen und *nicht besonders anerkannt*. In anderen Familien, besonders mit schwer psychisch gestörten Kindern und Jugendlichen, werden *Problemgespräche vermieden*, die *Familienmitglieder leben nebeneinander* und *gemeinsame Familienaktivitäten* (im Freizeitbereich) finden aufgrund beruflicher Belastung *nicht statt*. Dieses sind einige ungünstige Verhaltensweisen der Eltern, die in der Entwicklung des Kindes Spuren hinterlassen. Allerdings ist die psychologische Forschung noch nicht so weit, genau anzugeben, welches Verhalten unzweifelhaft welche Beeinträchtigung nach sich zieht. Psychische Störungen werden in der Regel aufgrund *verschiedener Ursachen,* die gleichzeitig zusammenwirken, erklärt. Die folgende Aufstellung ist nicht vollständig, enthält jedoch die wichtigsten ungünstigen Verhaltensweisen von Eltern, die sich bei Kindern in Problemen oder Störungen widerspiegeln:

1. Schlechte Vorbilder (z. B. übermäßiger Alkoholgenuß; übermäßig unruhiges Verhalten)
2. Keine gefühlsmäßige Beziehung (z. B. kaum Schmusen, kein Körperkontakt)
3. Keine Anerkennung und Lob aussprechen
4. Kein konsequentes Handeln (einmal wird ein Verhalten erlaubt, einmal das gleiche Verhalten grundlos verboten)
5. Vater und Mutter verfolgen unterschiedliche Erziehungsziele
6. Problemgesprächen wird aus dem Weg gegangen
7. Überforderung des Kindes durch zu ehrgeizige (Berufs-) Pläne der Eltern
8. Keine gemeinsamen Familienaktivitäten (z. B. wegen beruflicher Überlastung)

Deutlich ist eines in der psychologischen Forschung: In Familien mit psychisch kranken Kindern liegen gehäuft einige oder sogar alle der in der Aufstellung angegebenen Verhaltensweisen von Eltern vor. Außerdem weiß man heute: Angeboren oder vererbt sind nur ganz wenige der hier zu behandelnden Störungen. Vieles ist auf irgendeine Weise gelernt worden. Diese Tatsache birgt zugleich die *Chance* in sich, daß man Dinge auch wieder *verlernen* kann. Dies gilt für die Eltern wie für ihre Kinder. Die Fähigkeit des Menschen, sein Leben lang Dinge neu lernen und andere verlernen zu können, stimmt uns optimistisch.

Die Grundregeln der Hilfe

Wie eben schon ausgeführt, sind viele psychische Störungen über Jahre hinweg entstanden und gelernt worden. Diese, meistens langfristige Entwicklung psychischer Störungen, wirkt sich auf die Grundregeln der Hilfe aus. Die Grundregeln beziehen sich einmal darauf, was Eltern bezüglich fachmännischer Hilfe unternehmen sollen, und zum anderen, was sie selbst tun können. Im Hinblick auf die fachmännische Hilfe gilt für Eltern:

1. Je früher eine Störung *erkannt* und *angegangen* wird, desto *besser* sind die Chancen, sie zu beheben.
2. Eltern sollen sich *nicht scheuen,* psychologische *Hilfe aufzusuchen.*
3. Bei allen Maßnahmen, besonders wenn sie die Kinder betreffen, sollen auch die *Eltern* bzw. die *Familie* zumindest *beraten* werden.
4. In vielen Fällen ist es unumgänglich, daß die Eltern *aktiv* und *ausdauernd* mitarbeiten. Das bedeutet, Ratschläge des Fachmannes müssen zuverlässig umgesetzt und Übungen konsequent durchgeführt werden.
5. Bei allen Maßnahmen muß bedacht werden, daß Verbesserungen oft *mühsam,* in *kleinen Schritten* verlaufen und unter Umständen eine *längere Zeit,* beispielsweise von mehreren Monaten, dauern.

Werden diese Grundregeln beachtet, braucht man nicht vor psychischen Störungen im Kindes- und Jugendalter zu resignieren. Selbst wenn sie körperlich verursacht sind, können sie in vielen Fällen durch Fördermaßnahmen, gezielte Hilfen und Psychotherapie behoben oder zumindest gelindert werden. Ich werde häufig für diese Anstrengungen als Sammelbegriff den Ausdruck »Training« benutzen. Dieser Ausdruck deutet an, daß es sich um *gezielt geplante, strukturierte, durchschaubare* und *aktiv herbeigeführte Maßnahmen* handelt.

Diese Maßnahmen sind zwar in erster Linie auf das Kind oder den Jugendlichen gerichtet. Sie sind aber langfristig gesehen besonders dann erfolgreich, wenn es gelingt, die Eltern bzw. die Familie einzubeziehen und zu beraten. Die Beratung dient dem Ziel, bei den Eltern das Verhalten zu verändern, durch das die Störung des Kindes verstärkt und aktuell aufrechterhalten wird.

Ein *aufrechterhaltendes Verhalten* von Eltern kann dann gegeben sein, wenn sie ihr chronisch krankes (z. B. zuckerkrankes) Kind so stark bemuttern, »entlasten« und verwöhnen, daß dieses vollkommen passiv wird. Ein solches Kind wird jeder Anstrengung aus dem Wege gehen und dabei auf seinen schlechten Gesundheitszustand verweisen. Die weiteren Folgen können dann sein, daß die Angst des Kindes im Kontakt zu anderen Kindern derart zunimmt, daß es sich konsequent weigert, das Bett zu verlassen; oder daß es sich für Aufgaben und Verpflichtungen nicht verantwortlich fühlt und nicht in die Schule gehen will. Erst wenn Eltern ihrem Kind mehr zutrauen, es weniger bemuttern sowie es in Aktivitäten ermutigen und wenn ihnen klar wird, daß ein zuckerkrankes Kind sehr wohl selbständig sein kann, werden die therapeutischen Bemühungen um das Kind erfolgreich sein. Da sich Verbesserungen nicht von heute auf morgen einstellen, müssen die Eltern aktiv und ausdauernd mitarbeiten.

Das eben ausgeführte Beispiel deutet schon auf die Grundregeln hin, was Eltern tun können. Sie sollten sich fragen:

- Wo bin ich Vorbild für mein Kind?
- Mit welchem eigenen Verhalten bestärke ich mein Kind in seinem ungünstigen Verhalten und trage damit dazu bei, daß die Störung aufrechterhalten wird, also bestehen bleibt?
- Setze ich meinem Kind sinnvolle Grenzen und Regeln, halte ich sie selbst ein und bestehe ich konsequent auf die Einhaltung?
- Stelle ich sinnvolle und bewältigbare Anforderungen an mein Kind, ohne es zu über- oder zu unterfordern?

Eltern sollten sich diese Fragen in aller Ruhe und mit der bestmöglichen Ehrlichkeit beantworten. Dann ist schon ein wesentlicher Schritt getan, dem Kind oder Jugendlichen zu helfen. Soll nun gezielt ein bestimmtes Verhalten verringert werden, dann ist zu beachten, daß an dessen Stelle immer ein anderes, gewünschtes Verhalten treten muß, damit kein »Verhaltensloch« entsteht.

Wie verschwindet nun das eine Verhalten, und wie entsteht das andere, neue Verhalten? Dies hängt besonders damit zusammen, *wann* und *wie* ich mich dem Kind *zuwende,* es beachte. Zuwendung bedeutet immer Verstärkung, egal, ob es sich um positive oder negative Zuwendung handelt. *Verstärkung* bedeutet wiederum, daß aus einem anfangs seltenen und nebensächlichen Verhalten ein häufiges und wichtiges Verhalten wird. Dies soll an einem Beispiel eines Kindes mit Konzentrationsproblemen deutlich werden:

- Das Kind verhält sich erwünscht: Es macht konzentriert seine Hausaufgaben. Die Mutter nickt ihm lächelnd zu. Am Ende lobt sie es und schmust kurz mit ihm.
Die Art, wie die Mutter das Kind beachtet, ist eine *positive Zuwendung* für das Kind. Durch positive Zuwendung wird

das vorherige Verhalten des Kindes, nämlich konzentriertes Hausaufgabenmachen, *verstärkt* und dadurch besonders *hervorgehoben* und *gefördert*.

● Das Kind verhält sich unerwünscht: Es ist bei den Hausaufgaben unkonzentriert, steht auf, spielt zwischendrin und träumt. Die Mutter fordert das Kind mehrmals auf, daß es an seinen Aufgaben weiter arbeiten soll; sie ermahnt es und blickt es streng dabei an. Schließlich schimpft sie und schreit es an.

Die Art, wie die Mutter das Kind beachtet, ist eine *negative Zuwendung* für das Kind. Durch diese negative Zuwendung wird das vorherige Verhalten, nämlich *un*konzentriertes Hausaufgabenmachen, *verstärkt* und dadurch besonders *hervorgehoben* und *gefördert*. Also *auch* durch eine negative Zuwendung wird Verhalten ausgeprägt, und zwar oft genau das Verhalten, das wir *eigentlich verhindern* wollen.

● Das Kind verhält sich unerwünscht: Es macht seine Hausaufgaben unkonzentriert. Die Mutter gibt auf ablenkende Fragen keine Antwort, sie schaut es nicht an, sie schimpft nicht. Sie ignoriert das Kind und geht ihrer eigenen Aufgabe nach. Nach einer Weile setzt sich das Kind an seine Hausaufgaben und erledigt sie. Darauf reagiert die Mutter sofort freundlich und lobend.

Da die Mutter *keine Zuwendung* auf das unerwünschte Verhalten des Kindes zeigt, rückt dieses Verhalten *in den Hintergrund* und verschwindet. Erst positives Verhalten des Kindes wird wieder beachtet.

Wichtig ist, daß die richtige Art der Zuwendung *sofort* erfolgt, das heißt, nicht Stunden oder Tage später.

Viele Beeinträchtigungen, wie Lern- oder Verhaltensstörungen, kann man bei ansonsten normal entwickelten Kindern in wenigen Monaten durch gezielte Hilfe beheben; bei manchen Störungen kann sich jedoch eine psychologische Hilfe auch über Jahre erstrecken (wie bei der geistigen Behinderung oder der Schizophrenie). Gerade bei diesen schwierigen Fällen muß man sich auf eine besonders mühsame Arbeit und eine in kleinen Schritten verlaufende Verbesserung einstellen. In manchen Fällen sind Rückschläge möglich, und manchmal ist sogar eine stationäre Behandlung in einer Klinik oder einem speziellen Heim notwendig.

Zudem gibt es Fälle, wie bei der geistigen Behinderung, in denen natürliche Grenzen gesetzt sind. Das bedeutet, eine Besserung oder Förderung ist nur bis zu einem bestimmten Punkt möglich. Bei vielen anderen, schweren psychischen Störungen ist jedoch eine gute Heilungschance dann gegeben, wenn sie frühzeitig erkannt und angegangen werden.

Das Hilfeangebot

Bisher wurde hauptsächlich von der psychologischen Hilfe gesprochen. Nachfolgend wird auch das medizinische Hilfeangebot miteinbezogen: Es werden wichtige Spezialisten und Institutionen sowie die übliche Reihenfolge der Untersuchungsmaßnahmen angesprochen:

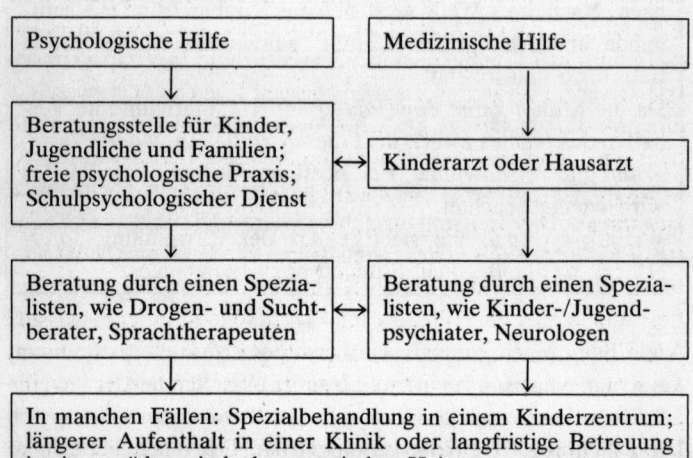

Psychologische Hilfe. Der erste Kontakt erfolgt über eine Beratungsstelle für Kinder, Jugendliche und Familien oder eine freie psychologische Praxis. Bei Lern- und Verhaltensstörungen, die in der Schule auftreten, kann der Kontakt über einen Schulpsychologischen Dienst erfolgen. In diesen Stellen wird zunächst ein Erstgespräch und meist eine durch psychologische Tests gestützte Diagnostik durchgeführt. Die Ergebnisse dieser Bemühungen können in schwierigen oder für die Stelle ungewohnten Fällen zur Folge haben, daß die Beratung und Behandlung an Spezialisten, wie Drogen- und Suchtberater, Sprachtherapeuten usw., weitergegeben wird. Besonders schwierige Fälle, wie schwere geistige Behinderung oder psychosomatische Störungen, können einen längeren Klinikaufenthalt oder eine längerfristige Betreuung in einem pädagogisch-therapeutischen Heim erforderlich machen. Gerade bei den letztgenannten schwierigen Fällen ist psychologische und medizinische Hilfe aufeinander abzustimmen.

Medizinische Hilfe. In den meisten Fällen gehen Eltern, wenn ihrem Kind »etwas fehlt«, zum Kinder- oder Hausarzt. Wenn dieser keine körperlichen Ursachen für eine Störung findet, dann sollte man auch die psychologische Hilfe in Erwägung ziehen. In schwierigen Fällen wird der Kinder- oder Hausarzt an einen medizinischen Kollegen, einen Kinder- oder Jugendpsychiater oder Neurologen überweisen. Manchmal ist es auch notwendig, eine Spezialbehandlung in einem sogenannten »Kinderzentrum« oder einer großen Kinderklinik durchzuführen. Auch in diesen Einrichtungen arbeiten Spezialisten verschiedener Fachgebiete zusammen. Die Beratung im Rahmen der psychologischen Dienste der Städte, Kreise oder freien Träger (z. B. Caritas, Diakonisches Werk, Arbeiterwohlfahrt) sind kostenlos. Die ärztlichen Leistungen oder die Hilfe, die ein Psychologe in freier Praxis auf Anordnung eines Arztes (Überweisung) erbringt, übernehmen die Krankenkassen. Im Einzelfall sollte man sich bei der jeweiligen Krankenkasse informieren.

Die psychologische Hilfe im einzelnen. Die Hilfe läßt sich in drei Gruppen einteilen. Man kann einerseits gezielte und andererseits unterstützende Hilfen für das Kind bzw. den Jugendlichen unterscheiden sowie Hilfen, die den Eltern zuteil werden. Manche Hilfeangebote, besonders unterstützende, haben pädagogischen Charakter und können von der Familie, dem Kind bzw. Jugendlichen alleine oder unter Anleitung eines Therapeuten, Heil- oder Sonderpädagogen erfolgen. Der Überblick über die Hilfen im folgenden Kasten ist nicht vollständig. Er gibt aber einen Einblick, was psychologische Hilfe im einzelnen bedeuten kann:

---

1. Gezielte Hilfen für das Kind bzw. den Jugendlichen

- gezielte Problemgespräche
- Rollenspiele zum Einüben neuen Verhaltens
- Einüben von Selbstkontrolle
- Einsatz von Verstärkung
- schrittweise Annäherung
- Sprach- und Sprechtraining
- Bewegungs- und Koordinationstraining
- stationäre Behandlung (z. B. bei Abhängigkeit)

2. Unterstützende Hilfen für das Kind bzw. den Jugendlichen

- Entspannungshilfen (z. B. autogenes Training)
- heilpädagogische Maßnahmen (z. B. Spielen oder Musizieren)
- Freizeitaktivitäten

3. Hilfen für die Eltern

- Beratungsgespräche über Erziehungsfragen
- Unterweisung in Fördermaßnahmen, die mit dem Kind durchgeführt werden müssen
- Rollenspiele zum Einüben neuen Verhaltens

Gezielte Hilfen für das Kind bzw. den Jugendlichen. Unter gezielter Hilfe wird verstanden, daß ein Fachmann direkt, beispielsweise aufgrund eines bestimmten Trainings oder einer geplanten und strukturierten Psychotherapie die Störung bzw. das Problem angeht und bearbeitet. Eine solchermaßen gezielte Vorgehensweise führt in der Regel zu einem baldigen positiven Ergebnis. Selbstverständlich unterscheiden sich Hilfeangebote bei den einzelnen psychischen Beeinträchtigungen. In der Regel wird jedoch die Beratung mit gezielten *Problemgesprächen* beginnen. Diese sollen, z. B. bei Lern- oder Verhaltensstörungen, dem Kind bzw. Jugendlichen erste Hinweise geben, in welcher Form sich sein Verhalten ändern soll.

In vielen Fällen eignen sich *angeleitete Rollenspiele* gut dazu, neues Verhalten einzuüben. In angeleiteten Rollenspielen können schnell Mängel behoben werden. Dies ist auf die Vorbildwirkung der Spieler, auf das wiederholte Üben eines bestimmten Verhaltens, auf die Anerkennung und Belobigung gelungenen Verhaltens und auf die Rückmeldung des gezeigten Verhaltens, beispielsweise mit Videoaufnahmen, zurückzuführen.

Vielen Kindern und Jugendlichen mangelt es an *Selbstkontrolle*. Unter Selbstkontrolle versteht man, daß ein Kind oder Jugendlicher sich genau selbst beobachten, seine Person und sein Leistungsvermögen richtig einschätzen und sich dementsprechend verhalten kann. Ein Beispiel dazu: Der alkoholabhängige Jugendliche oder das übergewichtige Kind bewerten ihr Verhalten nicht mehr danach, ob Durst oder Hunger vorliegt, sondern Trinken und Essen ist zum Selbstzweck geworden und kann nicht mehr beeinflußt werden. Eine ähnliche Rolle spielt Selbstkontrolle bei aggressivem Verhalten, bei Konzentrationsproblemen usw. Ein kleiner Anlaß genügt z. B. bei aggressiven Kindern oft, daß sie die Kontrolle über ihr Verhalten verlieren und gewohnheitsmäßig losschreien, zuschlagen oder etwas zerstören.

Oft haben Kinder und Jugendliche große Ängste, Unsicherheiten oder Mängel im Verhalten, so daß man sehr kleine Lernschritte sofort unterstützen muß. Diese Unterstützung durch Loben, gut Zureden und ähnliches nennt man *Verstärkung*. Das Kind erfährt dadurch Zuspruch, Zuwendung, Anerkennung und vor allem eine Orientierung darüber, in welche Richtung es seine Bemühungen lenken soll. Das Lernpensum wird dabei gezielt in kleine, gut bewältigbare *Schritte zergliedert* und nacheinander geübt. Begonnen wird mit dem leichtesten Schritt. Die Schwierigkeit der Schritte steigt mit der Zeit. Ein Schritt wird solange geübt, bis er beherrscht wird. Vorher wird nicht weitergegangen. Ein solches Vorgehen ist beendet, wenn auch der letzte und schwierigste Schritt erreicht ist. Die Zergliederung eines Verhaltenszieles in kleine Einheiten, kombiniert mit sofortiger Verstärkung der kleinsten Fortschritte, nennt man *schrittweise Annäherung* (systematische Desensibilisierung). Diese Methode ist sehr effektiv und findet vielfach Anwendung, besonders bei Störungen wie Angst, Phobie und bei geistiger Behinderung.

Eine Reihe von Kindern benötigen *spezielle Behandlungen*. So erhalten z. B. Stotterer ein Spezialtraining, das in Sprachheilschulen oder von Sprachtherapeuten in freier Praxis bzw. Heimen erfolgt. Kindern mit großen Verzögerungen in ihrer körperlichen Entwicklung kann mit einem Bewegungs- und Koordinationstraining geholfen werden. Eine Reihe von Kindern und Jugendlichen benötigen zeitweise eine spezielle Behandlung im stationären Bereich, wie z. B. in einer Suchtklinik oder, z. B. bei schwer psychisch gestörten Kindern, in einem pädagogisch-therapeutischen Heim.

Unterstützende Hilfen für das Kind bzw. den Jugendlichen. Als unterstützende Hilfen werden Maßnahmen bezeichnet, die zu einem Training bzw. zu einer Psychotherapie zusätzlich, in unterstützender Absicht durchgeführt werden. Es kann sich dabei um Vorgehensweisen handeln, die das Kind oder der Jugendliche zu Hause regelmäßig fortführt. Es geht auch um Verhaltensaufträge für den Alltag, die helfen sollen, die Erfolge im Training und in der Therapie zu stabilisieren. Für viele lern- und verhaltensgestörte Kinder ist es beispielsweise notwendig, daß sie einen Weg finden, sich zu entspannen. Eine wichtige und wirkungsvolle *Entspannungshilfe* bietet das *autogene Training,* das nach meiner Erfahrung ab ca. sieben oder acht Jahren gut eingesetzt werden kann. Unter Anleitung können Kinder dieses Verfahren auch selbständig einsetzen. Ähnlich entspannende

Wirkung können auch *heilpädagogische Maßnahmen,* wie Spielen oder Musizieren, haben. Manche Kinder benötigen auch Hilfestellung und Anregungen beim *Planen* ihrer *Freizeit.* Kindern und Jugendlichen sollten solche Aktivitäten empfohlen werden, bei denen sie mit Gleichaltrigen in Kontakt treten müssen (z. B. Mannschaftssportarten, Jugendgruppen der Verbände oder der Kirche).

Hilfen für die Eltern. In *Beratungsgesprächen* werden Mißverständnisse über Erziehungsfragen aufgeklärt und Hinweise für zukünftiges Verhalten gegeben; hierbei ist es auch möglich, *Verhalten* mit den Eltern im Rollenspiel *einzuüben.* Dieser Schritt schafft, wenn er von den Eltern gewünscht wird, zusätzliche Sicherheit im Umgang mit familiären Problemen. In manchen Fällen werden Eltern auch in *Fördermaßnahmen,* die sie mit ihrem Kind *durchführen* müssen, unterwiesen. Solche Maßnahmen beziehen sich auf die Sprach- und Sprecherziehung oder die Behebung von Lernstörungen.

Die Selbsthilfe

Seit Ende der 70er Jahre spielt auch in der Bundesrepublik Deutschland der Begriff »Selbsthilfe« eine wichtige Rolle. Der Grundgedanke geht davon aus, daß Menschen mit psychischen Störungen bzw. seelischen Problemen sowie deren Betroffene genügend Fähigkeiten besitzen, um sich selbst zu helfen. Es gibt viele verschiedene Selbsthilfegruppen, zum Beispiel:

1. Elterngruppen, Elterninitiativen u. ä. mit dem Ziel, die rechtliche oder finanzielle Situation der Familien zu verbessern;
2. Gruppen von betroffenen Eltern, die sich von Gesprächen untereinander Erleichterung erhoffen;
3. Gruppen von betroffenen Eltern mit einem Fachmann als Leiter;

4. Gruppen von Personen mit psychischen oder körperlichen Störungen (z. B. Übergewichtige);
5. Gemeinsame Gruppen von Personen mit psychischen oder körperlichen Störungen und deren Eltern;
6. Gruppen von Personen mit bewältigten psychischen oder körperlichen Störungen (z. B. ehemalige Drogenabhängige in der Nachsorge).

Eine schnell wachsende Anzahl von Elterngruppen und Elterninitiativen verfolgt das Ziel, die *rechtliche* und *finanzielle Situation* betroffener Familien zu verbessern. Diese Gruppen bestehen speziell für bestimmte Behinderungsformen (z. B. lernbehinderte, geistigbehinderte Kinder oder Stotterer) und sind in vielen Städten vorzufinden. Eine solche Interessenvertretung ist sicherlich für Betroffene empfehlenswert. Die Adressen, auch für die weiteren Selbsthilfebeispiele, finden Sie bei den entsprechenden Stichworten.

Weitere Formen der Selbsthilfe sind Gruppen von betroffenen Eltern, die in *Gesprächen* ihre *gemeinsamen Erfahrungen austauschen*. Solche Gespräche bringen – zumindest zeitweise – Erleichterung. In manchen Fällen ist die *Mitarbeit* eines *Arztes* oder *Psychologen* als Leiter einer solchen Gruppe wünschenswert, um über sehr belastende Themen fachgerecht zu reden.

Eine andere Form der Selbsthilfe ist dann gegeben, wenn sich Personen mit psychischen oder körperlichen *Störungen* zu einer Gruppe zusammenschließen, um *ihre Probleme gemeinsam* zu meistern. Solche Gruppen, wie z. B. Übergewichtige (Weight Watchers), erzielen teilweise erstaunliche Erfolge, da Vorsätze und Vorhaben durch die Gruppe unterstützt werden. In ähnlicher Weise sind auch gemeinsame Gruppen von Personen mit psychischen oder körperlichen *Störungen und deren Eltern* möglich. Auch bei solchen Gruppen ist immer dann ein Fachmann zu Rate zu ziehen, wenn medizinisches oder psychologisches Faktenwissen bei schwierigen Problemen erforderlich ist.

In einigen Fällen arbeiten auch *ehemalige Betroffene* (z. B. ehemalige Drogenabhängige) in Selbsthilfegruppen mit, um sich gemeinsam vor den Gefahren eines Rückfalles zu schützen.

Trotz des wertvollen Grundgedankens, daß genügend Kraft und Fähigkeit zur »Selbsthilfe« bei den verschiedenen Betroffenen vorhanden ist, gibt es Situationen bei psychischen Störungen, in denen die Selbsthilfe überfordert ist. Dies betrifft Situationen wie den plötzlichen oder massiven »Ausbruch« eines psychischen Problems, Krisensituationen, Rückfälle sowie bestimmte schwierige Abschnitte im Laufe einer psychischen Störung. Deshalb ist all diesen verschiedenen Selbsthilfegruppen gemeinsam, daß sie keine Beratung oder Behandlung durch einen Fachmann ersetzen können, sondern als zusätzliche und unterstützende Maßnahme ihre Bedeutung erlangen. In diesem Rahmen jedoch leisten sie eine große und unersetzbare Hilfe.

Die Erfolgschancen

Der Erfolg psychologischer Hilfen hängt zunächst davon ab, wie eindeutig eine *Diagnose* gestellt werden kann. Oft müssen hierzu *mehrere verschiedene Spezialisten* aus dem medizinischen und psychologischen Bereich befragt werden. Der erhöhte Zeitaufwand für eine Diagnosefindung wird sich durch eine verkürzte Behandlungszeit auszahlen. Die zweite Garantie für einen Erfolg bildet eine *ausdauernde* und *aktive* Mitarbeit der Eltern. Wenn die Eltern bzw. die Familie ihr *Verhalten gegenüber dem »Problemkind« ändern,* dann wird sich ein stabiler, langfristiger Erfolg einstellen können.

Ganz entscheidend ist selbstverständlich auch die *Qualität psychischer Förderungsmaßnahmen* und *Beratung,* die mit dem Kind, dem Jugendlichen, den Eltern und der Familie insgesamt durchgeführt werden. In der Regel sind beispielsweise Spielen oder Musizieren mit dem Kind zwar pädagogisch wertvoll, sie können jedoch ein gezieltes Training nicht ersetzen. Eltern sollten sich also sehr genau von dem Psychologen über seine

Arbeit mit dem Kind oder dem Jugendlichen informieren lassen. Je klarer eine solche Antwort darüber ausfällt, je greifbarer die Diagnose, die Ziele des Vorgehens und die Trainingsschritte bzw. Therapieschritte sind, desto wahrscheinlicher wird eine Behandlung zum Erfolg führen.

Selbstverständlich hängen die Erfolgschancen auch von der *Problematik* des *Kindes oder Jugendlichen* ab. Es ist ausgeschlossen, daß eine geistige Behinderung in wenigen Monaten im Rahmen der Möglichkeiten »erfolgreich« behandelt ist – dies kann u. U. mehrere Jahre dauern. Ebenfalls hat die Tatsache, ob und wie weit sich ein Kind oder Jugendlicher *schon vor dem Training selbst kontrollieren* kann, Einfluß auf die Erfolgschancen. Kinder bzw. Jugendliche, die sich genau einschätzen und kontrollieren können, werden schneller Fortschritte zeigen als solche, die noch über keine Selbstkontrolle verfügen. Weiterhin wird man bei *jüngeren Kindern bessere Erfolge* erzielen als bei älteren, da sich bei älteren Kindern die Problematik schon mehr eingeschliffen hat. Und schließlich spielt die *Früherkennung* einer psychischen Störung eine ebenso wichtige Rolle wie bei körperlichen Erkrankungen. Je weniger eine Störung ausgeprägt ist, auf je weniger Lebensbereiche sie ausgeweitet ist und je weniger Folgestörungen aufgetreten sind, desto größer sind die Erfolgschancen.

Aggression

Beispiel 1
*Fritz ist ein dreizehnjähriger Jugendlicher, der auf den
ersten Blick im Umgang mit anderen eher unsicher und
ängstlich erscheint. Er nimmt von sich aus keinen Kontakt zu
anderen auf. Immer häufiger ist er jedoch an Schlägereien
beteiligt, die von ihm ausgehen. Fritz fühlt sich durch Blicke,
ruckartige Bewegungen und motzige Worte seiner Kameraden ständig bedroht und in Alarmbereitschaft.*

Beispiel 2
*Der zwölfjährige Michael bestimmt in seiner Klasse immer
»was läuft«. Da er stärker als seine Mitschüler ist, zwingt er
diese, für ihn seine Hausaufgaben zu erledigen. Er bestimmt,
welcher Lehrer »fertig gemacht wird«. Michael freut sich,
daß ihn alle bewundern und daß er Macht auf andere ausüben kann. Er weiß genau, daß die anderen seine körperliche Überlegenheit fürchten.*

Was ist gemeint?

Bei Aggression handelt es sich um ein Verhalten, das darauf
abzielt, einen anderen absichtlich oder hinterhältig zu schädigen.
Aggressives Verhalten richtet sich demnach gegen andere Personen, also andere Kinder, Jugendliche oder Erwachsene, und
gegen Gegenstände, die den Personen gehören. Es gibt auch
aggressives Verhalten gegen die eigene Person (= Autoaggres-
sion). Diese Eigenaggression äußert sich im starken Nägelkauen,
Haare reißen, Kopf anschlagen, in sehr starken Schaukelbe-
wegungen des Körpers oder des Kopfes. In extremen Fällen
können auch Lippen, Hände und ähnliches zerbissen und stark

verletzt werden. Diese Fälle erfordern eine fachmännische Beurteilung und Beratung des Einzelfalles und sollen hier ausgeklammert werden (→ geistige Behinderung).

Die Aggression kann sich über *Worte* oder über ein *Verhalten* äußern. Massive Formen der Aggression in Worten sind: schimpfen, anschreien, mit Schimpfnamen beleidigen oder verleugnen, schadenfroh sein, spotten, »beißend« ironisch sein. Bei Kindern bestehen noch massivere Formen in aggressivem Verhalten: gezieltes körperliches Verletzen wie schlagen, treten, beißen, kratzen, spucken, würgen, Haareziehen oder Beinstellen, Stuhlwegziehen, schadenfreudiges Hilfeverweigern, Gegenstände heimlich wegnehmen oder beschädigen. Aggression gegen Gegenstände bezieht sich auf: beschädigen von Sachen wie beschmieren, beschmutzen, zerreißen, zerstören. Mit »angemessener« Aggression kann man auch seine Rechte behaupten. Die angemessene Aggression endet jedoch da, wo sie andere erheblich beschneidet und ihnen deutlich erkennbaren Schaden zufügt.

Die Fallbeispiele zeigen Unterschiede im Hinblick auf die Absicht auf, die man mit aggressivem Verhalten verfolgt. Im ersten Fall sprechen wir von *angstmotivierter Aggression*, mit der man dem Gefühl der Bedrohung begegnen will. Im zweiten Fall wird Aggression bewußt mit dem Ziel eingesetzt, eigene Wünsche, Bedürfnisse oder Ansprüche zu verfolgen. Wir sprechen dann von *zielgerichteter Aggression*. Diese Form der Aggression wird ausgeführt, um einen spürbaren Nutzen im Kontakt mit anderen auf seiner Seite zu verbuchen.

Was sind die Ursachen?

Die Ursachenforschung der Aggression kann auf eine lange Tradition und vielfältige Aktivitäten zurückblicken. Die Ergebnisse sind jedoch umstritten. Am eindeutigsten nachweisbar ist, daß es sich bei Aggression um ein gelerntes Verhalten handelt. Dabei kann man davon ausgehen, daß in jedem Fall bei der

Entstehung von Aggression ein Bündel von Ursachen zusammenwirkt. Als bedeutendste und auch abgesicherte Ursachenbereiche haben sich 1. das *Erziehungsverhalten* der Eltern, 2. *Mängel* in der *Wahrnehmung* und im *Sozialverhalten* der Kinder sowie 3. *Verstärkungsbedingungen* bei aggressivem Verhalten herausgestellt.

● **Erziehungsverhalten der Eltern**

Drei Bedingungen spielen in der Erziehung für aggressives Verhalten eine Rolle:

(a) Wenn Eltern aggressives Verhalten bei ihrem Kind *dulden,* dann wird dies vom Kind als stillschweigende Zustimmung aufgefaßt und als Verstärkung erlebt. Die Verstärkung führt mit einer erhöhten Wahrscheinlichkeit zu demgleichen Verhalten.

(b) Wenn Eltern selbst aggressives Verhalten zeigen, dann geben sie damit für ihr Kind ein Modell ab, das mit hoher Wahrscheinlichkeit nachgeahmt wird. Man ist dann ein aggressives Modell, wenn man das Kind körperlich bestraft und anschreit oder Aggression gutheißt bzw. billigt.

(c) Wenn Eltern *zu viele* oder *zu wenige Ge- und Verbote* aussprechen, dann kann dies ebenfalls zur Entstehung von Aggressionen beitragen. So fördern zu viele und vor allem unbegründete, also willkürlich erscheinende Einschränkungen die Tendenz, mit aggressiven Mitteln auszubrechen. Zu wenige Ge- und Verbote bewirken, daß notwendige Orientierungen nicht gesetzt werden und aggressives Verhalten zum Ausloten der Grenzen eingesetzt wird. Gerade in den letzten Jahren nimmt deshalb Aggression zu, weil Eltern oder andere Erziehungspersonen sich schwertun, begründete Anforderungen auszusprechen und konsequent abzuverlangen. *Gleichzeitig* erfahren aggressive Kinder und Jugendliche oft *nur negative Rückmeldung* (Strafe, Nörgelei, Nicht-Beachtung) von ihren Bezugspersonen und kaum Lob oder Anerkennung für das Einhalten von Geboten. Aus dieser einseitigen Erfahrung können Kinder und Heranwachsende keine Orientierung für positives Verhalten ableiten. Wenn man eh' immer kritisiert wird, braucht man sich

ja nicht mehr anzustrengen, Kompromisse und konfliktfreies
Verhalten mit anderen zu praktizieren.

● **Mängel in der Wahrnehmung und im Sozialverhalten**

Die Mängel in der Wahrnehmung von Kindern und Jugendlichen
beziehen sich auf soziale Geschehnisse. So werden nicht-aggressive Verhaltensweisen, wie schnelle Bewegungen, zu langes
Angeschautwerden und ähnliches, von diesen Kindern und
Jugendlichen als Angriff interpretiert. Solche *Wahrnehmungs-
verzerrungen* sind typische Mängel, die dazu führen, daß aggressives Verhalten zu schnell ausgelöst wird. Man hat oft den
Eindruck, daß diese Kinder und Jugendlichen sich in einer
erhöhten Alarmbereitschaft befinden und aus dieser ständig auf
Angriffe ihrer Umwelt warten. Die Mängel im Sozialverhalten
weisen unterschiedliche Kennzeichen auf:

(a) Aggressive Kinder und Jugendliche sind oft *angespannt,*
zappelig und können *nicht ruhig* sitzen. Sie verfügen über *keine
Geduld,* weder mit sich selbst noch mit anderen. Dies führt
zwangsläufig zu manchem Konflikt.

(b) Ihnen fällt es schwer, sich ohne Aggression gegenüber
anderen durchzusetzen. Dies hat seine Ursache darin, daß sie
über *keine Fertigkeiten der angemessenen Selbstbehauptung*
verfügen.

(c) Die Kinder und Jugendlichen können sich *nicht kompromiß-
haft* und *kooperativ* mit anderen auseinandersetzen, da ein solches konfliktfreies Verhalten kaum gefördert und eingeübt
wurde. Daraus ergeben sich *schwerwiegende* Folgen in der
Weise, daß aggressive Kinder und Jugendliche ihr Bedürfnis
nach zwischenmenschlicher Zuwendung durch aggressives Verhalten abdecken. Sie finden oder erkennen keinen anderen Weg,
Kontakte zu schließen und aufrechtzuerhalten: Ihnen fehlt also
die Erfahrung, über ein kooperatives Spiel, über Hilfeleistung,
über Fragen, Bitten oder ähnliches, Freunde zu gewinnen.

(d) Jeder von uns weiß, wie schwer sich aggressive Kinder und
Jugendliche kontrollieren können. Für sie ist es typisch, daß sie
sofort wütend werden und unmittelbar reagieren, wenn ihnen
eine Angelegenheit mißlingt und ein Wunsch nicht blitzschnell

erfüllt wird. Diese *mangelnde Fähigkeit zur Selbstkontrolle*
ergibt sich aus der Tatsache, daß diese Kinder und Jugendlichen
ihre Handlungen nicht verzögern können. Ihnen gelingt es nicht,
z. B. über beruhigende Worte (»Ich bleibe ruhig und zähle bis
zehn!«) auf sich einzuwirken und über ihr beabsichtigtes Verhalten nachzudenken. Offensichtlich besitzen die Kinder und
Jugendlichen eine geringere Fähigkeit, aggressive Impulse zu
steuern bzw. frühzeitig umzulenken (z. B. mit dem anderen zu
reden und nach Gründen für einen Umstand zu fragen).
(e) Man beobachtet häufig bei aggressiven Kindern und Jugendlichen, wie erschrocken diese sind, wenn man ihnen die Lage
dessen vor Augen führt, der Opfer der Aggression wurde. Diese
Tatsache spricht dafür, daß aggressive Kinder und Jugendliche
sich nicht in die Lage des anderen versetzen können, also *kein
Einfühlungsvermögen* besitzen. Einfühlungsvermögen steht
aggressivem Verhalten entgegen. Wenn man sich vorstellen
kann, wie der andere sich bei einem aggressiven Akt fühlt und
was dieser bei ihm bewirkt, dann unterläßt man mit großer
Wahrscheinlichkeit massive Aggression. Es gibt jedoch auch
einige wenige Fälle, in denen ein gutes Einfühlungsvermögen
vorhanden ist. Dieses wird dann eventuell mißbräuchlich dafür
eingesetzt, den anderen gezielt und besonders wirkungsvoll zu
treffen.

● **Verstärkungsbedingungen bei aggressivem Verhalten**
Bei der Ausführung von aggressivem Verhalten können Bedingungen in der Situation vorliegen, die das aggressive Verhalten
verstärken.
(a) *Erreicht* ein Kind oder Jugendlicher sein *Ziel* zufällig mit
Hilfe einer aggressiven Handlung, dann wirkt dies ermutigend
und erhöht die Wahrscheinlichkeit, daß die aggressive Handlung
in einer ähnlichen Situation zum Erreichen eines ähnlichen Zieles
wiederholt wird. Man nennt dies *positive Verstärkung*. Oft
handelt es sich bei Kindern um das Ziel, etwas zu bekommen
(z. B. ein Spielzeug) oder Aufmerksamkeit und Zuwendung zu
erhalten.
(b) Auch die sogenannte *»negative Verstärkung«* kann dazu

führen, daß aggressives Verhalten gelernt wird. Ein Kind wird dann negativ verstärkt, wenn es ihm gelingt, durch aggressives Verhalten einen *unangenehmen Zustand zu beenden* oder zu lindern. Ein solcher unangenehmer Zustand ist dann gegeben, wenn ein Kind von einem anderen angegriffen wird. Wird der Angriff durch Aggression erfolgreich abgewehrt, so wirkt das Zurückschlagen negativ verstärkend. Auch Furcht und Ärger wird als unangenehmes Gefühl erlebt und kann durch eine aggressive Handlung beseitigt werden.

Neben den hier dargestellten Ursachen werden oft soziale oder *Umweltfaktoren* für Ursachen von Aggression gehalten, so zum Beispiel übermäßige Hitze, räumliche Enge, starker Lärm, schlechte Luft, Arbeitslosigkeit, Armut, Fehlen eines Elternteils usw. Diese Faktoren sind zweifelsohne von großer Bedeutung für aggressives Verhalten, aber nicht in einer ursächlichen, sondern in einer die Aggression begünstigenden Weise. Denn nicht jedes Kind aus armen Verhältnissen mit einer alleinerziehenden Mutter beispielsweise muß aggressiv werden. Umgekehrt kann ein Kind aus sogenannten »guten Verhältnissen« durchaus aggressive Verhaltensweisen entwickeln.

Abschließend soll noch auf eine *mögliche organische Ursache* von aggressivem Verhalten hingewiesen werden, nämlich auf eine leichte hirnorganische Schädigung. Eine hirnorganische Schädigung *kann* nämlich im Zusammenwirken mit anderen ungünstigen Erziehungsbedingungen für aggressives Verhalten verantwortlich sein. Es kommt jedoch nur selten vor, daß bei aggressiven Kindern eine leichte hirnorganische Schädigung als Ursache angenommen werden kann.

Wie kann man helfen?

Da davon ausgegangen werden kann, daß aggressives Verhalten gelernt ist, ist es naheliegend, dieses *durch »Umlernen«* wieder *abzubauen.* Lernen bedeutet, daß Kinder in der Familie von den Eltern aggressives Verhalten übernehmen können oder durch unklare Absprachen in der Familie zu viele Konflikte vorprogrammiert sind. Wir bemerken alle diese Konfliktherde nicht, da jeder im Alltagstrott und den beruflichen Belastungen so sehr verhaftet ist, daß keine Zeit bleibt, eigenes Verhalten in der Familie, in der Schule oder im Freizeitbereich zu überdenken. Genau ein solches *Überdenken* eröffnet jedoch die Chance, Kindern und Jugendlichen Hilfe zuteil werden zu lassen. Überdenken ist also der erste Schritt der Hilfe.

Ziel weiterer Bemühungen sollte es sein, die Punkte zu verändern, die aggressives Verhalten begründen, begünstigen oder aufrechterhalten. Es sind auch hier oft die alltäglichen Dinge, denen wir uns zuwenden müssen. So gilt es, folgende Punkte bei sich selbst zu prüfen:

● Erkenne ich helfendes, kompromißhaftes Verhalten an, und zwar in für das Kind oder den Jugendlichen durch Lob, Mimik und Gestik deutlich wahrnehmbarer Weise? Oder bin ich als Elternteil bzw. als Lehrer einfach froh, daß es mal gut läuft, und ich freue mich im stillen über den angenehmen Zustand.

Prinzipiell sollte man die Regel beachten, alles Wünschenswerte im Verhalten eines Kindes nicht als selbstverständlich hinzunehmen, sondern *anerkennen* und *loben,* vor allem nicht-aggressives Verhalten.

● Wie verhalte ich mich, wenn sich das Kind oder der Jugendliche aggressiv gibt? Dulde ich die Aggression? Gebe ich sogar nach, wenn das Kind aggressiv seinen Willen durchsetzen will? Bekommt es dann besonders viel Zuwendung und Aufmerksamkeit von mir, wenn es aggressiv reagiert? Oder reagiere ich selbst aggressiv zurück und bin dadurch ein ungünstiges Modell für mein Kind?

Generell kann man sagen, daß Aggression von Kindern von uns viel *Mühe, Ruhe* und *Geduld* erfordert, unabhängig davon, ob sich die Aggression gegen uns oder gegen andere richtet und ob sie uns »gegen den Strich läuft«. Das bedeutet vor allem: Selbst aggressiv oder wütend zu reagieren nutzt gar nichts, und es sollte in jedem Fall vermieden werden. Man muß aber sehr wohl in angemessener Form zum Ausdruck bringen, daß man mit dem aggressiven Verhalten *nicht einverstanden* ist und es *nicht dul-*

det. Das Kind wird aufgefordert, sich zu entschuldigen, etwas wiedergutzumachen, einen Wunsch angemessen zu formulieren usw.

Will ein Kind mit Aggression auf sich aufmerksam machen, dann darf dieses aggressive Verhalten *nicht beachtet* werden (ignorieren), damit man das Kind in seinem Verhalten nicht bestärkt. Wird es dadurch immer wütender, kann man es z. B. alleine in sein Zimmer schicken, bis es sich beruhigt hat. In jedem Fall soll der Erwachsene *sofort* wieder auf das Kind eingehen, wenn es kein aggressives Verhalten mehr zeigt. Das angemessene Verhalten muß dann mit Zuwendung, Aufmerksamkeit oder Lob bekräftigt und dadurch gefestigt werden. Haben sich danach die Gemüter allseitig beruhigt, soll noch einmal kurz über den Vorfall gesprochen werden. Dabei soll der Erwachsene aus seiner Perspektive hervorheben, warum er aggressives Verhalten nicht gut findet, daß er dabei selbst auch wütend werden kann und wie angenehm das nicht-aggressive Verhalten des Kindes für ihn ist.

● Bin ich mir über meine eigenen Erziehungsideale klar und habe auch den Mut, nicht zu viele, aber einige *begründete Anforderungen* an das Kind und den Jugendlichen zu stellen?

Wenn man sich seine eigenen Erziehungsideale klarmacht, dann wird man oft feststellen, daß man nur das Beste für sein Kind will. Leider schützt die gute Absicht, die sicherlich alle Eltern mit ihren Kindern haben, nicht vor Fehlern. Manche Eltern glauben z. B., daß sie ihrem Kind helfen, indem sie ihm viele Verpflichtungen und Aufgaben abnehmen. Gerade bei den Eltern aggressiver Kinder findet man diese Haltung häufig. Hier sollte man sich klarmachen: Man verliert nicht die Zuneigung seiner Kinder, wenn man begründete Anforderungen stellt und *konsequent* abverlangt. Oft wird es durch den Umgang mit Anforderungen und durch die Erfahrung, daß man nicht jeden Wunsch sofort erfüllen kann, erst möglich, mit Enttäuschungen und Verzicht umzugehen. Es ist dann in diesem Zusammenhang wichtig, daß das Kind erlebt, wie Anforderungen durch eigene Anstrengungen gemeistert werden können. Diese in der Familie zu vermittelnden Vorstellungen und Erfahrungen helfen dem Kind, massive, aggressive Ausbrüche zu verhindern, weil die Frustrationstoleranz erhöht wird. Aggression kann somit besser bewältigt werden.

Man sollte sich jedoch davor hüten, ein Kind durch zu viele Verbote und Anforderungen sowie durch deren »autoritäre« Durchsetzung zu stark einzuengen. Es gilt, den richtigen Mittelweg zu finden, der selbstverständlich je nach Familie und Kind unterschiedlich aussehen kann. Wie findet man diesen Mittelweg? Durch eine selbstkritische Haltung und ein regelmäßiges, offenes Gespräch mit dem Kind oder Jugendlichen.

Was kann man nun gegen die Verhaltensmängel aggressiver Kinder tun? Innerhalb der Familie oder auch im Klassenverband lassen sich zum Beispiel durch gemeinsame (Freizeit-) Aktivitäten neue Verhaltensweisen einüben. Bedeutend und wirkungsvoll ist dabei das Vorbild der Erwachsenen. Der Wert nicht-aggressiver Konfliktlösungen sollte im Gespräch, im Familienleben oder im Klassenverband hervorgehoben und besonders anerkannt werden.

Wie hilft der Fachmann?

Bei massiven Formen der Aggression muß der Kinderarzt bzw. der Internist prüfen, ob nicht eine Gehirnschädigung des Kindes oder des Jugendlichen vorliegt. Eine solche Prüfung erfolgt mit Hilfe des EEGs, mit dem elektrisch meßbare Hirnströme aufgezeichnet werden. Eine Hirnschädigung kann auch mit Hilfe psychologischer Tests festgestellt werden, wobei diese allerdings erhebliche Interpretationsspannen aufweisen. Gibt es keine Anzeichen für einen organischen Befund, so bedeutet das, daß eine Verhaltensstörung vorliegt und eine psychologische Beratung erfolgen kann. Diese sollte sowohl mit dem Kind oder Jugendlichen als auch mit den Eltern bzw. der Familie durchgeführt werden. In der Regel kann man bei normal entwickelten

Kindern und bei guter Mitarbeit der Familie in sechs bis acht Monaten aggressives Verhalten erheblich verringern.

Bei der Beratung der Familie wird ein verhaltenstherapeutisch orientierter Psychologe die unter dem letzten Abschnitt behandelten Punkte systematisch mit den Eltern bzw. der Familie besprechen. Die familiären Bedingungen sollten so geändert werden, daß das Kind in der Lage ist, nicht-aggressives Verhalten in der Familie zu zeigen und einzuüben. Mit dem Kind bzw. dem Jugendlichen kann in der Einzelberatung und in Gruppensitzungen mit anderen Kindern und Jugendlichen zusammen aggressives Verhalten überdacht und durch Rollenspiele neues Verhalten aufgebaut werden. Man wird dabei bemüht sein, die Mängel in der Wahrnehmung und im Sozialverhalten des Kindes bzw. Jugendlichen abzubauen. Kinder und Jugendliche sollen durch Training und Spiele 1. entspannter werden, 2. genauer wahrnehmen lernen, um Aggression nicht überzubewerten, 3. andere, nicht-aggressive Formen der Konfliktlösung wählen können und erfolgreich einsetzen, 4. mit anderen sich austauschen und diese unterstützen lernen, 5. aggressive Wut verzögern und sich kontrollieren können sowie 6. sich in andere einfühlen lernen, um dadurch die Folgen von Aggression überhaupt abschätzen zu können. Hierzu haben wir spezielle Trainings entwickelt.

Literatur

* *Petermann, F. & Petermann, U.:* Training mit aggressiven Kindern. München: Psychologie Verlags Union, 4. erweiterte Auflage, 1990.
* *Stein, A.:* Wenn Kinder aggressiv sind. München: Kösel, 4. Auflage, 1990.

Adressen

Örtliche Erziehungsberatungsstellen und frei praktizierende Diplom-Psychologen.

Alkoholismus

> **Beispiel 1**
> *Franz, 17 Jahre, begann, sich mit der Flasche Mut anzutrinken. So allmählich brauchte Franz immer häufiger ein Glas oder eine Flasche. Er wollte sich damit entspannen, seinen Ärger mit den Eltern und sein »Alleinsein« in den Griff bekommen. Er braucht etwas, um auf Touren zu kommen.*
>
> **Beispiel 2**
> *Willi, 19 Jahre, hat schon auf dem Weg zur Arbeit einen »trockenen Mund«. Er kommt ins Büro und holt sich zunächst einmal die Pulle aus dem Schreibtisch. Willi ödet alles an, nur mit einem Schluck läßt sich alles ertragen. Er denkt: »Hauptsache, ich hab' 'was zum 'runterspülen, dann halte ich schon durch.« Willi kann nicht mehr ohne Alkohol leben.*

Was ist gemeint?

Gut 150000 Jugendliche und Heranwachsende unter 20 Jahren sind alkoholabhängig. Dies bedeutet, daß diese Jugendlichen übermäßig trinken sowie psychisch und körperlich vom Alkohol abhängig sind; dieser Alkoholismus hat zur Folge, daß soziale Kontakte, die wirtschaftliche und berufliche Situation dieser Jugendlichen erheblich beeinflußt werden.

Das wesentliche Kennzeichen des Alkoholismus ist die *Abhängigkeit,* d. h. das starke, nicht beeinflußbare Verlangen nach Alkohol. Dieses Gefühl nicht mehr ohne Alkohol leben zu können, geht auf die psychische und bzw. oder körperliche Abhängigkeit zurück. Das bedeutet: Bleibt der Alkoholgenuß aus, treten *Entzugserscheinungen* auf. Bei der psychischen

Abhängigkeit äußern sich die Entzugserscheinungen in Unlust, Mißbehagen, depressiver Stimmung und Ängsten. Körperliche Entzugserscheinungen sind Händezittern, Brechreiz morgens, Schlafstörungen, Herz-Kreislauf-Beschwerden u. a. Psychische und körperliche Entzugserscheinungen führen dazu, daß auf den Alkohol nicht verzichtet werden kann, er also wieder und wieder getrunken wird, ja werden muß.

Der Genuß von Alkohol führt zu dem Wunsch, die Menge zu steigern. Man bezeichnet dies als *Toleranzentwicklung*. Diese Dosissteigerung hängt damit zusammen, daß der Stoffwechsel sich an immer größere Mengen anpaßt; das heißt, der Körper *gewöhnt* sich an das »Zellgift Alkohol« bis zu einem gewissen Grade. Es werden dann immer größere Mengen erforderlich, um eine gewünschte Wirkung zu erzielen.

Typisch für die Abhängigkeit ist auch der sogenannte »*Kontrollverlust*«. Damit ist das Nicht-mehr-aufhören-Können bei einmaligem Alkoholgenuß gemeint. Aus eigenem Willen kann der Alkoholkonsum, »das Maß halten«, nicht mehr gesteuert werden. Schon nach geringsten Alkoholmengen setzt ein *Trinkzwang* ein, der, leider auch noch nach Jahrzehnten des »Trockenseins«, zum Kontrollverlust führt (der berühmte Schnapsbohneneffekt). Von daher erklärt sich die große Rückfallgefahr für ehemalige Alkoholiker.

Bei erwachsenen Alkoholikern dauert es oft Jahrzehnte, bis die Endstufe des Alkoholismus (chronischer Alkoholismus) erreicht ist. Bei Jugendlichen kann diese Entwicklung in drei bis vier Jahren ablaufen. Diese Endstufe ist vor allem durch körperliche Erscheinungsformen gekennzeichnet: Lebererkrankungen, Alkoholvergiftung, Stoffwechselstörungen, Herz-Kreislauf-Störungen oder Störungen der Bauchspeicheldrüse. Bei Alkoholentzug treten dann in dieser Stufe nach drei bis fünf Tagen extreme Reaktionen auf: Neben den bereits genannten körperlichen und psychischen Entzugserscheinungen sind in einem solchen Stadium auch Sinnestäuschungen (»weiße Mäuse sehen«, »Reptilien am Körper krabbeln spüren«) möglich. Man spricht vom »Delirium tremens«. Weiterhin kann sich in diesem Stadium auch ein Selbstmordversuch ereignen. Als extremste und nicht mehr rückgängig zu machende Reaktion bei einem chronischen Alkoholiker gilt das »Korsakow-Syndrom«. Es ist durch Benommenheit, Verwirrtheit, einem unsicheren Gang, eine teilweise Augenmuskellähmung, eine Beeinträchtigung des Kurzzeitgedächtnisses und Fabulieren gekennzeichnet. Das Korsakow-Syndrom geht auf die Fehl- und Unterernährung des Alkoholikers zurück: Es herrscht ein Mangel des Vitamin-B-Komplexes, was zu einem chronischen Hirnschaden führt.

Was sind die Ursachen?

Alkoholismus stellt in erster Linie ein *gelerntes Verhalten* dar, das schon in früher Kindheit mit angelegt werden kann. Ein Kind erfährt z. B., daß Alkohol im Familienkreis als gesteigerte Form der Ausgelassenheit und des Wohlgefühles offensichtlich jeden »Festakt krönt«. Kann man sich dann über den Fehlschluß wundern, daß Geborgenheit und gesteigertes Trinken unweigerlich zusammengehören? Zudem kommen bei solchen Familienfesten immer häufiger schon 8- bis 10jährige in den Genuß von Alkohol oder auch Nikotin. So grundlegende Erfahrungen wirken sich auf die Einstellung zum Alkohol aus.
Bei jugendlichen Alkoholikern findet man weiterhin immer wieder, daß diese in der *Erziehung* entweder zu sehr behütet und verwöhnt oder allzu streng und hart behandelt wurden. Offensichtlich trägt eine solche Erziehung dazu bei, daß Jugendliche sich nicht aktiv Problemen stellen und diese nicht zu bewältigen versuchen. Statt dessen wird der Griff zur Flasche dann leicht zum Mittel, alltägliche Probleme zu überdecken. Dies hängt mit der entspannenden und enthemmenden Wirkung des Alkohols zusammen, da er direkt ins Blut übergeht und von dort ins Zentralnervensystem (= Gerhirn und Rückenmark) transportiert wird. Zentren des Gehirns, die normalerweise hemmend wirken, werden beeinträchtigt und die Folge davon ist die Enthemmung mit dem Gefühl des Wohlbefindens, der Minderung von Span-

nung und Angst. Diese enthemmende Wirkung läßt die Probleme nicht mehr so unangenehm und schwer bewältigbar erscheinen. Dadurch kommt es zu einer angenehmen Streßverminderung. Ist die Wirkung des Alkohols vorüber, stellt sich jedoch der alte Zustand wieder ein: Probleme können nicht bewältigt werden, die Hoffnung schwindet und ähnliches. Aus dieser Sicht ist Alkoholismus eine *Flucht*.

Dieses Fliehen und Vermeiden ist auch typisch dafür, wie der Alkoholiker mit seiner Abhängigkeit umgeht. Das Thema wird gemieden und die Abhängigkeit *geleugnet*. Sicherlich trägt auch die Tendenz der Eltern, Freunde oder des Lebenspartners, das Problem zu verheimlichen, dazu bei, daß der Alkoholiker sich nicht mit seiner Abhängigkeit auseinandersetzen muß. Schließlich ist das In-Schutz-Nehmen und Verheimlichen von Alkoholabhängigkeit eine weitere ungünstige Voraussetzung für die Entwicklung der Krankheit. An diesem Punkt tragen Angehörige nämlich zur Aufrechterhaltung des Alkoholismus bei.

Die starke Zunahme des Alkoholismus in den letzten zehn Jahren hängt mit dem Anreiz und dem *Image von Alkohol* zusammen; Alkohol wird in der Familie, in der Clique oder am Arbeitsplatz angeboten. Alkoholgenuß verkörpert Männlichkeit, Gelassenheit, Aufgeschlossenheit, Schick oder das Gefühl, richtig dazu zu gehören. Auch die Suche nach Freiheit und Unabhängigkeit oder das Fliehen-Wollen aus dem eintönigen Alltag können zum Alkoholgenuß (ver-)führen. In Diskotheken und Kneipen ist ein Bier zudem oft preisgünstiger als Cola oder Saft – ein Aspekt, der für Jugendliche sicherlich eine Rolle spielt.

Die weitere Karriere des Alkoholikers ist oft vorgezeichnet. Schon zu Beginn des Alkoholismus gelingt es Alkoholgefährdeten kaum, Vorsätze und eigene Entschlüsse durchzuhalten. Sie werden immer häufiger und massiver von ihrer Abhängigkeit eingefangen. Alkoholiker überlisten sich immer wieder selbst, steigern die Menge des Alkohols und geraten in einen *Teufelskreis,* den sie ohne fremde Hilfe nicht durchbrechen können.

Wie kann man helfen?

Gerade beim Alkoholismus spricht man viel von Selbsthilfe; die *Anonymen Alkoholiker* (AA) sind als bekannteste und am weitesten verbreitete *Selbsthilfegruppe* zum Vorreiter einer Selbsthilfebewegung seit Mitte der 70er Jahre geworden. Diese Selbsthilfegruppen von ehemaligen Alkoholikern sind sehr nützlich. Häufig besteht jedoch das Problem darin, daß der Alkoholiker leugnet, abhängig zu sein. Somit besteht für den Alkoholiker kein Grund, zu einem solchen »Verein« zu gehen. An diesem Punkt können Angehörige gute Dienste leisten, indem sie versuchen, einen Kontakt zu einer Selbsthilfegruppe oder einer psychosozialen Beratungsstelle herzustellen. In manchen Selbsthilfegruppen können auch Angehörige an den Sitzungen teilnehmen (z. B. bei dem Katholischen Kreuzbund). Bei anderen Gruppen treffen sich die Alkoholabhängigen und deren Angehörige getrennt (z. B. bei den AAs).
Unabhängig davon, ob der Kontaktversuch zwischen dem Alkoholiker und einer solchen Gruppe bzw. Beratungsstelle gelingt oder nicht, soll man in jedem Fall den Kontakt zu einer Selbsthilfegruppe, zu einem psychosozialen Dienst oder zu einer Suchtberatungsstelle nutzen, um sich selbst umfassend über die Alkoholproblematik zu informieren. Denn erst eine gute Informiertheit garantiert, daß man sich dem Alkoholkranken gegenüber in der richtigen Weise, und damit helfend, verhält.
Als *Angehöriger* kann man wichtige Dienste leisten, wobei man sehr unterschiedliche Dinge *im Umgang* mit Alkoholikern *beachten* muß. Zunächst sind Alkoholiker Kranke, auch wenn diese es selbst nicht wahrhaben wollen. Kranke sollte man verständnis- und vertrauensvoll behandeln, aber es im Umgang mit Alkoholikern vermeiden, die Krankheit zu verheimlichen. Das Verheimlichen trägt eher dazu bei, daß der Alkoholiker notwendige Konsequenzen für sein Verhalten, z. B. in der Familie oder am Arbeitsplatz, zu lange nicht erfährt. Deshalb ist es wichtig, daß nicht bemuttert und in Schutz genommen, sondern konsequent gehandelt wird. Ansonsten ist der Alkoholiker nicht motiviert, etwas

gegen seine Krankheit zu unternehmen. Man muß sich jedoch vor eigenen emotional getragenen Handlungen und starken Kontrollen des Alkoholikers hüten. So hat es wenig Sinn, in einem Wutanfall alle Alkoholreserven zu vernichten. Dies wird den Alkoholabhängigen nicht davon abhalten, sich neue Vorräte zuzulegen.

Längerfristig sollten die Bemühungen darauf hinauslaufen, den Alkoholabhängigen einer *Beratungsstelle* für Alkoholabhängige und Alkoholgefährdete zuzuführen. Hierzu ist viel *Motivationsarbeit* notwendig, und es kann einige Monate dauern, bis dieser Schritt erreicht ist. Auch wenn vom Alkoholiker eine Behandlung aufgenommen wurde, gibt es für die Angehörigen noch weitere unterstützende Hilfemöglichkeiten. 1. sollten sie generell jede »*Versuchungssituation*« vermeiden helfen, also keine »alkoholisierten Feste«, keinen Kontakt zu den »alten Trinkfreunden« unterstützen und als Vorbild selbst, wenn irgend möglich, abstinent leben. 2. sollten Angehörige *Vertrauen in die Kräfte* des Alkoholkranken setzen, wieder gesund zu werden, und dazu Mut machen. Dies kann sich in Sätzen ausdrücken wie »Ich weiß, Du schaffst es!« oder »Ich glaube daran, daß Du die Kraft aufbringst, wieder gesund zu werden!« Keinen Mut macht man einem Alkoholiker durch Aktionen wie: bespitzeln und kontrollieren der Abstinenz oder Mißtrauen zeigen. Durch solchermaßen ausgedrücktes Mißtrauen werden die besten Absichten und Vorsätze zunichte gemacht und dem Alkoholkranken Hoffnungen auf eigene Fähigkeiten genommen. Ohne Hoffnungen auf eigene Fähigkeiten kann aber niemand gesund werden.

Abschließend soll darauf hingewiesen werden, daß die für unsere Kinder und Jugendlichen beste Hilfe natürlich die vorbeugende Hilfe ist, also die, bevor das Kind »in den Brunnen gefallen ist«. Erziehung sollte deshalb auf Selbständigkeit, selbstverantwortliches Handeln, eigenständiges Lösen von Problemen und ertragen können von Mißerfolgen und Enttäuschungen abzielen. Es soll dabei nicht zu streng und nicht zu »lasch« vorgegangen werden. Unterstützung soll das Kind und der Jugendliche erfahren, was bedeutet, daß in der Familie eine vertrauensvolle

Atmosphäre herrschen soll, in der offen miteinander geredet wird. Das Kind soll in solchen Gesprächen keine Konfliktlösung »aufgepfropft« bekommen, sondern diese, z. B. mit Hilfe von Fragen oder Anregungen, selbst finden. Für selbstgefundene Lösungen kann das Kind und der Jugendliche sich selbst verantwortlich fühlen und sollte die Verantwortung auch tragen. Schließlich ist für eine Vorbeugung das Vorbild der Erwachsenen in der Familie bezüglich Alkoholkonsums bedeutend. Der Alkoholkonsum soll gemäßigt sein und nicht unbedingt zur Alltagssituation gehören.

Wie hilft der Fachmann?

Heute ist das Hilfeangebot für Alkoholabhängige sehr weit gestreut, was die Chancen, vom Alkohol wegzukommen, sehr verbessert. Sie dürften bei ca. 60% liegen. Da Alkoholabhängigkeit von den Krankenkassen und Versicherungsträgern als Krankheit anerkannt ist, wird diese kostenintensive, ca. zweijährige Behandlung bezahlt. Eine solche *Behandlung* wird in der Regel *vier Stufen* umfassen:

● Vorbereitung in einer psychosozialen Beratungsstelle für Alkoholabhängige und -gefährdete,

● Entgiftung in einem Allgemeinkrankenhaus (ca. 2 bis 3 Wochen),

● Entwöhnung und langfristige Entwöhnungsbehandlung in einer Fachklinik (3 bis 9 Monate) und

● Nachsorge vorwiegend über Selbsthilfegruppen wie z. B. die Anonymen Alkoholiker.

Besonders die therapeutische Arbeit der Fachkliniken weist erhebliche Unterschiede auf. Vielen Kliniken gemeinsam ist die sogenannte »Gruppentherapie«, an der eine mehr oder weniger große Zahl von Alkoholabhängigen teilnimmt und unter der Anleitung eines Therapeuten Probleme diskutiert und neues Verhalten einübt. Daneben finden Einzelgespräche mit dem Arzt oder Therapeuten statt; es gibt Gesprächsrunden mit dem Arzt,

Therapeuten, den Angehörigen, Freunden oder Berufskollegen, wenn dies gewünscht wird. Es werden Arbeits-, Beschäftigungs-, Musiktherapie, autogenes Training (= Entspannungsverfahren) und Sportgruppen angeboten. Erste Selbsthilfegruppen in der Klinik konstituieren sich und lernen, miteinander umzugehen und an sich, ohne einen therapeutischen Fachmann, zu arbeiten.

Erfolgversprechende Merkmale für eine therapeutische Gemeinschaft in einer Fachklinik sind:

● Ein *strukturierter Tagesablauf* und Wochenplan mit genau festgelegten Tätigkeiten, Therapien und Aufgaben für die Gemeinschaft sowie einer verbindlichen Haus- und »Ausgehordnung«.

● *Informationseinheiten* über die Alkoholerkrankung und deren Folgen sowie das dabei anzustrebende Ziel, die eigene *Abhängigkeit* und deren Ausmaß *akzeptieren* zu lernen.

● Erfahrungsaustausch mit ehemaligen Betroffenen, die eine erfolgreiche *Veränderung* durchgemacht haben (lernen am Vorbild).

Die therapeutische Ausrichtung der Fachkliniken ist wie schon erwähnt, sehr unterschiedlich, und es ist notwendig, sich sehr genau zu informieren. Man sollte sich eine schriftliche Beschreibung der Konzeption und wissenschaftlichen Ergebnisse über längerfristige Erfolgskontrollen aushändigen lassen und mit den Mitarbeitern der psychosozialen Beratungsstelle darüber diskutieren. Eine solche bewußte Entscheidung sowie die Hilfestellung durch Familie und Freunde ist eine gute Garantie dafür, daß die – immer noch sehr häufigen – Rückfälle vermieden werden. Leider können solche Rückfälle auch noch nach jahrzehntelanger Abstinenz auftreten. Daneben sind jedoch die freiwillige Teilnahme, die Krankheitseinsicht und damit die Übernahme eigener Verantwortung generell sowie speziell im therapeutischen Prozeß Grundvoraussetzungen für eine erfolgreiche Therapie.

Literatur

* *Lehmann, A. & Gruner, W.:* Abhängig vom Alkohol? Wege aus einer Krankheit. Freiburg, 1983 (beziehbar über den Deutschen Caritasverband, Karlstr. 40, 79104 Freiburg).
* *Lindenmeyer, J.:* Lieber schlau als blau. Informationen zur Entstehung und Behandlung von Alkohol- und Medikamentenabhängigkeit. München: Psychologie Verlags Union, 1990.

Adressen

Örtliche Suchtberatungsstellen und Gesundheitsämter.

Örtliche Selbsthilfegruppen wie Anonyme Alkoholiker (AA), Katholischer Kreuzbund (arbeitet mit Einrichtungen des Caritasverbandes zusammen), Blaukreuz-Gruppen (arbeiten mit Beratungsstellen und Fachkliniken des evangelischen Diakonischen Werkes zusammen), Guttempler (Gruppe von Leuten, die abstinent leben, unabhängig von einer vorliegenden Suchtproblematik).

Anonyme Alkoholiker, Deutsche Kontaktstelle, Landwehrstr. 9, 80336 München.

Deutscher Caritasverband, Karlstr. 40, 79104 Freiburg.

Gesamtverband für Suchtkrankenhilfe im Diakonischen Werk, Kurt-Schumacher-Str. 2, 34117 Kassel.

Deutsche Hauptstelle gegen die Suchtgefahren e. V., Westring 2, 59065 Hamm.

Kreuzbund, Jägerallee 5, 59071 Hamm.

Blaues Kreuz in Deutschland, Freiligrathstr. 27, 42289 Wuppertal.

Guttempler-Orden, Adenauerallee 45, 20097 Hamburg.

Eine Schrift über Einrichtungen, Grundlagen und Rechtshilfen mit dem Titel »Drogenberatung – wo?« kann angefordert werden beim:

Bundesministerium für Gesundheit, Kennedyallee 105–107, 53175 Bonn.

Angst

Beispiel 1

Elke, 10 Jahre, hat vor vielen Dingen Angst, aber am meisten vor der Schule. Vor allem hat Elke Angst, in der Schule einen Fehler zu machen – sie möchte immer perfekt sein. Schon wenn Elke daran denkt, daß sie vielleicht in einer Klassenarbeit einen Fehler gemacht hat, wird sie ganz unruhig, fängt an zu schwitzen, ihr Herz schlägt schneller und lauter. Manchmal bekommt Elke ganz schlimme Angst, dann kommt ihr Kreislauf so in Schwung, daß sie sofort zur Toilette muß. Elke sitzt schon richtig die Angst im Nacken, und sie weiß nicht, wie sie diese wieder loswerden kann.

Beispiel 2

Hans, 19 Jahre, registriert jede kleine Veränderung an seinem Körper; er hat schreckliche Angst davor, krank zu werden und behandelt sich deshalb wie ein »rohes Ei«. Hans paßt im Sommer ganz genau auf, daß er sich nicht allzu sehr erhitzt und kein Windstoß seine Gesundheit umbläst. Diese Befürchtungen, die Hans ganz ernsthaft seinen Arbeitskollegen mitteilt, machen ihn oft zum Gespött seiner Umwelt. Dies kann Hans jedoch nicht von seiner unbeschreiblichen Angst vor Krankheiten »heilen«, sondern bewirkt bei ihm nur, noch genauer auf seine Gesundheit aufzupassen.

Was ist gemeint?

Unter Angst versteht man ein *unangenehmes Gefühl*, das mit einer *hochgradigen körperlichen und gefühlsmäßigen Erregung* verbunden ist. Die Gründe dieses massiven Aufschreckens liegen in einer vermeintlich erkannten Gefahr. Die Person glaubt, in dieser vermeintlichen Gefahrensituation nicht mehr angemessen reagieren zu können. Sie fühlt sich machtlos und hilflos der Gefahr ausgeliefert.

Die Anzahl der Ängste ist sehr groß – prinzipiell kann von allem und jedem Angst ausgelöst werden. Nun ist Angst grundsätzlich nichts Gefährliches, sondern etwas durchaus Nützliches. Unsere Ängste sind, wenn sie nicht überhandnehmen, ein Schutz und eine Hilfe, unser gefahrenreiches Leben zu meistern. Das Gute wendet sich dann zum Schlechten, wenn Ängste den Tagesablauf beeinflussen und die Handlungsmöglichkeiten immer mehr einengen.

Fast alle Kinder weisen in ihrer Entwicklung Ängste auf; sehr viele Kinderängste verschwinden im Verlauf von mehreren Monaten bis spätestens nach einem Jahr von alleine wieder. Bestehen Ängste über den Zeitraum von einem Jahr hinaus, dann wäre es notwendig, eine Beratung aufzusuchen. Solche langandauernden Ängste haben nämlich zur Folge, daß sie sich zu einem sehr eingeschliffenen Verhalten ausbilden und zumindest zwei Folgen nach sich ziehen:

Zunächst einmal wird, wie bei jeder Angst, *ein Verhalten nicht gezeigt (vermieden);* das heißt, das beispielsweise sozial ängstliche und kontaktscheue Kind meldet sich nicht im Unterricht oder das krankheitsängstliche Kind wird sich nicht ungehindert in freier Natur bewegen. *Zum zweiten* hat das längerfristige Vermeiden eines Verhaltens zur Folge, daß in diesem Bereich *Lern-* bzw. *Verhaltenslücken* durch den Mangel an Übung auftreten. Somit leidet der Hochängstliche nicht nur unter dem zeitweise auftretenden unangenehmen Gefühl und der damit verbundenen Erregung, sondern – und dies ist viel gefährlicher – unter einer massiven Einengung seiner Möglichkeiten, Neues zu lernen und auszuüben. Diese, auf den ersten Blick nachgeordneten Probleme führen oft zur sozialen Isolierung (Vereinsamung) und zu erheblichen Kontaktproblemen (→ Kontaktprobleme).

Die häufigsten Ängste bei Kindern und Jugendlichen beziehen sich auf die Schule, das Studium und die damit verbundenen Leistungen (Prüfungen). Häufig bei Kindern und Jugendlichen

sind auch Ängste, die sich nur auf ganz bestimmte Objekte oder
Situationen beziehen und die wir als *Phobien* bezeichnen und
unter einem eigenen Stichwort behandeln werden. Sehr viel
seltener sind andere Ängste wie z. B. Angst um die eigene
Gesundheit oder auch vor einer Trennung von einer geliebten
Person. Oft sind Ängste auch Begleiterscheinung einer anderen
psychischen Störung, z. B. einer psychosomatischen Erkrankung. Gemeinsames Kennzeichen aller Ängste ist, daß sich die
von ihnen ausgelöste Erregung in Zittern, Herzjagen, starkem
Schwitzen, Kopfschmerzen und Schwindelgefühl niederschlägt.
In vielen Fällen kommt es auch zu einer verstärkten Magen-
Darm-Tätigkeit, Durchfall und Harndrang.
Ängste können sich im Laufe der Zeit auf verschiedene Gebiete
ausdehnen und so überhandnehmen, daß man sich nicht mehr in
der Lage sieht, das Leben zu meistern. Man wird mit den
alltäglichen Aufgaben nicht mehr fertig und fühlt sich in seiner
Existenz bedroht (= existentielle Angst).

Was sind die Ursachen?

Die Beschäftigung mit der Angst und ihren Ursachen war lange
Zeit, besonders in den Anfängen der Psychologie, die Domäne
der »Freudianer«. Freud entwickelte zwei verschiedene Angst-
theorien, die sich nicht ergänzen, sondern sogar eher Entgegengesetztes über die Ursachen aussagen. Die erste Theorie, aus dem
Jahre 1895, besagt, daß die Unterdrückung von Impulsen und
nicht erfüllten Wünschen Angst hervorruft. Nach der zweiten
Theorie, von 1926, entsteht Angst deshalb, weil die Wünsche
und Impulse furchterregend sind. Dies erst führt zur Unterdrük-
kung der Impulse bzw. Wünsche.
Die gegensätzlichen psychoanalytischen Aussagen über die
Ursachen von Angst, die zudem sehr global und deshalb schwer
überprüfbar sind, wirken wenig überzeugend. Versuche, diese
Theorien direkt zu überprüfen, waren nicht erfolgreich.
In den 30er Jahren befaßten sich amerikanische Psychologen mit

der Angstproblematik. Sie konnten nachweisen, daß Angst über verschiedene Lernprozesse erworben, also *er*lernt, und wieder *ver*lernt werden kann. Die wichtigsten, die Angst verursachenden Lernprozesse, die oft erst in ihrer Kombination wirken, werden nun kurz beschrieben.

Jeder Mensch erlebt mehr oder weniger häufig und mehr oder weniger ausgeprägt Angst. Dies ist eine »normale« Tatsache. Je nach dem nun, wie man selbst mit der Angst umgeht und wie die Umwelt darauf reagiert, wird Angst zum Problem:

(a) Die Grundlage von Angstgefühlen sind *bedrohliche Ereignisse* und *Erwartungen* darüber. Ereignisse wirken bedrohlich, wenn sie z. B. als *Angriff* auf die eigene Person (körperlich oder im übertragenen Sinne) oder als *unvorhersagbares Geschehen,* von dem man unangenehm überrascht wird und von dem man in Zukunft nicht weiß, ob es wieder eintrifft, wahrgenommen werden. Dabei können auch andere, *neutrale Bedingungen,* die *zusammen* mit einer bedrohlichen Situation auftreten, später angstauslösend wirken, ohne daß das bedrohliche Ereignis selbst wieder auftreten muß. Wird z. B. die neutrale, nicht angstbesetzte Aufgabe »Klassenarbeiten schreiben« mit einer Drohung verknüpft, wie »Du lernst viel zu wenig! Bring nur ja keine Fünf mit nach Hause, sonst passiert 'was!«, dann kann allein schon die bisher neutrale Tatsache der Klassenarbeit angstauslösend wirken. Diese Verknüpfung von Leistung und Drohung erzeugt oft Leistungsangst und Versagen, und das Kind verbindet mit der Schule unangenehme Vorstellungen. Dieser Sachverhalt der Verknüpfung eines neutralen Ereignisses mit einem bedrohlichen ist auch beim Entstehen einer Phobie wichtig (→ Phobie).

Die angstauslösenden Ereignisse tragen zu bestimmten *Erwartungen* für die Zukunft bei. Später können diese Erwartungen allein die Angst auslösen und festigen.

(b) Ein Kind lernt, wie schon mehrmals berichtet, auch dadurch, daß es sich an erwachsenen Vorbildern orientiert und *diese* nachahmt. Dies gilt auch für ängstliches Verhalten. Die »normal« ausgeprägte Angst beim Kind wird z. B. durch das *elterliche Vorbild* erhöht und gefestigt. Man kann immer wieder feststellen, daß viele ängstliche Kinder und Jugendliche ebensolche ängstlichen Eltern haben. Den Eltern ist dabei selbstverständlich nicht bewußt, daß sie als Vorbild für ihre Kinder wirken, zumal ihnen ihre eigene Angst nicht unbedingt in voller Tragweite bekannt sein muß. Sieht also ein Kind, daß seine Mutter häufig mit Angst und unsicherem Verhalten immer dann reagiert, wenn Besuch kommt oder wenn sie die Wohnung verlassen muß, so wird das Kind im Sozialkontakt mit anderen ebenfalls unsicher reagieren und solche Situationen als angstauslösend erleben. Denn woher soll das Kind nicht-ängstliches Sozialverhalten kennen, wenn ihm dies niemand gezeigt und vorgemacht hat?

Reagiert der Erwachsene bei Angst erfolgreich mit Flucht oder Vermeidung, so erwirbt das Kind durch die Beobachtung auch die Erwartung, daß durch Flucht oder Vermeidung ein positives Ergebnis erzielt werden kann.

(c) In Abhängigkeit davon, ob man glaubt, daß man sich einer Situation gewachsen fühlt, kann die Angst erhöht oder abgeschwächt werden. Die eigene *Wahrnehmung* über die *persönlichen Kontroll- und Bewältigungsmöglichkeiten* in einer Situation entscheidet nämlich darüber, wie sehr eine Situation oder ein Ereignis als bedrohlich empfunden wird. Nimmt man an, man verfügt über Möglichkeiten und Fähigkeiten, »Herr der Lage« zu werden, so empfindet man die Situation schon lange nicht mehr so schlimm und bedrohlich, und die Angst sinkt. Das Umgekehrte tritt ein, wenn man keine Bewältigungsmöglichkeit sieht. Die Gedanken darüber, die Dinge nicht kontrollieren zu können, sowie die dadurch zusätzlich ausgelöste körperliche Erregung (Aufregung) bedingen natürlich, daß die Aufmerksamkeit und Energie von der Bewältigung der Situation abgelenkt werden. Dadurch kommt man sich noch unfähiger vor, die Situation für sich günstig zu beeinflussen, was einem die Angelegenheit schließlich aussichtsloser und noch angsterregender erscheinen läßt. Ein nachteiliger Kreislauf hat somit begonnen, aus dem nur sehr schwer auszusteigen ist.

Nun ist die Frage, woher kommt es, daß manche Menschen von vornherein glauben, sie hätten keine Kontroll- und Bewältigungsmöglichkeiten. Bei diesen Kindern und Jugendlichen liegen in der Regel tatsächlich mehrere Erfahrungen vor, Situationen nicht kontrollieren zu können. Dieser Eindruck kann durch Eltern, Lehrer oder ungünstige Umstände erzeugt worden sein. Erfährt ein Kind, daß es tun oder lassen kann, was es will, also sein Verhalten *nur* beschimpft oder *nur* gelobt und besonders beachtet wird, dann gewinnt es die Überzeugung, seine Umwelt wenig oder gar nicht gestalten oder beeinflussen zu können. Ein Jugendlicher beispielsweise, der sich angestrengt hat, einen guten Hauptschulabschluß zu machen und dies auch geschafft hat, findet schon seit einem Jahr keine Lehrstelle, unabhängig von der Branche. Er empfindet seine Bemühungen in der Schule und seine vielen Bewerbungen als wirkungslos. Diese Aktivitäten haben also keinen Einfluß darauf gehabt, eine Lehrstelle zu finden. Diese unkontrollierbare Situation macht hoffnungslos und hilflos, man verliert den Glauben daran, etwas bewirken zu können. Diese Erfahrungen erhöhen die Unsicherheit und können damit eine Ursache für Angst werden.

(d) Schließlich können *verschiedene Verstärkungsprozesse* zur Ursache von übertriebener Angst werden.

● Aus Angst möchte man eine angstauslösende Situation vermeiden und ihr entfliehen. Gelingt dies, so verringert sich die Angst. Dieser »Erfolg« wirkt so bestärkend, daß man sich wahrscheinlich in einer ähnlichen Situation zukünftig ebenso verhält. Damit baut sich Angst weiter auf, da sie nicht durch aktive und erfolgreiche Bewältigung beseitigt wird.

● Hinzu kommt noch ein körperlicher Prozeß der Selbstverstärkung. Dies bedeutet folgendes: Angst ist in aller Regel mit körperlicher Erregung verbunden (Herzklopfen, Schweißausbrüche usw.). Wenn diese wahrgenommen wird, dann wird einem die eigene Angst bewußt oder zumindest merkt man, daß etwas in Unordnung oder in Aufregung gekommen ist. Dies wiederum vergrößert die Angst, und die größere Angst kurbelt wieder die körperliche Erregung an usw.

● Schließlich verstärken Eltern mit ihrem Verhalten die Angst ihrer Kinder, natürlich ohne daß sie dies beabsichtigen. Sie können nämlich Angst dadurch verursachen, daß sie sich immer dann mit besonderer Aufmerksamkeit ihrem Kind zuwenden, wenn dieses Angst zeigt.

Wie kann man helfen?

Eltern und Bezugspersonen von Kindern und Jugendlichen müssen zunächst darauf achten, daß sie die Angst ihrer Kinder nicht ungewollt verstärken und dadurch festigen oder sogar vergrößern. Im wesentlichen sind drei Punkte zu beachten:

● Man darf ängstliche Kinder *nicht überbehüten,* d. h. vor den »bösen« anderen beschützen und ihnen Sonderrechte einräumen (z. B. von der Schule befreien). Angst kann nie durch Problemvermeidung gelöst werden!

● Kindern mit Lernschwierigkeiten und Schulangst kann man in der Regel die Angst durch *vermehrtes Üben nicht* nehmen, sondern diese Sonderleistung und die oft damit verbundene Überforderung bauen noch mehr Angst auf (»Jetzt habe ich soviel geübt, jetzt *muß* es doch klappen!«).

● Einem ängstlichen Kind soll man *während* der Angstäußerung so wenig wie möglich Aufmerksamkeit schenken – aber viel Aufmerksamkeit bei nicht-angstvollem Handeln. Speziell ein krankheitsängstliches Kind sollte man nicht durch zusätzliche Kontrollmaßnahmen (wie Kontrolle des Blutdruckes) weiter in seinem zwanghaften Verhalten bekräftigen.

Generell sollen Eltern ihrem ängstlichen Kind etwas zutrauen und ihm Mut machen. Dabei ist darauf zu achten, daß das Kind nicht überfordert und dadurch zusätzlich verunsichert, aber auch nicht »aus der Pflicht gelassen« wird. Dies erreicht man, indem man dem Kind einerseits Ruhe und Entspannung gönnt. Andererseits muß man es langsam dazu führen, Ereignissen, vor denen es Angst hat, nicht aus dem Weg zu gehen. Es soll sich mit solchen Ereignissen auseinandersetzen und sie zu bewältigen versuchen. Wichtig ist, dabei schrittweise vorzugehen und notwendige Hilfestellungen zu geben. Das darf aber nicht bedeuten, dem

Kind das Problem abzunehmen. Man muß mit freundlicher Bestimmtheit darauf bestehen, daß das Kind das Problem selbst löst. Das Vorgehen und die Hilfestellungen der Eltern entsprechen der »schrittweisen Annäherung« (→ Seite 30). Man beginnt mit kleinen Problemen und Ereignissen, vor denen das Kind die wenigste Angst hat. Die angstauslösenden Ereignisse werden mit dem Kind gemeinsam zu Beginn gesammelt und im Hinblick auf ihren Bedrohungsgehalt geordnet. Kann das Kind die für es leichteste Situation mehrmals hintereinander gut bewältigen, was *jedesmal* lobend und anerkennend *hervorgehoben* werden muß, sollen die Eltern das Kind ermutigen, sich einem nächst schwierigeren Problem zu stellen. Es kann jedesmal notwendig sein, daß die Eltern freundlich, jedoch bestimmt auf einem Verhalten bestehen. Sind die Schritte klein, also die Anforderungen bewältigbar für das Kind, so ist das Verhalten der Eltern für das Kind eine Hilfe, und Eltern sollten keine Angst davor haben, auf den kleinen Anforderungen zu bestehen. Mit jeder erfolgreichen Bewältigung einer angstauslösenden Situation schöpft das Kind neuen Mut für weitere Aktivitäten. Es erlebt sich als fähig und kompetent und baut dadurch Selbstvertrauen auf.

Wie hilft der Fachmann?

Angst kann zunächst einmal durch Ruhe und Entspannung vermindert werden; hierzu kann man auch bei Kindern ab acht Jahren und selbstverständlich bei Jugendlichen das *autogene Training* einsetzen. Aufgrund psychologischer Forschung ist bekannt, daß Entspannung und Angst unvereinbar miteinander sind und somit ein erfolgreich herbeigeführter Entspannungszustand immer Angst blockiert. Endet die Entspannung, so wird die Angst wiederkommen. Somit muß man bei massiven Ängsten noch andere Wege zum *Angstabbau* einschlagen.

Eine umfassende Behandlung möchte zweierlei: a) Das ungünstige Erziehungsverhalten der Eltern ändern und b) die angstbesetzten Vorstellungen durch *angsthemmende Bilder* abbauen. Der erste Punkt läßt sich durch eine umfassende Elternberatung erreichen; Eltern ängstlicher Kinder sehen sich gerne nach Ratschlägen um, da sie motiviert sind, ihrem Kind zu helfen. Sie benötigen hierbei aber Unterstützung von einem Fachmann. Bei der Arbeit mit einem schulängstlichen Kind z. B. wird man zunächst prüfen, ob das Kind nicht zu hohe Leistungsanforderungen an sich stellt bzw. diese von den Eltern gestellt werden, die es mit seiner Begabung nur schwer erfüllen kann. Ist die Angst des Kindes sehr groß, muß man durch *schrittweise Annäherung* (→ Phobie) diese in den Griff bekommen. Bei diesem Vorgehen wird die Angst in kleine Bereiche zerlegt (z. B. Angst, alleine den Schulweg zu gehen; Angst vor dem Lehrer; Angst vor den Mitschülern; Angst vor Klassenarbeiten; Angst, aufgerufen zu werden). Man tastet sich langsam an die Ängste heran und beginnt mit der am wenigsten bedrohlichen Angst. Für diese werden die Situation und eine angemessene Handlung besprochen und in *Rollenspielen,* bei denen Kind und Therapeut alleine sind, *angstfreies Handeln eingeübt.* In diesen Fällen ist der Therapeut Vorbild für angstfreies Verhalten. Mit Jugendlichen kann dann in einer Gruppe weiter gearbeitet und neues Verhalten geübt werden. Der Therapeut zeigt dem Kind bzw. Jugendlichen auch, wie man sich selbst Mut machen kann. Hierfür wird der Umgang mit Leitsätzen geprobt, die Kinder dann zu sich selbst sprechen können (z. B. »Ich kann manches schon gut, das schaff' ich bestimmt auch gut!«). Später erhält das Kind bzw. der Jugendliche kleine Aufträge, die im Alltag auszuführen sind. Dadurch wird die Angst auch in der Realität langsam reduziert.

Literatur

* *Petermann, U. & Petermann, F.:* Training mit sozial unsicheren Kindern. München: Psychologie Verlags Union, 3. völlig veränderte Auflage, 1989.
* *Stein, A.:* Mein Kind hat Angst. München: Kösel, 1982.

Adressen

Örtliche Erziehungsberatungsstellen und frei praktizierende Diplom-Psychologen.

Autistische Störungen

Beispiel 1
Rudi, 3 Jahre, ist nach Aussagen seiner Mutter ein ganz und gar unzugängliches, aber sehr »braves« Kind. Er sitzt zufrieden in seiner Spielecke, völlig auf sich konzentriert und nimmt von anderen überhaupt keine Notiz. Rudi geht nie auf andere zu, sondern schaut häufig durch sie hindurch oder an ihnen vorbei oder kehrt ihnen den Rücken zu. Möchten die Eltern mit Rudi in Kontakt kommen, dann weicht er ihnen – selbst ihren Blicken – aus. Rudi verweigert auch jede Form von Liebkosungen.

Beispiel 2
Philipp, 12 Jahre, sammelt alles mögliche – besonders Steine und Schlüssel. Von diesen Gegenständen ist er vollkommen gefesselt und nimmt sie überallhin mit. Philipp raubt sich damit die Chance, auch noch andere Dinge kennenzulernen. Fragt man Philipp »Was machst Du mit den Schlüsseln?«, dann antwortet er mit einem »Echo«, also mit »Was machst Du mit den Schlüsseln?« Ganz verzweifelt sind Philipps Eltern, wenn dieser auf kleine Änderungen in der Wohnung (zum Beispiel einen Stuhl vom Tisch wegrücken) oder auf eine ungewohnte Geste mit einem Wutanfall (Schreien) reagiert. Philipp fordert, daß alles um ihn herum konstant bleibt. Besonders freut sich Philipp über stereotype Bewegungen; so schaukelt er endlos mit seinem Oberkörper und klatscht andauernd in die Hände. Philipp dreht Buntstifte und ähnliches und starrt ununterbrochen auf Ventilatoren und andere Gegenstände, die monotone Bewegungen zeigen.

Was ist gemeint?

Wir sagen häufig »das Kind verhält sich *autistisch*« und meinen damit nur, daß ein Kind sozial unsicher ist und nur in eingeschränkter Weise soziale Kontakte knüpfen kann. Damit ist jedoch nicht der Autismus gemeint, wie er seit knapp 50 Jahren in der Psychiatrie beschrieben wird. Beim Autismus, oder genauer, den autistischen Störungen handelt es sich um eine sehr seltene psychische Erkrankung, die man bei ungefähr vier von 10000 Kindern vorfindet; hierbei sind Jungen viermal so häufig betroffen wie Mädchen.

Liegt eine autistische Störung vor, dann weicht ein Kind massiv vom normalen Entwicklungsverlauf ab. Man bezeichnet deshalb diese psychische Krankheit als eine tiefgreifende Entwicklungsstörung. Von der bis Mitte der 80er Jahre üblichen Bezeichnung »frühkindlicher Autismus« ist man abgekommen, da entgegen früheren Annahmen die Störung lebenslang andauert; zudem kann man aufgrund neuerer Befunde verschiedene Gruppen autistischer Kinder mit typischen Entwicklungsverläufen beobachten.

Kinder mit autistischen Störungen weisen qualitative »Verformungen« der Entwicklung auf, die sowohl die Kommunikation bzw. das Sozialverhalten als auch das vorstellungsmäßige Denken betreffen. Eine solche Entwicklung beginnt in der Kindheit, das heißt bei ungefähr drei Viertel aller Kinder liegt der Krankheitsbeginn vor dem 24. Lebensmonat, bei 94 Prozent vor dem 36. Lebensmonat und nur sechs Prozent erkranken bis zum fünften und sechsten Lebensjahr. Je früher man bei einem Kind autistische Störungen identifiziert, desto stärker ist auch die Intelligenz des Kindes beeinträchtigt. Allerdings werden autistische Störungen von den Eltern vielfach falsch gedeutet. So glauben manche Eltern, daß ihr Kind taub oder geistig behindert ist.

Eltern autistischer Kinder leiden massiv darunter, daß kaum eine zwischenmenschliche Beziehung zu ihrem Kind möglich ist. Augenkontakt, Gestik und Mimik sowie Körperhaltung regulieren nicht die soziale Interaktion. Andere Personen werden selten aufgesucht, um Zuneigung oder Trost zu erhalten. Das autistische Kind knüpft keine Kontakte zu anderen; es reagiert nicht auf deren Freude oder Trauer; andere werden selten beachtet oder ihr Verhalten nachgeahmt.

In besonders vielfältiger Weise ist die Kommunikation autistischer Kinder beeinträchtigt; man beobachtet unter anderem:

- verzögertes oder völliges Fehlen der gesprochenen Sprache,
- Nicht-Reagieren auf Kommunikationsversuche (zum Beispiel beim Rufen des Namens),
- unmittelbare oder verzögerte Echolalie (= sinnfreies Wiederholen von Sätzen, die das Kind hört),
- Gebrauch einer »Privat-Sprache« und
- Verwechslung von »Ich« und »Du«.

Weiterhin kann man autistische Kinder an ihren stark eingeschränkten Interessen, dem Verhaftetsein an ungewöhnlichen Dingen (Sammeln und Herumtragen von Schlüsseln), dem zwanghaften Festhalten an Ritualen und sich wiederholenden Körperbewegungen erkennen. Viele autistische Kinder sind nachhaltig verunsichert bzw. wütend, wenn sich unwesentliche Dinge aus ihrer Umgebung verändern.

Was sind die Ursachen?

Die Beschäftigung mit dem Autismus hat eine Flut von Spekulationen und populären Deutungen zu Tage gebracht – alle wollen das Wesen des Autismus beschreiben und die Ursachen aufdekken. Bis heute kann leider kaum eine dieser Spekulationen durch fundierte Ergebnisse unterstützt werden.

Eine differenzierte und aktuelle Information über die Ursachen hilft, die »Weltabgewandtheit« eines autistischen Kindes zu verstehen. Sie gibt Hinweise darauf, ob es sich überhaupt um eine autistische Störung handelt oder um eine Verhaltensstörung (Kontaktangst, soziale Unsicherheit), eine geistige Behinderung

oder eine Schizophrenie. Obwohl 80 Prozent der autistischen
Kinder geistig behindert sind, muß dieser Entwicklungsstand
nicht zwangsläufig vorliegen. Autistische Kinder weisen einen
qualitativ andersgearteten Entwicklungsverlauf auf, der nicht
einfach quantitativ von dem normaler Kinder verschieden ist, wie
man dies bei geistig Behinderten vorfindet.

Die bisherigen Befunde zu den Ursachen lassen sich nur so
interpretieren, daß biologische, psychische und soziale Faktoren
in ihrem Zusammenwirken autistische Störungen zur Folge haben. Auf diesem Hintergrund kann man

● Vorbedingungen,

● auslösende und

● aufrechterhaltende Bedingungen unterscheiden.

Vorbedingungen
Hierunter fallen besonders Faktoren, die an der Herausbildung
des Zentralnervensystems beteiligt sind. Erst die Fortschritte der
Neurologie Mitte der 80er Jahre brachten Hinweise darauf, daß
bei Autisten die *Feinstruktur* des Zentralnervensystems gestört
ist. Die Betrachtung der Feinstruktur bezieht sich dabei auf
Abläufe in der Nervenzelle selbst. Eine feinstrukturelle Störung
liegt dann vor, wenn sich die Nervenzellen nicht ausdifferenziert
haben, die Stellen der neuronalen Informationsübermittlung
(= Synapsen) sich nicht hinreichend entwickelt haben oder der
Aufbau der Nervenfaser (= Myelinisierung) sich nicht optimal
vollzogen hat. Solche neurologischen Veränderungen lassen sich
bislang nur schwer direkt identifizieren. Vermutlich sind bei
Autisten die feingliedrigen Fortsätze der Nervenzellen (= Den-
driten) unzureichend differenziert und die Informationsvermitt-
lung von einer Nervenzelle zur anderen (= Synapsen) gestört.
Leider kann man heute diese neurologischen Störungen bei
Autisten noch nicht genau lokalisieren.

Auslösende Bedingungen
Als Auslöser kommen biologische, psychische und soziale Faktoren in Frage. Man kann zwei Zeitpunkte in der Entwicklung

eines Kindes unterscheiden, zu denen die autistische Störung in Erscheinung tritt: Zum einen die Geburt, bei der es zur Aufdekkung bereits während der Schwangerschaft geschädigter neurologischer Funktionen kommt; hierbei sind die Ursachen bisher ungeklärt. Zum anderen die psychosozialen Anforderungen des achten bis 24. Lebensmonats. Diese kritische Phase bei der Entstehung autistischer Störungen muß besonders beachtet werden. Autistische Kinder weisen dabei unterschiedliche Defizite auf: So lernen sie, nicht abstrakt zu denken, da sie diese Phase nicht erfolgreich durchlaufen; und sie sind nicht in der Lage, logische Schlußfolgerungen aus ihrem Handeln zu ziehen. Viele autistische Kinder lernen aber noch Muster zu ergänzen, Einzelteile zusammenzusetzen und besitzen manchmal hervorragende visuelle Fertigkeiten.

Aufrechterhaltende Bedingungen

Autistische Kinder haben aufgrund ihrer neurologischen Störungen Wahrnehmungsprobleme, die die frühe soziale Interaktion (vor allem mit der Mutter) beeinträchtigen und somit letztlich das gestörte Sozialverhalten bedingen. Bereits in den ersten Lebensmonaten reagiert ein autistisches Kind nicht auf die sozialen Bemühungen seiner Mutter. Dadurch kommt keine sinnvoll zusammenhängende, vorhersagbare Interaktion zustande. Ebenso ist die emotionale Entwicklung betroffen, das heißt autistische Kinder können im beobachtbaren Verhalten anderer keine emotionalen Äußerungen einschätzen.

Auch die kognitive Entwicklung autistischer Kinder ist stark beeinflußt, da es ihnen nicht gelingt, im Umgang mit Spielsachen deren Funktion und Bedeutung abzuleiten. Vermutlich werden autistische Störungen dann besonders offensichtlich, wenn zwischen dem sechsten und 18. Lebensmonat die soziale, emotionale und kognitive Entwicklung stärker aufeinander bezogen sind. Es kommt dann zu einer mißlungenen Koordination des Verhaltens. Man erkennt dies daran, daß autistische Kinder sich nicht darum bemühen, die Aufmerksamkeit anderer Personen auf sich zu lenken, indem sie auf Gegenstände deuten oder Gegenstände herzeigen. Ohne diese »Aufmerksamkeitslenkung« kann ein Kind jedoch keinen Kontakt zu anderen herstellen, bzw. eine Kommunikation mit dem autistischen Kind ist nicht möglich.

Wie kann man helfen?

Eltern autistischer Kinder sollten sich durch die neuen neurologischen Befunde hinsichtlich bestehender Schuldgefühle ihrem Kind gegenüber entlastet fühlen. Sie müssen sich auf eine konsequente und langjährige Mitarbeit bei der Förderung ihres Kindes unvoreingenommen einlassen. Förderung bedeutet dabei, daß autistische Kinder in kleinen Schritten Teilfertigkeiten lernen müssen. Nur durch eine positive Haltung gegenüber dem Kind und aufgrund der jahrelangen Förderung kann man ein Klima schaffen, das die spezifischen Anforderungen bewältigen hilft. Vielfach stellen sich Therapieerfolge nur verzögert ein und neue Probleme erschweren die Krankheitsbewältigung für die Familie. So treten zum Beispiel bei einem Drittel der Autisten im Jugendalter epileptische Anfälle auf, die die Behinderung noch zusätzlich vergrößern.

Wie hilft der Fachmann?

Eine angemessene Autismusbehandlung setzt Detailinformationen über den Entwicklungsstand des Kindes voraus. Diese basieren auf einer neurologischen Diagnostik in einem medizinischen Zentrum und einer ausführlichen psychologischen Diagnostik. Unter psychologischen Gesichtspunkten sind soziale, emotionale und kognitive Fertigkeiten mit einer Vielzahl von Verfahren zu erfassen (Entwicklungstests, Verhaltensbeobachtung usw.).
Als besonders erfolgreiche Autismustherapie weisen neuere US-amerikanische Studien eine Kombination von medikamentösen und verhaltenstherapeutischen Behandlungsansätzen aus. Solche Vorgehensweisen, die durch eine pädagogische Förderung und

familienbegleitende Maßnahmen langfristig unterstützt werden müssen, erzielten in den letzten Jahren nachhaltige und langfristig stabile Effekte.

Jede moderne Autismusbehandlung ist entwicklungsorientiert angelegt, das heißt sie versucht, ein autistisches Kind seinem Entwicklungsstand gemäß schrittweise zu fördern. Die Schritte sind dabei genau formuliert und auf die Entwicklungsvoraussetzungen des Kindes abgestimmt. Bei der Vielfalt der autistischen Störungen kann eine globale Therapie kaum Erfolge bringen.

Soziale Fertigkeiten, mit denen das Sozialverhalten autistischer Kinder verbessert werden kann, müssen im Alltag eingeübt werden; dazu erhalten die Eltern eine gezielte Anleitung. Eine langfristige therapeutische Betreuung des autistischen Kindes und seiner Familie ist zentral, da nur auf diese Weise die erzielten Erfolge in einem Bereich auf einen anderen übertragen werden können.

Literatur

Kusch, M. & Petermann, F.: Entwicklung autistischer Störungen. Bern: Huber, 2. erweiterte Auflage 1991.
Wing, J. K. (Hrsg.): Frühkindlicher Autismus. Weinheim: Beltz, 3. erweiterte Auflage, 1987.

Adressen

Ambulanzen der Kinderneurologischen Zentren, Kinderzentren, Kinder- und Jugendpsychiatrien, Einrichtungen der Frühförderung, sozialpädiatrische Zentren, ambulante und stationäre Einrichtungen für Autisten; entsprechende Elternvereinigungen und ihre Regionalgruppen als Interessenverband.

Chronische Krankheiten

Beispiel 1
Karl, 16 Jahre, ist seit seinem 10. Lebensjahr zuckerkrank
(Diabetes mellitus); nach seinem Hauptschulabschluß
konnte er den von ihm angestrebten handwerklichen Beruf
aus gesundheitlichen Gründen nicht erlernen. Er mußte auf
einen anderen Beruf ausweichen. In seiner Familie nimmt
Karl eine Sonderstellung ein: Der Tagesrhythmus ist durch
eine streng geplante Mahlzeitenfolge festgelegt, alle nehmen
auf ihn Rücksicht; Karl ist sich seiner Sonderstellung bewußt
und leitet daraus in der Familie und am Arbeitsplatz beson-
dere Rechte ab. Karl wird von seinen Kameraden als aggres-
siv beschrieben.

Beispiel 2
Marina, 10 Jahre, bekam vor vier Jahren Blutkrebs (Leuk-
ämie). Aufgrund der großen Fortschritte der medizinischen
Krebsbehandlung konnte Marina überleben. Allerdings war
der Schock und die Belastung für die Familie so groß, daß die
Familie nicht mehr zur Ruhe kommt. Marina erlebt hingegen,
daß sie von Tag zu Tag ihre ursprüngliche Lebenskraft
wiedergewinnt. Da die Familie (verständlicherweise) in den
ersten beiden Jahren der Erkrankung sehr viel Rücksicht auf
Marina nahm, ihr die letzten Lebensjahre »schön machen«
wollte, kennt Marina die normalen Belastungen einer Zehn-
jährigen nicht. Sie lebt in einer überbehüteten Welt und droht
an den Anforderungen der Umwelt zu scheitern.

Was ist gemeint?

Unter chronischen Krankheiten werden langfristige oder lebenslange Erkrankungen verstanden, die neben ihren medizinischen

Folgen auch nachhaltigen Einfluß auf die Lebenseinstellung und
-gestaltung des Erkrankten und seiner Familie haben. Die Gruppe
der chronischen Krankheiten umfaßt neben dem Diabetes auch
Krebserkrankungen, Herz-Kreislauf-Störungen, Beeinträchtigungen der Nieren und des Drüsensystems; zudem sind rheumati-
sche Erkrankungen und Körperbehinderungen jeder Art anzu-
führen.

Durch die erheblichen Fortschritte der Medizin können solche
Patienten glücklicherweise lange mit erträglichen Einschränkungen leben. Je mehr die medizinischen Probleme solcher Krankheiten in den Hintergrund rücken, desto deutlicher werden die
psychischen Folgen erkennbar. Ein langes Leben mit einer chronischen Krankheit bewirkt Einschränkungem im Bereich der
Freizeit, des familiären Zusammenlebens insgesamt und des
Berufes. Chronische Krankheiten unterscheiden sich in ihren
Auswirkungen erheblich voneinander. So sind die einschneidenden Folgen der Krebserkrankung oft sehr leicht erkennbar und
drastisch (Haarausfall, Amputation von Gliedmaßen, lange Klinikaufenthalte), dagegen diejenigen des Diabetes verdeckt und
weniger einschneidend (z. B. veränderte Eßgewohnheiten, regelmäßiges Spritzen). Weiterhin sind die Erkrankungen im Hinblick
auf ihre Lebenschancen, der Berechenbarkeit des Krankheitsver-
laufs und der damit zusammenhängenden Bedrohung für den
Patienten und seine Familie zu unterscheiden. Wir wollen diese
Aussagen am Beispiel des krebs- und zuckerkranken Kindes und
seiner Familie erläutern.

Krebskranke Kinder. Sehr dramatisch für das krebskranke
Kind und seine Familie ist die Mitteilung der Diagnose »Krebs«.
Diese Mitteilung bedeutet einen Schock für alle Beteiligten,
verbunden mit trüben Vorahnungen und Schuldgefühlen oder
Selbstvorwürfen der Eltern. Für Kind und Familie entsteht ein
massiver Dauerstreß, der durch zermürbende, monatelange
Krankenhausaufenthalte verstärkt wird. Jeder Behandlungser-
folg bringt nur begrenzte Entlastung, da die Angst vor einem
Rückschlag (Rezidiv) nie vollständig abgebaut werden kann. Der
Tod eines Kindes hinterläßt eine psychisch desolate Familie;

wird das Kind geheilt, ist es schwer, ihm die Sonderstellung, die durch seine Rolle als Kranker bedingt war, wieder zu nehmen und eine Wiedereingliederung in Schule (Beruf) und Familie vorzunehmen.

Zuckerkranke Kinder. Die Zuckerkrankheit ist eine häufige Erkrankung (in der BRD ca. 20000 Kinder und Jugendliche), die weniger bedrohlich ist, jedoch lebenslang auf den Patienten einwirkt. Die Folgen des Diabetes (auch die Spätfolgen) sind heute medizinisch dann bewältigbar, wenn die vom Arzt ausgearbeiteten Ratschläge umgesetzt werden. Leider befolgen mehr als dreiviertel aller Diabetiker im Kindes- und Jugendalter diese Hinweise nicht, d. h. sie essen unregelmäßig, halten sich nicht an die Diät usw. Gerade jugendliche Diabetiker setzen sich häufig über diese Regeln hinweg, machen dem behandelnden Arzt falsche Angaben über ihren Gesundheitszustand und ihr Eßverhalten. Die erfahrenen Einschränkungen führen beim Diabetiker zur Aggression und zugleich zur Unfähigkeit, über die »heimliche« Krankheit (Diabetes) mit Gleichaltrigen zu reden. Die Überbehütung in der Familie, die Schwierigkeiten im Umgang mit Gleichaltrigen und die Probleme am Arbeitsplatz sind bei diabetischen Jugendlichen kennzeichnend für ihr Sozialverhalten.

Was sind die Ursachen?

Die Ursachen der psychischen und sozialen Begleiterscheinungen chronischer Krankheiten bestehen zumindest in vier Punkten:

(a) Art und Verlauf der Krankheit,

(b) Ausmaß der Abhängigkeit von medizinischer Kontrolle,

(c) Reaktionen der Familie und

(d) Krankheitsbewertung durch den Betroffenen.

Punkt (a) haben wir bereits in der Gegenüberstellung von Diabetes und Krebserkrankung vertieft. *Punkt (b)* ist einsichtig, da lange Klinikaufenthalte und massive Eingriffe eher zu einer passiven und ohnmächtigen Haltung führen als weniger bedrohliche und einschneidende Maßnahmen.

Unter *Punkt (c)* werden schon etwas schwieriger erkennbare Ursachen angesprochen. Es handelt sich dabei um die Tatsache, daß Eltern mehr oder weniger günstig auf die chronische Erkrankung ihres Kindes reagieren können. Oft ist gerade das menschlich naheliegende und verständliche Verhalten dasjenige mit den meisten negativen Folgen. So reagieren die meisten Eltern z. B. bei der Diagnose »Krebs« mit Angst, Panik und der Befürchtung, daß ihr Kind die Erkrankung sicherlich *nicht* überleben wird. Diese Vorahnung steht Pate für ein überbeschützendes und allesgewährendes Verhalten; man läßt dem kranken Kind »seinen Willen«, damit es in der kurzen Lebensspanne, die ihm vermutlich noch bleibt, wenigstens alles »genießen« kann. Genau dieses gutgemeinte Verhalten ist ein Hauptgrund für viele *Anpassungsprobleme* im Umgang mit der chronischen Erkrankung. Unter Anpassungsproblemen versteht man eine falsche Art des Kranken, mit seiner Krankheit fertig zu werden.

Anpassungsprobleme sind jedoch nicht allein auf ungünstige Reaktionen der Eltern zurückzuführen. Genauso wichtig ist die Art und Weise, in der das kranke Kind selbst seinen Zustand bewertet *(Punkt d)*. So treten sehr große Probleme auf, wenn man eine Krankheit als ungerechtfertigte Strafe oder Bedrohung auffaßt. Diese Bewertungen führen dazu, daß das Kind sich sehr aggressiv oder aber passiv seinem Zustand und der Umwelt gegenüber verhält. Wird die Krankheit als Herausforderung erlebt, mit sehr schwierigen Lebensumständen klarzukommen, und schätzt man sich stark genug ein, mit den Problemen fertig zu werden, dann wird man positive Erwartungen gegenüber der Zukunft hegen und ein günstiges Verhalten zur Krankheitsbewältigung zeigen. Liegen diese positiven Erwartungen nicht vor, dann bestimmen *Ängste* und auch *Aggression* das Krankheitsbild, die zu einer Überempfindlichkeit für kleine Änderungen im Krankheitsverlauf beitragen. Die kleinen Änderungen werden als schicksalhafte Wendungen interpretiert. Dadurch erscheint die Krankheit problematischer und unbewältigbarer als sie in Wirklichkeit ist, was sich auf eine positive Krankheitsbewältigung ungünstig auswirkt.

Wie kann man helfen?

Die Familie, in der ein chronisch krankes Kind oder Jugendlicher lebt, sollte sich in Gesprächen mit der Krankheit auseinandersetzen. Dadurch können die Angehörigen dem Kind helfen, z. B. die Ängste vor der Krankheit abzubauen. Mit dem Kind gemeinsam soll eine positive Einstellung zum Kranksein entwickelt werden. Hierfür ist es notwendig, Anforderungen an das Kind zu richten und es nicht (aus Mitleid) zu verwöhnen. Die Angehörigen sollten alles unterlassen, was das Kind noch mehr in die Sonderrolle drängt.

Eine besondere Stellung nimmt der Zeitraum ein, in dem die Erkrankung festgestellt wird. In diesem Abschnitt, der in der Regel einen längeren Krankenhausaufenthalt erfordert, sollte das Kind von einer vertrauten Person (z. B. der Mutter) begleitet werden. Hier bieten in den letzten Jahren viele Krankenhäuser die Möglichkeit an, daß eine Bezugsperson ständig in der Klinik bleiben kann. In diesem Zusammenhang ist jedoch darauf hinzuweisen, daß eine zu große Überbelastung der Bezugsperson (z. B. durch tage- und nächtelanges Durchwachen) vermieden wird; es wäre in solchen Fällen besser, wenn sich mehrere wichtige Bezugspersonen abstimmen und ihr Engagement aufteilen könnten.

Eltern chronisch kranker Kinder fühlen sich durch die Krankheit ihres Kindes besonders »gestraft« und machen sich Schuldvorwürfe (z. B. durch die Vermutung, die Krankheit sei vererbt). Diese Schuldvorwürfe sind jedoch ungerechtfertigt. Eine chronische Erkrankung kann jede Familie treffen, ohne daß sie etwas dazu beigetragen hat. Leider sind oft die Familien durch Schuldgefühle und Verzweiflung so gelähmt, daß sie sich in ihrem »Elend« von ihren bisherigen Bekannten absondern und sich völlig auf die Krankheit des Kindes konzentrieren. Ein normales

Familien- oder Eheleben findet nicht mehr statt. Dieser Zustand, der zu vielen psychischen und sozialen Folgeproblemen führt, *muß* vermieden werden. Es ist unbedingt notwendig, die Krankheit als Herausforderung zu akzeptieren und sich mit einer Gruppe von Eltern mit den gleichen Problemen in gewissen Zeitabständen auszutauschen. Solche Elterngruppen gibt es in allen größeren Städten, wobei Anschriften über die Bundesverbände oder den Bundesverband der Elterninitiativen zu erfahren sind (siehe Adressen). In der Regel sind solche Elterngruppen jeweils nach Krankheitsgruppen getrennt organisiert (z. B. Elterngruppe diabetischer Kinder, Elternverein für krebskranke Kinder). Diese Elterngruppen haben den Vorteil, daß man mit Eltern zusammentrifft, die ein ähnliches Schicksal erfahren haben. Dies eröffnet die Chance zu erfahren, wie andere Eltern mit einem vergleichbaren Problem umgehen. Darüber hinaus lernt man auch in der Gruppe, seine Belange gezielt vorzubringen (z. B. rechtliche Probleme, finanzielle und sonstige Fragen). Oft tragen diese Elterngruppen durch die von ihnen veranlaßten Aktivitäten zu einer positiven Einstellung gegenüber der Krankheit bei. In den Gruppen kann – teilweise unter fachlicher Beratung – das Gefühl der Ohnmacht abgebaut werden.

Eltern chronisch kranker Kinder sollten ihre Sozialkontakte zu »Normalfamilien« aufrechterhalten und ihr Kind zu sozialen Aktivitäten – auch außerhalb der Familie – ermuntern. Die Sonderrolle des Kindes sollte nicht durch eine verwöhnende Erziehungshaltung unterstützt werden. Das kranke Kind muß erfahren, daß es Aufgaben hat und diese (aus eigener Kraft) bewältigen kann. Diese Erfahrung ist wichtig, um neuen Lebensmut zu entwickeln.

Wie hilft der Fachmann?

Der beste Weg, die psychischen und sozialen Folgen chronischer Krankheiten einzuschränken, besteht darin, das Kind und die Familie mit zuverlässigen und verständlichen Informationen über die Ursachen und den Umgang mit der Erkrankung zu versorgen. Nur durch eine solche Aufklärung und verständliche Begründungen von Behandlungsschritten kann der Arzt das für chronische Krankheiten erforderliche Ausmaß an Motivation, bei einer Therapie mitzuarbeiten (= Verpflichtungsgefühl), aufbauen. Gerade für die Bereiche Diabetes und Krebs gibt es für Kinder und Familien hervorragende Unterweisungsbücher, die bei Krankheitsbeginn von vielen Kinderkliniken den Betroffenen angeboten werden (siehe Literatur).

In einer umfassenden psychologischen Beratung sollten die Ängste, Sorgen, eingeschränkten Verhaltensmöglichkeiten u. ä. angesprochen werden. Ziel dieser Beratung muß es sein, den Betroffenen nahezubringen, daß auch ein chronisch krankes Kind in vielen Bereichen ein normales Leben führen kann. Auch muß auf die Bedeutung von Sport, den Umgang mit Freunden und die Möglichkeiten der Freizeitgestaltung eingegangen werden. Psychologische Gespräche sollten den Kindern und Familien einen Weg zeigen, wie man mit Selbstvorwürfen (»Wieso mußte mir so was passieren!«) besser umgehen kann.

Literatur

* *Petermann, F., Noeker, M. & Bode, U.:* Psychologie chronischer Krankheiten im Kindes- und Jugendalter. München: Psychologie Verlags Union, 1987.
* *Travis, L. B. & Hürter, P.:* Einführungskurs für Kinder und Jugendliche mit Diabetes mellitus. Frankfurt: Gerhards, 4. Auflage, 1989. (Beziehbar über: Bund diabetischer Kinder und Jugendlicher e. V., Hahnbrunnerstr. 46, 67659 Kaiserslautern.)

Adressen

Örtliche Kinderärzte, Kinderkliniken.
Örtliche Elterninitiativen bezogen auf krebskranke Kinder, diabetische etc. (zu erfragen über Kinderärzte oder Kinderkliniken).
Bund diabetischer Kinder und Jugendlicher e. V., Hahnbrunnerstr. 46, 67659 Kaiserslautern.

Delinquenz

Beispiel 1
Philipp, 13 Jahre, läuft oft abends von zu Hause weg und
kommt erst am nächsten Tag wieder; manchmal wird er auch
nachts am Hauptbahnhof von der Polizei »aufgegriffen« und
nach Hause gebracht. Schon seit gut zwei Jahren kommt es
immer wieder vor, daß Philipp auch teure Gegenstände im
Kaufhaus stiehlt. Obwohl er schon 5 mal von den Kaufhaus-
detektiven der Polizei »überstellt« wurde, kommt Philipp
immer mit einem »blauen Auge« davon, da er noch nicht
strafmündig ist. Im Stillen freut sich Philipp, daß er seinen
Eltern soviel Ärger macht, denn er fühlt sich von ihnen
schlecht behandelt. Philipp ist es egal, wenn er – wie schon
oft angedroht – in ein Erziehungsheim kommt.

Beispiel 2
Oskar, 19 Jahre, ist seit zwei Jahren drogenabhängig und
braucht deshalb viel Geld. Er findet es unfair, daß Drogen
so teuer sind. Mit einer Gruppe von »Freunden« wollte
Oskar sich deshalb durch einen Einbruch in eine Apotheke
»Stoff« beschaffen. Die Sache lief nicht so gut – er wurde
erwischt und bekam eine empfindliche Jugendstrafe. Oskar
war der Polizei schon bekannt; er demolierte Spielautomaten
als er »ungerecht« verloren hatte, klaute Ersatzteile für sein
Motorrad und fiel wegen Hausfriedensbruch auf. Das erste,
was ihm so richtig Spaß im Leben machte, waren Drogen.

Was ist gemeint?

Der Begriff »Delinquenz« kommt aus dem Amerikanischen und ist am ehesten mit dem veralteten deutschen Wort »Verwahrlosung« zu übersetzen. Jugenddelinquenz ist nicht einfach nur ein kriminelles Vorgehen, sondern steht oft am Ende einer Kette von Verhaltensstörungen im Kindes- und Jugendalter. Delinquentes Verhalten kann dabei als Ergebnis mangelnder Verhaltenskontrolle und einer nicht vollzogenen moralischen Entwicklung betrachtet werden. Die Verhaltenskontrolle ist vor allem deshalb eingeschränkt, weil zwei wichtige Fähigkeiten nicht gelernt wurden: 1. die Fähigkeit, Belohnungen aufzuschieben. 2. die Fähigkeit, sich selbst Maßstäbe zu setzen und deshalb Versuchungen widerstehen zu können.

Das delinquente Verhalten Jugendlicher tritt im wesentlichen zwischen dem 12. und 24. Lebensjahr auf und steigt seit zwei Jahrzehnten ständig an. Einige Untersuchungen weisen nach, daß jeder Dritte männliche Jugendliche bis zum 24. Lebensjahr mit dem Gesetz in Konflikt kommt. Bei dieser Aufstellung sind jedoch alle Straftaten berücksichtigt. Diese reichen von Eigentums-, Gewalt- und Straßenverkehrsdelikten, Brandstiftung (vornehmlich bei jüngeren Kindern), Hausfriedensbruch, sexuelle Nötigung und Vergewaltigung bis zu Straftaten im Zusammenhang mit Drogen. Kennzeichnend für delinquentes Verhalten ist das fortgesetzte Begehen von Straftaten (= Wiederholungstäter).

Viele Straftaten Jugendlicher wirken ziellos, wie z. B. das Demolieren von Automaten oder das Verprügeln von Passanten. Offensichtlich soll dieses, oft von Jugendlichenbanden ausgeführte Verhalten dazu dienen, andere zu ärgern und zu provozieren. Bei diesem Verhalten bestehen sicherlich Berührungspunkte zur Aggression, die in der Regel die Vorstufe zur Delinquenz bildet; damit ist nicht gemeint, daß *jedes* aggressive Kind zur Delinquenz neigt, sondern lediglich unter bestimmten Voraussetzungen eine Gefährdung vorliegt (→ Aggression).

Delinquenz ist oft mit anderen Problemen kombiniert, die eine soziale Wiedereingliederung des Jugendlichen in die Familie oder die Arbeitswelt erschweren. Typische Probleme dieser Art sind: Alkoholmißbrauch, Drogenabhängigkeit, Kontakt- und Motivationsprobleme, depressive Verstimmtheit und Arbeitslosigkeit, kein Schulabschluß und keine berufliche Ausbildung sowie starke Ablehnung der Eltern.

Was sind die Ursachen?

Die Ursachen delinquenten Verhaltens liegen auf verschiedenen Ebenen. Wir müssen zumindest vier unterscheiden:

(a) Gesellschaftlicher Wandel,

(b) familiäre Probleme,

(c) Entwicklungsstand und

(d) die Bezugsgruppe der Jugendlichen.

Neben diesen Ursachen können auch medizinische eine Rolle spielen (wie Schädeltraumata, hirnorganische Störungen); diese Ursachen müssen von einem Kinder- und Jugendpsychiater oder Neurologen abgeklärt werden.

(a) Zunächst zu den *gesellschaftlichen Problemen:* Die veränderte industrielle Produktion macht weniger Arbeitskräfte erforderlich; viele Jugendliche sehen in unserer perfekten Welt keine Chance, irgendetwas zu »machen«, unternehmen konsequenterweise von Anfang an keine Anstrengungen mehr, und wenn sie sich aktivieren, sind sie schnell entmutigt, da sie oft keine Erfahrung im Umgang und in der Bewältigung mit Mißerfolgen haben. Glücklicherweise besitzen wir in unserer Gesellschaftsordnung die Möglichkeit, uns an verschiedenen Wertvorstellungen zu orientieren. Diese Wertvielfalt bedeutet aber für viele Jugendliche eine beliebige Austauschbarkeit von Werten und führt zur Orientierungslosigkeit. In den Augen vieler Jugendlicher ist es deshalb einfach, sich für abweichende Werte einer Clique zu entscheiden.

(b) *Die familiäre Situation* des delinquenten Jugendlichen läßt sich wie folgt umreißen: Oft fehlt ihm die Anerkennung für positives Verhalten in der Familie; es herrscht eine schwierige finanzielle Situation vor, und es werden unberechenbare Strafen ausgesprochen. Die Bezugspersonen des Jugendlichen wechseln häufig (z. B. Erziehung durch die Großeltern, Eltern, Pflegeeltern) und es leben nicht-nachahmenswerte Vorbilder mit in der Familie (z. B. ältere delinquente Geschwister, krimineller Vater). In den Familien werden kaum Probleme offen angesprochen und es besteht auch kein familiärer Zusammenhalt. Noch bessere Hinweise auf die Ursachen der Jugenddelinquenz lassen sich aus der Art ablesen, wie Familienmitglieder miteinander umgehen; z. B. wie das feindselige und ablehnende Verhalten des Vaters durch die mütterliche Nachgiebigkeit und Inkonsequenz »wettgemacht« wird. Oft haben vernachlässigendes und überbehütendes Verhalten ähnliche negative Auswirkungen.

(c) Es kommt immer häufiger in der *Entwicklung von Jugendlichen* vor, daß sie ihr delinquentes Verhalten als »Sport« begreifen. Ihnen bereitet offensichtlich die Unsicherheit, möglicherweise erwischt zu werden, einen angenehmen Nervenkitzel. Wahrscheinlich können drei Einstellungen des Jugendlichen delinquentes Verhalten begünstigen: 1. die Erwartung, nicht erwischt zu werden; 2. die Vorstellung »Wenn ich mich gut verhalte, dann bringt mir dies eh' nichts!«; und 3. der Versuch, sich genauso »furchtlos«, wie sein Idol zu verhalten. Solche Einstellungen und daraus folgend delinquentes Verhalten läßt erkennen, daß die »moralische Entwicklung« gestört ist. Die Störung kann durch verschiedene Prozesse hervorgerufen worden sein: Erfolg bei Verhalten, das nicht der Norm entspricht, führt zur Ausprägung und Festigung des abweichenden Verhaltens. Weiter kann die Verhaltenskontrolle bezüglich delinquenten Verhaltens dadurch gestört sein, daß Normen, Regeln und Autoritäten nicht als etwas Sinnvolles und Nützliches, sondern als etwas willkürliches begriffen wird. Der Aufbau eines Gewissens und die Fähigkeit, Schuld zu empfinden, können ebenfalls gestört sein. Dadurch unterliegt das Verhalten nicht der Selbstkontrolle. Schließlich kann die Fähigkeit, die Auswirkungen des eigenen Verhaltens auf andere zu berücksichtigen, beeinträchtigt sein. Man spricht dann von mangelndem Einfühlungsvermögen.

In einigen Fällen möchten vor allem jüngere Jugendliche mit ihrem Verhalten gezielt ihrer Familie Ärger bereiten, um sich beispielsweise für Vernachlässigung oder ungerechte Behandlung zu »rächen«.

(d) Schließlich fördert oder unterstützt die *Gleichaltrigengruppe* delinquentes Verhalten. Sehr bereitwillig schließen sich Jugendliche Gruppen an, die zum Kriminellen neigen. Das »Gruppengefühl« ist für sie entscheidend und die persönlichen Folgen von Straftaten treten in den Hintergrund. Wichtig ist, »dazu zu gehören« und einen bestimmten »Status« zu erreichen. Dafür muß ein Jugendlicher bestimmte Gruppennormen akzeptieren und sein Handeln danach ausrichten. Solche Normen betreffen:

- Bewußt *in Schwierigkeiten geraten,* um Prestige und Anerkennung dadurch zu erhalten.
- *Härte,* als Zeichen von »Männlichkeit«, ist gefragt.
- *Gerissenheit,* d. h. andere täuschen und hereinlegen, ohne selbst überlistet und betrogen zu werden, ist ein wichtiges Merkmal, besonders für den Bandenführer.
- *Aufregung,* als Mittel gegen Langeweile, wird aktiv gesucht. Entscheidend tragen Risiko- und Gefahrenelemente dazu bei.
- Das Schicksal ist immer *von außen bestimmt.* Man hat Glück oder Pech. Man selbst kann wenig dafür.
- Wichtig ist, von allem *unabhängig* und *frei* zu bleiben, vor allem von Zwängen und übergeordneten Autoritäten.

Hält sich der Jugendliche an die Gruppennorm, so erhält er hierdurch Anerkennung und Verstärkung. Manchmal ist dies die einzige Verstärkungsquelle für einen Jugendlichen. Hinzu kommt das schlechte Vorbildverhalten der anderen und der enorme Gruppendruck. Über einen längeren Zeitraum führt dies zu einem *Mangel an Fertigkeiten* für angemessenes und normgerechtes Verhalten. Das bedeutet z. B., der Jugendliche weiß nicht mehr, wie er sich in für andere akzeptabler Weise durchsetzen kann; oder er ist ungeübt und dadurch unsicher, einen anderen anzusprechen und mit ihm in Kontakt zu kommen.

Wie kann man helfen?

Bei jüngeren delinquenten Jugendlichen (bis zu ungefähr 15 oder 16 Jahren) kann von den Erziehungspersonen noch ein gewisser Einfluß auf das Verhalten des Kindes bzw. Jugendlichen ausgeübt und wirksam werden. Die Möglichkeiten hängen wesentlich vom Verhalten der Eltern ab. Eltern können ihrem Kind helfen, wenn sie:

- bei den Konsequenzen, die sie auf das Verhalten ihres Kindes ausüben, beständig sind. Auf *jedes* Auftreten unerwünschten Verhaltens muß *sofort* in vorher *abgesprochener oder angekündigter* Weise reagiert werden;
- klare *Richtlinien* bezüglich akzeptierten Verhaltens aufstellen und *Regeln,* eventuell gemeinsam, definieren. Dies ist eine wichtige Voraussetzung für den ersten Punkt;
- erwünschtes Verhalten *ermutigen,* es *unterstützen* und
- dem Kind das erwünschte Verhalten *vorleben,* also auch vormachen. Auch der Jugendliche sucht noch nach Vorbildern und orientiert sich in irgendeiner Form an seinen Eltern;
- den Jugendlichen in seinen positiven Fähigkeiten und bei angemessenem Verhalten ausdrücklich und ehrlich *anerkennen.* Dies verstärkt ihn in erwünschtem Verhalten und solches Verhalten bekommt einen *Anreiz.*

Für Bezugspersonen älterer delinquenter Jugendlicher (ab ca. 16 Jahren) gibt es immer weniger Hilfemöglichkeiten, ja um so weniger, je mehr sich der Jugendliche an Vorbildern und Wertvorstellungen außerhalb der Familie orientiert. Delinquentes Verhalten wird dann nämlich von Faktoren aufrechterhalten, die die Familie nicht beeinflussen kann. Der Einfluß geht nun eher z. B. von Jugendbanden aus. Es wird notwendig sein, trotzdem den Kontakt zum delinquenten Jugendlichen zu halten. Dabei müssen die Eltern aber verhindern, daß der z. B. schon außerhalb der Familie lebende delinquente Jugendliche zum Vorbild für seine jüngeren Geschwister wird. In der Familie, ist über das Verhalten und den Lebensweg der älteren, delinquenten Geschwister ausführlich zu sprechen. Man sollte als Eltern in möglichst sachlicher Art die guten und weniger guten Seiten der älteren Geschwister mit den jüngeren Kindern besprechen. Man sollte sich in diesem Zusammenhang nicht scheuen, auch einige eigene erkannte Erziehungsfehler zuzugeben. In vielen Fällen wird es für die Familie notwendig sein, für die Regelung dieser Belange zeitweise die Hilfe eines Fachmannes zu erbitten.

Wie hilft der Fachmann?

Auch für den Fachmann sind Veränderungen delinquenten Verhaltens sehr schwer und nur längerfristig zu bewirken. Das grundlegende Problem besteht darin, den Anreiz für nicht-delinquentes Verhalten zu erhöhen und die verstärkenden Bedingungen für delinquentes Verhalten, z. B. durch systematische Bestrafung, zu unterbinden. Hierzu wurden sehr strenge Trainingsprogramme entwickelt, die in geschlossenen Einrichtungen (im Jugendstrafvollzug oder in manchen Erziehungsheimen), in kleinen familienähnlichen Wohngruppen für gefährdete Jugendliche oder in Familien zum Einsatz kommen. In den familienähnlichen Wohngruppen wird der Jugendliche zwar aus der Familie genommen, bleibt aber in derselben Schule bzw. Arbeitsstelle und im Freundeskreis. Ziel dieser Einrichtungen ist es, auf die Folgen delinquenten Verhaltens am Ort des Geschehens aufmerksam zu machen.

Gezielte Trainingsmaßnahmen, die sowohl in geschlossenen Einrichtungen als auch in den Wohngruppen durchführbar sind, beziehen sich in der Regel auf vier Bereiche:

(a) Beruf (Zuspätkommen, Werkzeugdiebstahl u. ä.),
(b) Familie (abendlicher Ausgang, Zukunftsplanung u. ä.),
(c) Freizeit (Alkoholgenuß, Ablehnung von Drogen u. ä.) und
(d) Umgang mit Problemen (z. B. mit Provokationen oder Arbeitslosigkeit).

Solche Trainings werden in Gruppen mit delinquenten Jugendlichen als Rollenspiele realisiert. Die Jugendlichen erhalten dabei genaue Hinweise, wie sie anstehende Schwierigkeiten vermeiden oder angemessener lösen können. Diese Übungen müssen wiederholt und kleine Fortschritte (im Rollenspiel und im Alltag) verstärkt werden. Beispielsweise können Privilegien und Vergünstigungen nur durch feststellbare Lernfortschritte (in der Schule oder am Arbeitsplatz) oder eingehaltene Regeln und Absprachen erzielt werden. Die Jugendlichen erhalten durch diese Bemühungen (zumindest kurzfristig) eine gute Orientierung. Ein langfristiger Erfolg hängt im wesentlichen davon ab, ob der Jugendliche zu Gruppen Kontakt aufbauen und stabilisieren kann, in denen delinquentes Verhalten abgelehnt wird.

Literatur

Kury, H. & Lerchenmüller, H. (Hrsg.): Schule, psychische Probleme und abweichendes Verhalten. Situationsbeschreibung und Möglichkeiten der Prävention. Köln: Heymanns, 1983.
* *Petermann, F. & Petermann, U.:* Training mit Jugendlichen. Förderung von Arbeits- und Sozialverhalten. München: Psychologie Verlags Union, 1988.

Adressen

Örtliche Beratungsstellen und Jugendämter.
Bundesarbeitsgemeinschaft Kinder- und Jugendschutz, Emmeransstr. 32, 55116 Mainz.

Depression

Beispiel 1
Ulrike, 18 Jahre, ist zwar eine ganz gute Schülerin, traut
sich aber wenig zu. Ihre guten Schulleistungen führt sie
darauf zurück, daß sie Glück hatte und in einer leistungs-
schwachen Klasse ist. Ulrike sieht die Zukunft düster und
weiß nicht, was sie nach der Schule machen soll. Die Mit-
schüler von Ulrike verstehen nicht, warum sie so traurig und
manchmal schon gleichgültig wirkt. In der Klasse hat zwar
niemand so richtig Kontakt zu Ulrike, aber sie wird auch
nicht abgelehnt. Ulrike geht von sich aus nie auf andere zu,
ist sehr still und möchte schon bei kleinen Fehlern im Erdbo-
den versinken. Seit einiger Zeit leidet Ulrike an Schlafpro-
blemen, hat keinen Appetit und fühlt sich wie »gerädert«.

Beispiel 2
Felix, 20 Jahre, weiß nicht so richtig, was er mit sich
anfangen soll. Er möchte sich nicht binden und sich nicht mit
einer Freundin auseinandersetzen. Er fühlt sich aber auch
schrecklich alleine; er glaubt, daß niemand ihn versteht und
gern hat. Oft ist Felix vollkommen passiv und schlapp –
manchmal aber auch beängstigend aktiv, wobei man nicht
erkennt, was Felix damit bezwecken will. Nach einer solchen
ziellosen Aktivität ist Felix wieder zerschlagen, fühlt sich
nutzlos und glaubt, daß sein Leben überflüssig ist. In solchen
Stunden denkt Felix immer wieder an den Tod und entwickelt
Selbstmordphantasien. In einer solchen Phase ist er auch
nicht ansprechbar und konzentrationsfähig.

Was ist gemeint?

Unter Depression versteht man eine passive Lebenseinstellung,
die von einer langandauernden traurigen Grundstimmung

geprägt ist. Im Erwachsenenalter stellt Depression eine der häufigsten psychischen Erkrankungen dar. So weisen ca. 5% der männlichen und 10% der weiblichen Bevölkerung in irgendeinem Lebensabschnitt massive depressive Störungen auf. Bei Kindern wird Depression wesentlich seltener diagnostiziert. Depression bei Kindern wird vorwiegend als Folge einer unverhofften Trennung von einer wichtigen Bezugsperson oder aufgrund eines anderen massiven Eingriffes (z. B. bei einem erlebten Verkehrsunfall) festgestellt. Manchmal wird Depression bei Kindern nicht immer eindeutig erkannt. Im Jugendalter hingegen gleichen die Erscheinungsformen der Depression denen des Erwachsenen und sie sind auch ähnlich häufig. Sie umfassen grübelndes Verhalten, Minderwertigkeitsgefühle, Kopfschmerzen bis hin zu Selbstmordgedanken.

Bei Kindern äußert sich ein depressives Verstimmtsein in Niedergeschlagenheit, keine Lust zum Spielen haben, Kontaktstörungen, Konzentrationsproblemen und einer mangelnden Ausdauer; manchmal tritt bei Kindern *wieder* Daumenlutschen, Einkoten oder Einnässen auf. Auch Schlafstörungen, Appetitmangel, Weinerlichkeit, Ruhelosigkeit und leichte Erregbarkeit können manchmal beobachtet werden. Eine einzelne der genannten Störungen bedeutet jedoch noch nicht, daß ein Kind depressiv ist. Bei all diesen Beobachtungen muß man zudem bedenken, daß ungefähr ein Viertel aller Kinder im Verlaufe ihrer Entwicklung zeitweise depressives Verhalten zeigt, das jedoch wieder in den Hintergrund tritt. Hinzu kommt, daß depressive Kinder und Jugendliche relativ unauffällig leben; sie sind bescheiden, anspruchslos und verzichten schnell auf etwas. Ihnen sieht man nicht ohne weiteres an, daß sie lange den Verlust einer geliebten Person oder eines Gegenstandes betrauern, oft ein Gefühl der »inneren Leere« empfinden oder immer wiederkehrende Todes- oder Selbstmordgedanken haben. Erst extreme Begleiterscheinungen der Depression, wie gestörter Schlaf oder ein außerordentliches Schlafbedürfnis und Appetitmangel, fallen deutlich ins Auge. Sehr auffällig ist bei manchen Formen der Depression die häufige Veränderung des Aktivitätsniveaus, das heißt, Abschnitte vollkommener Passivität und ungerichteter Überaktivität wechseln einander ab; in diesem Fall spricht man oft von einem manisch-depressiven Verlauf oder einer bipolaren Depression.

Depressive fühlen sich aufgrund ihrer geringen Belastbarkeit häufig überfordert. Sie vernachlässigen sogar ihren eigenen Körper und ihre äußere Erscheinung. Bei Kindern und Jugendlichen fällt auf, daß depressives Verhalten oft mit einer Krankheitsangst und einer starken Konzentration auf das körperliche Wohlergehen gekoppelt ist. Häufig werden deshalb von diesen Kindern bzw. Jugendlichen eingebildete (hypochondrische) Beschwerden berichtet. Selbstverständlich brauchen nicht alle der aufgezählten Kennzeichen vorzuliegen, um von einer Depression zu sprechen.

Was sind die Ursachen?

Die weitbekannte Untergliederung dieser Erkrankung nach endogener und exogener Depression erscheint heute problematisch. Von einer *endogenen* Depression spricht man, wenn man von einer inneren, im Körper entstandenen Ursache ausgeht, und von einer *exogenen* Depression, wenn die Ursache dafür außerhalb des Körpers liegt, das heißt in der Umwelt. Beispielsweise kann die Trennung von einer liebgewonnenen Person als Auslöser angenommen werden. Auf dem Hintergrund von amerikanischen Untersuchungen aus den siebziger Jahren zeigt es sich deutlich, daß keine Unterschiede in der Lebensgeschichte endogen und exogen Depressiver bestehen. Diese mehrfach belegten Befunde *sprechen gegen die Unterscheidung* von endogen und exogen, und wir wollen aus diesem Grund einige Ursachen nennen, ohne eine Zuordnung zu diesen Begriffen vorzunehmen.

(a) Biologische Ursachen: Zunächst kann man festhalten, daß Depression nicht vererbt, sondern sehr komplex und vielfach unter dem Einfluß äußerer Ereignisse erworben wird. *Biochemi-*

sche Veränderungen im Körper lassen sich, vermutlich als Folge des niedrigen Aktivitätsniveaus des Depessiven, feststellen. So scheint die Informationsübertragung im Nervensystem aufgrund dieser Veränderungen bei den chemischen Stoffen, die für diese Übertragung verantwortlich sind, gestört (sogenannte »Katecholamine« oder »Indolamine«).

(b) Äußere, soziale Ursachen: Eine ganz wesentliche äußere Ursache bildet der *Mangel* oder der *Verlust* von Sozialkontakten. Dies hat zur Folge, daß man zu wenig Zuwendung und Rückmeldung über sein eigenes Verhalten erfährt. Längerfristig kann mangelnder Sozialkontakt zur sozialen Isolierung führen.

Selbstverständlich kann auch eine frühe Trennung eines Kindes von der Mutter, starke Vernachlässigung oder mangelnde Förderung die Entwicklung einer Depression begünstigen. Andere, äußerlich erkennbare Auslöser depressiver Reaktionen können sich aus dem Verlust einer Bezugsperson (z. B. durch einen unerwarteten Todesfall) oder einem unbewältigten Schicksalsschlag ergeben (z. B. einem Unfall oder einer Mißhandlung).

(c) Psychische Ursachen: Neuere psychologische Modelle gehen davon aus, daß sich bei Depressiven falsche, das Leben bestimmende Denkabläufe herausgebildet haben. Solche *ungünstigen Denkabläufe* äußern sich in einseitigen Schlüssen über die eigene Person (z. B. »Wenn etwas nicht läuft, dann liegt es sicherlich an mir!«), unzulässigen Verallgemeinerungen (z. B. »Ich kann nicht 'mal richtig schwimmen – ich kann sowieso nichts richtig!«) und Über- bzw. Untertreibungen (z. B. »Mich hat niemand lieb!«). Die angesprochenden Denkabläufe sind deshalb so ungünstig, da sie dazu führen, daß die eigene Person abgewertet oder zumindest in Frage gestellt wird. Depressive machen sich aufgrund dieser Denkabläufe häufig Selbstvorwürfe und sehen kleine »Pannen« als Anzeichen für die Hoffnungslosigkeit des Lebens an.

Depressive unterscheiden sich auch dadurch von anderen Menschen, daß sie nur bestimmte Vermutungen über die Ursachen ihres Verhaltens in Erwägung ziehen. Depressive machen sich immer für ihre *Mißerfolge allein verantwortlich;* ihre *Erfolge* erklären sie durch *glückliche Umstände* oder durch das Geschick ihrer Mitmenschen. Da der Depressive sich keine Fähigkeiten zutraut, sein Schicksal *aktiv·* zu gestalten, erlebt er *sich* im Vergleich zu anderen als besonders hilflos. Sein *Verhalten* und die hieraus *abgeleiteten Erklärungen* deutet der Depressive so, daß daraus eine unveränderbare, sich auf alle Lebensbereiche erstreckende Hilflosigkeit resultiert. Ist diese Haltung erreicht, dann kann man nur noch mit sehr einschneidenden Maßnahmen den Depressiven dazu bringen, sich überhaupt zu aktivieren und neue, positive Erfahrungen zu machen.

Wie kann man helfen?

Man sollte sich als Erwachsener nicht über das stille Kind oder den »braven« Jugendlichen freuen, die keine Probleme machen. In vielen Fällen wird es uns schwer fallen, ein so »häusliches« Kind bzw. Jugendlichen zu *aktivieren*. Depressive Kinder bzw. Jugendliche benötigen aber einen *gezielten Anstoß* von ihren Bezugspersonen. Diesen passiven Kindern müssen wir einerseits bewältigbare Anforderungen im Sozial- und Leistungsbereich stellen, sie andererseits in Gesprächen an die positiven Aspekte ihres Handelns und ihrer Person heranführen. Oft bringt es schon große Fortschritte, wenn diese Kinder Teile ihres Lebens eigenverantwortlich gestalten (z. B. ihr Zimmer) oder Gemeinschaftsaufgaben für die Familie übernehmen. Ganz entscheidend ist im Umgang mit depressiven Kindern und Jugendlichen, ihnen systematisch Rückmeldungen über ihre Bemühungen zu geben und ihnen zu helfen, mehr die positiven Seiten ihrer Person zu beachten.

Man muß bei seinen Bemühungen *Gelegenheiten vermeiden,* in denen der Depressive zum »xten« Mal seine einseitige und düstere Weltsicht darstellt. Solche Gespräche tragen oft nur dazu bei, daß sich beim Depressiven das alte Denkgebäude stabilisiert; er schirmt sich damit nach außen ab. Sind Kinder und Jugendliche deprimiert, da sie einen Freund oder Partner verloren haben, können gerade in der Anfangszeit Gespräche eine nützliche Stellung einnehmen. Auch bei diesen Gesprächen ist darauf zu achten, daß neue Aktivitäten geplant und umgesetzt werden und daß nicht im alten Schmerz verharrt wird.

Seit einigen Jahren entwickelt sich ein erfolgversprechender Weg, *selbständig* aus der Depression zu kommen. Hierzu liegen *Selbstmodifikationsprogramme* vor, die von Jugendlichen ab dem 15. oder 16. Lebensjahr eigenständig bearbeitet werden können. Diese Programme bestehen darin, daß Betroffene an Hand eines leicht lesbaren Übungsbuches Tag für Tag Aufgaben bearbeiten müssen (Sehen Sie unter Literatur bei den Autoren Lazarus und Fay sowie Lewinsohn u. a. nach).

Wie hilft der Fachmann?

In der psychotherapeutischen Behandlung der Depression, die sich über ca. 20 bis 25 Sitzungen erstreckt, beschäftigt man sich sowohl mit der *Veränderung der ungünstigen Denkabläufe* als auch mit der *Einübung neuen Verhaltens* (z. B. Kontaktverhalten). Ziel einer solchen einstündigen Sitzung ist es, die Denkabläufe unterschiedlicher Lebenssituationen angemessen zu gestalten. So ist zum Beispiel die Aussage »Ich bin ein jämmerlicher Feigling!« in »Ich bin ängstlicher als die meisten Menschen, die ich kenne!« zu ändern. Sehr wichtig sind *Tagesprotokolle* des Patienten, in denen er angibt, welche Tätigkeit er durchgeführt hat. Diese, als Hausaufgabe vom Patienten zu erstellenden Protokolle geben Aufschluß darüber, ob Regeln und Verpflichtungen eingehalten wurden. Nach Kenntnis der Tagesprotokolle können neue Aktivitäten in Angriff genommen werden. Diese *schrittweise* und vom Therapeuten kontrollierte (teilweise »sanft« erzwungene) *Aktivierung* macht es dem Patienten möglich, aus dem Bannkreis seiner depressiven Welt herauszukommen. Oft ist es notwendig, dies in Rollenspielen mit dem Therapeuten oder einer Gruppe anderer Patienten einzuüben.

In einigen Fällen sind die Formen depressiver Störung *so schwie-*

rig, daß eine *stationäre Behandlung* in einer Psychiatrischen Klinik erfolgen muß. In solchen Behandlungen spielen dann manchmal Psychopharmaka eine wichtige Rolle (z. B. Lithium-Präparate).

Literatur

* *Lazarus, A. & Fay, A.:* Ich kann, wenn ich will. Anleitung zur psychologischen Selbsthilfe. Stuttgart: Klett-Cotta, 7. Auflage, 1984.

* *Lewinsohn, P. M., Muñoz, R. F., Youngren, M. A. & Zeiss, A. M.:* Der Weg zum seelischen Gleichgewicht. Depressionen erkennen, überwinden, vermeiden. Salzburg: Müller, 1982.

Seligman, M.E.P.: Erlernte Hilflosigkeit. München: Urban & Schwarzenberg, 3. Auflage, 1986.

Adressen

Örtliche Erziehungsberatungsstellen, frei praktizierende Diplom-Psychologen und bei schwierigen Fällen psychiatrische Hilfe.

Drogenabhängigkeit

Beispiel 1
Marcel, 16 Jahre, findet sein Leben schwunglos, seine
Familie spießbürgerlich und die Schule sinnlos. Er möchte
neue, »tiefe« Erlebnisse – das Leben »spüren«. Marcel
nimmt seit einigen Monaten »weiche« Drogen und glaubt,
daß er nun endlich auf dem Weg zu einer hellen, freundli-
chen Welt ist. Nach einiger Zeit ist Marcel zum Drogenken-
ner geworden, er hat neue Freunde, die ihm dabei helfen.
Marcel kommt nur noch unregelmäßig nach Hause, läßt die
Schule »sausen« und pfeift auf alles Bürgerliche. Marcel
beginnt ein »neues Leben« und spricht eine andere
Sprache.

Beispiel 2
Gabi, 17 Jahre, fand nicht den Ausbildungsplatz, den sie
sich wünschte. In der Berufsschule lernt Gabi neue Freunde
kennen, die ihr die »schöne Seite« des Lebens zeigen wollen.
Schon bei »weichen« Drogen hat Gabi tolle Erlebnisse, sie
fühlt sich freier, ungehemmter und kann alles vergessen.
Gabi benötigt nicht immer Drogen. Oft genügt schon Musik,
um das schöne Gefühl hervorzurufen. Dennoch hat Gabi den
Wunsch, die Dosis der Droge zu erhöhen. Gabi möchte
demnächst auch »härtere« Drogen probieren, da ihre
Freunde ihr schon von den phantastischen Erlebnissen
berichtet haben. Gabi ist sehr neugierig, wie LSD ihr Gefühl
für Musik »verschönert« – sie kann dann richtig abschalten.

Was ist gemeint?

Unter Drogen versteht man pflanzliche oder chemische Substanzen, durch deren Einnahme sich Empfinden und Verhalten verän-

dern. Der Begriff umfaßt Rauschmittel im engeren Sinne, Arzneimittel und Giftstoffe. Drogen kann man im Hinblick auf ihre Bestandteile und vor allem ihre Wirkungen in vier große Gruppen untergliedern:

(a) *Schlafmittel und Beruhigungsmittel,* die entweder auf Barbitursäure oder anderen chemischen Grundlagen (z. B. Tranquilizer) beruhen.

(b) *Betäubungsmittel,* die sich in zwei Untergruppen unterteilen lassen: einmal Alkohol und Narkosemittel und zum anderen Betäubungsmittel im engeren Sinne, wie Opiate (Morphin, Narkotin, Heroin) und Kokain.

(c) *Weckmittel,* die sowohl in Kaffee und Tee als auch in künstlichen Stoffen (z. B. Captagon, Ritalin) vorhanden sind.

(d) *Halluzinogene,* die einerseits als Pflanzenextrakte (Haschisch, Marihuana, Maskalin u. a.) und andererseits als künstliche Stoffe vorliegen (LSD-25 = d-Lyserg-Säure-Diäthylamid-tautrat-25).

Die kleine, unvollständige Übersicht macht zunächst die *Vielzahl der Mittel* deutlich, die als Drogen Verwendung finden. So ist z. B. die Verwendung von Dämpfen aus Lösungsmitteln wie Äther, Azeton, Benzin oder Verdünnungsmitteln für Farben und Klebstoffe für viele Kinder der Einstieg in den »Drogenmarkt«. Diese Stoffe werden eingeatmet *(»geschnüffelt«).* Sie bewirken bei Kindern kurzandauernde Rausch- oder halluzinatorische Zustände. Unter einem *halluzinatorischen Zustand* versteht man die Verzerrung der Wahrnehmung und des Erlebens. Die Übersicht macht noch ein weiteres deutlich: Drogen sind offensichtlich Bestandteil unserer Gesellschaft (vgl. Kaffee, Tee, Alkohol); und sie sind unterschiedlich folgenreich sowie erlaubt bzw. unter Strafe gestellt. Wir wollen hier die *»Alltagsdrogen«* ausklammern; auf diesem Hintergrund wurde der *Alkoholabhängigkeit* ein eigenes Stichwort zugestanden.

Ganz deutlich konnte man bei *Opiaten* (Morphium und Heroin) nachweisen, daß diese nicht nur psychisch, sondern besonders auch körperlich abhängig machen. Diese Opiate werden in Wasser aufgelöst und in die Vene gespritzt (= »fixen«; »Fixer« = Opiatabhängiger). Diese Drogen müssen in immer größerer Menge genommen werden, um ein gleichbleibendes »Glücksgefühl« zu erreichen. Jährlich sterben einige hundert Jugendliche an Heroin, was als Anzeichen für die Gefahren dieser »harten« Drogen stehen kann.

Ein anderes Schlagwort bestimmt die Diskussion um die Drogenabhängigkeit: *Halluzinogene*. Unter Halluzinogene fallen in erster Linie Haschisch und LSD. Verändert bzw. gestört ist durch sie die Sinneswahrnehmung. Dies kann sich in einer Überempfindlichkeit für Töne (»Ich höre den Klang der Farben!«) oder optische Eindrücke niederschlagen (z. B. »Ich sehe die Farben intensiver; im Garten ist etwas Sonniges und überwältigend Strahlendes!«). Bei Halluzinogenen kommt es zu Störungen des Zeit- und Raumempfindens sowie besonders bei LSD zu einem gestörten Realitätsbewußtsein; das heißt, es treten lebensgefährliche Handlungen zutage, da die Realität falsch eingeschätzt wird (z. B. die Vorstellung, fliegen zu können). Probleme und Sorgen verblassen, Mitmenschen werden uninteressant, man ist ausschließlich auf sich konzentriert. Bei Halluzinogenen, insbesondere bei LSD, tritt manchmal ein sogenanntes »Flashback«, d. h. ein Wiederkommen des Rausches nach ca. einer Woche, ein, ohne daß man eine Droge eingenommen hat.

Die *Folgen der Drogenabhängigkeit* bewirken, daß man sich immer mehr auf seine Person zurückzieht, seine schönen »Erlebnisse« preist, belastende Probleme und berufliche Aufgaben zur Seite schiebt. Es tritt eine Passivität ein, Kontakte zu anderen werden abgebrochen, die Konzentration und Belastungsfähigkeit verringert sich; es kann auch zu depressiven Stimmungen und Selbstmordäußerungen kommen. Zudem sind auch alle anderen Folgen der Abhängigkeit beobachtbar (→ Alkoholismus).

Abschließend wird über die objektiven und subjektiven Wirkungen verschiedener Drogen ein Überblick gegeben und ihre Einnahmeform sowie ihre körperlich (physisch) oder seelisch (psychisch) abhängig machende Wirkung genannt.

Überblick: Wirkungen von Drogen

Droge/ Einnahmeform	Objektive Wirkungen	Subjektive Wirkungen
Marihuana, Haschisch Essen, Rauchen	– Verminderung der Geschicklichkeit – mangelnde Konzentration – Minderung des Reaktionsvermögens *Keine physische Abhängigkeit*	– ruhige Stimmung – angenehme Trägheit, Schwere der Gliedmaßen – verstärkte Empfindsamkeit in der Wahrnehmung von Musik und Farben – Bewußtsein, rasch zu denken und Ideen zu haben – manchmal heitere Stimmung mit Gelächter – manchmal Übelkeit und Panikreaktionen *Psychische Abhängigkeit*
Alkohol Trinken	– Ernährungsstörungen – Abnahme der Reaktionsgeschwindigkeit – verringerte Koordination der Bewegungen – z. B. schwankender Gang; träge, lallende Sprache *Physische Abhängigkeit*	– muntere Stimmung, die Ermüdungserscheinungen, Angst oder Hemmungen beseitigt – manchmal Schläfrigkeit – Übelkeit und – Schwindelgefühl. *Psychische Abhängigkeit*
LSD Schlucken	– gestörtes Realitätsbewußtsein (psychoseähnlicher Zustand) – gefährliche Handlungen aufgrund falscher Realitätseinschätzung *Keine physische Abhängigkeit*	– Veränderung in der Wahrnehmung: klare, glühende Farben; Töne als Farbmuster sehen – Veränderung im Zeiterleben: Minuten als Stunden erleben – mystische Erlebnisse: »Ich-Umwelt-Grenzen« lösen sich auf; »Einswerden mit dem All« – Durchschauen von Problemen – große Angst *Psychische Abhängigkeit*

Droge/ Einnahmeform	Objektive Wirkungen	Subjektive Wirkungen
Weckmittel Schlucken	– Ernährungsstörungen – Schlaflosigkeit – Herzklopfen – Kopfschmerzen – Schwindel *Physische Abhängigkeit*	– wohlige Stimmung – Gefühl großer Aktivität – Ekstase (bei Injektionsform) – Erregung, Verwirrung, Angst *Psychische Abhängigkeit*
Heroin, Opium, Morphium Schlucken, Rauchen, Spritzen, Schnupfen	– Gelbsucht (durch verschmutzte Injektionsspritze) – Tod bei Überdosis Heroin – Beeinträchtigung der Koordinationsfähigkeit bei Bewegungen – Herabsetzung der Erregbarkeit der Nerven durch direkte Einwirkung auf das zentrale Nervensystem; dies führt zur Schmerzlinderung bzw. Schmerzunempfindlichkeit – Unterernährung – Atembeschwerden *Physische Abhängigkeit*	– wohlige, sorgenlose Stimmung – Ekstase (bei Heroininjektion) – benommener, träumerischer Zustand *Psychische Abhängigkeit*

Was sind die Ursachen?

Drogenprobleme finden wir in der Schule, Berufsschule, Universität und im Betrieb. Eine einzige Ursache für Drogenabhängigkeit ist nicht auszumachen. Es dürften immer mehrere Faktoren eine Rolle spielen. Ein sicherlich zentraler Grund für den Einstieg in den Drogenkonsum ist die *Neugier,* man möchte 'mal probieren, um mitreden zu können. Auch der *Druck von Gleichaltrigen* und sogenannten »Freunden« ist ein nicht zu unterschätzender Faktor. Man hat zudem gute *erwachsene Vorbilder,* die ihr Schlafbedürfnis durch Weckmittel (Aufputschmittel) oder Schlaftabletten regulieren, jeden Schmerz betäuben und den Streß durch den Griff zum Arzneimittelschrank beseitigen wollen. Jugendliche suchen sich dann nur noch eine »Alternative«, leider oft gefährliche Drogen.

Sicherlich sind manche empfindsame, sozial unsichere oder ängstliche Jugendliche mehr gefährdet als der »Durchschnitt«. Sie neigen z. B. eher dazu, sich der *Gruppenmeinung* anzupassen, einfach mitzuschwimmen oder fliehen eher in diese falsche Problembewältigung, um damit Spannungen zu mindern. Daneben können auch *familiäre Aspekte* (Scheidung der Eltern, Vernachlässigung oder übermäßige Verwöhnung), *berufliche Unzufriedenheit* oder *Probleme bei der Partnersuche* als Ursachen eine Rolle spielen. Zweifellos als Ursache auszuschließen sind, ebenso wie beim Alkoholismus, Erbfaktoren.

Darüber hinaus besteht eine Reihe weiterer Ursachen, die auch zur Begründung der Drogenabhängigkeit herangezogen werden kann. Zunächst spielt sicherlich der *Reiz des Verbotenen, ablehnendes Verhalten* gegenüber den Eltern bzw. der Gesellschaft oder gar das *Mystische* eine Rolle. So glauben viele Jugendliche, ihre Langeweile, Leere und ihre Sehnsucht nach *religiöser Sinnerfüllung* durch Drogen abbauen zu können. Es besteht auch zum Teil der Wunsch, den eigenen *Bewußtseinszustand* zu ändern. So kann man sehr schnell durch Halluzinogene ein (orientalisches oder fernöstliches) »Glücksgefühl« erzeugen. Diese, oft in ihrer Gefährlichkeit verkannte Spielerei kann ein Einstieg in die Drogenkarriere sein. Leider gelingt es uns selten, Jugendlichen in einer angemessenen Form Informationen über ihr Handeln nahezubringen. Somit ist im *Informationsmangel* ein weiterer Grund für das leichtsinnige Probieren von Drogen zu sehen.

Wie kann man helfen?

Da das Thema »Drogenabhängigkeit« immer noch sehr von Sensationsberichten der Presse und vielen Vorurteilen geprägt ist, sollte man sich zunächst ausführlich informieren. Man muß sich Punkte merken, an denen man Drogenabhängigkeit bei Jugendlichen erkennen kann. Als *erste Anzeichen* kann man sehen, wenn familiären, freundschaftlichen und beruflichen Verpflichtungen nicht mehr nachgekommen wird. Es können andere Freunde auftreten. Oft lassen die Leistungen in der Schule oder am Arbeitsplatz nach. Der Jugendliche benötigt unter Umständen auch verhältnismäßig viel Geld. Von seiten der Eltern sollte man, ohne Vorwürfe oder Maßregelungen, diese Beobachtungen ansprechen. In diesen Fällen sollten die Eltern eigene Ängste dem Jugendlichen zu erkennen geben und ihm gegebenenfalls Informationen über Drogen anbieten. Es wird in solchen Diskussionen immer wieder *unterschiedliche Einschätzungen* über die Gefährlichkeit von Drogen geben. Sicherlich ist der Standpunkt angemessen, daß alle Drogen Gefahren beinhalten und auch »weiche« Drogen (wie Haschisch, Marihuana) als Übergangsdroge sehr große Probleme aufweisen. Herrscht große Unsicherheit bei den Eltern vor, ist die nächstliegende *Suchtberatungsstelle* aufzusuchen. In aktuellen Krisen helfen diese Mitarbeiter mit Informationen weiter. Die Mitarbeiter solcher Beratungsstellen haben zudem den Vorteil, daß sie den örtlichen »Drogenmarkt« und seine Gefahren gut einschätzen können. Hinsichtlich des »Drogenangebotes« gibt es – je nach Region – große Unterschiede; zudem ändert sich der »Markt« sehr schnell.

Liegt eine *Drogenabhängigkeit bereits vor,* dann ist es notwendig, daß der Kontakt zur Familie und zu nicht-drogenabhängigen Freunden *nicht abbricht.* Die Möglichkeiten der Wiedereingliederung von jugendlichen Drogenabhängigen ist groß, wenn eine soziale Einbettung außerhalb der Drogenszene besteht. Auch in diesen Fällen kann nur ein vorurteilsloses Gespräch weiterhelfen. Gemeinsame Anknüpfungspunkte müssen dabei gesucht werden. Solche Gespräche sind jedoch nur sinnvoll zu führen, wenn eine ausreichende Information über den Drogenabhängigen vorliegt.

Im *Kontakthalten zum Drogenabhängigen* liegt die Hauptaufgabe der Angehörigen. Die Angehörigen sollten sich auch bei der zuständigen Suchtberatungsstelle über die Beratungs- und Therapiemöglichkeiten informieren und sollten die Möglichkeiten dem Drogenabhängigen benennen können.

Wie hilft der Fachmann?

Einige Einrichtungen haben sich auf die *Vorbeugung* beschränkt, das heißt Gesundheitsämter und Erziehungsberatungsstellen führen regelmäßig in Schulen, Betrieben und Volkshochschulen Informationsveranstaltungen durch.

Die eigentlichen Behandlungsangebote werden von Suchtberatungsstellen koordiniert, die selbst *Beratungsgespräche* durchführen, wenn dies möglich und erfolgversprechend ist, oder die Drogenabhängige *nach* einer *Behandlung betreuen*. Behandlungen werden in der Regel über einen Zeitraum von sechs Monaten in Psychiatrischen Kliniken, speziellen Drogenkliniken oder therapeutischen Wohngruppen (auf dem Land) ins Auge gefaßt. Vor dieser psychotherapeutischen Behandlung erfolgt – wenn erforderlich – eine *Entgiftung* des Körpers in einer Klinik. Die Ziele und Verfahrensweisen dieser Behandlung gleichen in der Praxis oft der Arbeit mit Alkoholikern (→ Alkoholismus).

Nach der sechsmonatigen Behandlung schließt sich eine ca. ein- bis zweijährige *Nachbetreuung* an. Dabei kann die Familie und eine Selbsthilfegruppe von ehemaligen Suchtpatienten unter Anleitung eines Mitarbeiters der Suchtberatungsstelle Hilfestellungen geben. Das wesentliche Ziel der Nachbetreuung ist, den ehemaligen Drogenabhängigen auf konflikthafte Lebenssituationen so vorzubereiten, daß die Rückfallgefahr gering ist. Ohne Mitwirken der wichtigsten Bezugspersonen im Familien- und Freundeskreis ist diese Maßnahme nicht erfolgversprechend.

Literatur

Feser, H. (Hrsg.): Drogenerziehung – Handbuch für pädagogische und soziale Berufe, Eltern, Studenten. Langenau-Albeck: Vaas, 2. Auflage, 1981.

* *Lindenmeyer, J.:* Lieber schlau als blau. Informationen zur Entstehung und Behandlung von Drogen- und Medikamentenabhängigkeit. München: Psychologie Verlags Union, 1990.

Adressen

Örtliche Suchtberatungsstellen und Gesundheitsämter.
Deutsche Hauptstelle gegen die Suchtgefahren e. V., Westring 2,
59065 Hamm.
Bundesarbeitsgemeinschaft Kinder- und Jugendschutz, Emmeransstr. 32, 55116 Mainz.
Eine Schrift über Einrichtungen, Grundlagen und Rechtshilfen
mit dem Titel »Drogenberatung – wo?« kann angefordert werden beim: Bundesministerium für Gesundheit, Kennedyallee
105–107, 53175 Bonn.

Einkoten und Einnässen

Beispiel 1

Christoph ist 10 Jahre alt und macht immer noch nachts ins Bett. Dabei war er schon einige Jahre ganz sauber. Dies war bei seiner Großmutter. Dort lebte er mit seiner Mutter zusammen bis zu seinem 7. Lebensjahr. Die Mutter war tagsüber berufstätig. Sie war nicht verheiratet. Versorgt wurde Christoph von seiner Großmutter. Er war ein sehr lieber und stiller Junge. Mit ca. 3 Jahren war Christoph Tag und Nacht vollständig sauber. Der spätere Ehemann der Mutter adoptierte Christoph. Die neue Familie zog zusammen in eine andere Stadt, die von der Großmutter weit entfernt war. Christoph konnte die Großmutter jetzt höchstens in den Ferien besuchen. Ein halbes Jahr nach dem Umzug begann Christoph bis zu viermal in der Woche nachts einzunässen.

Beispiel

Claudia, 8 Jahre, hat keine Freundinnen und keine Spielkameraden. Sie würde gerne mit anderen Kindern spielen, aber sie wird von anderen gemieden, ja manchmal sogar gehänselt und ausgelacht. Ihre Eltern haben ihr verboten, mit der Klasse ins Landschulheim zu fahren. Das alles liegt daran, daß sie noch nicht sauber ist, sie näßt tagsüber und nachts ein und manchmal kotet sie auch ein. Sie war noch nie sauber gewesen. Ihre drei Brüder dagegen waren im Alter von 2½ Jahren sauber. Der Arzt konnte keinerlei Ursachen feststellen. Die Eltern meinen, wenn Claudia wollte, dann könnte sie trocken sein und würde auch nicht einkoten. Insgesamt wirkt Claudia eher ängstlich, unsicher und unselbständig. Von ihren Brüdern wird sie gehänselt und kommandiert.

Was ist gemeint?

Beim Einkoten und Einnässen handelt es sich um einen dauerhaften will- oder unwillkürlichen Stuhl- bzw. Urinabgang. *Einnässen* wird danach unterschieden, ob es sowohl tagsüber als auch nachts oder nur nachts auftritt. Letzteres wird auch *Bettnässen* genannt, welches mehr oder weniger regelmäßig pro Nacht beobachtet werden kann. Einnässen tagsüber tritt seltener auf als Bettnässen. *Einkoten* hingegen erfolgt meistens am Tag und selten nachts. Einkoten ist in der Regel mit Zeiten der Verstopfung verbunden. Das bedeutet, es wechseln sich Perioden des Einkotens ab mit solchen, in denen das Kind den Kot lange zurückhält. Beim Einkoten treten ebenfalls zwei Erscheinungsformen auf: 1. Die Unterwäsche wird beschmutzt (Kotschmieren) und anschließend oft vom Kind schamhaft versteckt. 2. Stuhl wird in größeren Portionen an bestimmten Orten »abgesetzt«.

Die verschiedenen Arten des Einnässens können kombiniert auftreten, wobei Einkoten und Einnässen selten gemeinsam vorkommen.

Manche einnässenden Kinder waren schon einmal ein Jahr oder längere Zeit sauber. Sie scheinen ihre Blasen- und Darmkontrolle wieder verlernt zu haben. Es gibt aber auch Kinder, die diese Kontrolle noch nie erreicht haben.

Kinder gelten frühestens ab dem vierten Lebensjahr als einnässend bzw. einkotend. Dies hängt mit körperlichen Reifungsprozessen zusammen. Kinder mit 2 bis 2½ Jahren können frühestens zu diesem Zeitpunkt ihren Stuhl kontrollieren. Der Blasenschließmuskel kann erst 6 bis 12 Monate später seine Funktion übernehmen, aber nur teilweise. Kinder von 3 bis 4 Jahren können nämlich anfangs nur ihre *volle Harnblase* kontrollieren. Erst ab dem Schulalter ist die Harnblase, auch wenn sie *nur wenig gefüllt* ist, beeinflußbar.

Zehn Prozent der Vierjährigen nässen ein. In diesem Alter nässen Jungen und Mädchen gleich häufig ein. Ab dem 5. Lebensjahr verschiebt sich dies zu ungunsten der Jungen. Im 1. Schuljahr sind es immer noch 4,5% der Kinder, die einnässen, und im Erwachsenenalter noch 1%. Einkoten kommt zehnmal seltener vor. Am häufigsten tritt Einkoten im Alter von 7 bis 9 Jahren auf (1,5% aller Kinder). Meistens verschwinden Einkoten und Einnässen mit der Pubertät oder spätestens zwischen dem 18. und 21. Lebensjahr.

Gleichzeitig weisen diese Kinder oft noch andere Verhaltensweisen wie ängstliches, unsicheres oder aggressives Verhalten auf. Welches Problem zuerst auftritt, kann nur schwer entschieden werden. *Verhaltensstörungen* sind *häufig Folgeerscheinungen* von Einkoten und Einnässen. Dies resultiert aus zweierlei: Obwohl die Kinder ansonsten sauber und ordentlich sind, weisen sie trotzdem einen typischen Geruch auf, selbst wenn sie nicht eingekotet oder eingenäßt haben. Aus diesem Grund werden sie von anderen Kindern gemieden oder gehänselt. Ein weiterer Punkt bezieht sich auf die negative Einschätzung der eigenen Person. Die Kinder erleben sich als unzureichend, unfähig und wertlos, da sie das nicht gelernt haben, was »schon ein Baby« lernen kann. Die Kinder haben deshalb kein Vertrauen in ihre eigenen Leistungen. Dies kann sich in schlechten schulischen Leistungen ausdrücken oder in der Unfähigkeit im Umgang mit anderen.

Was sind die Ursachen?

Als Ursachen können *organische Befunde* vorliegen, was jedoch selten der Fall ist. Einnässen kann durch ein geringes Fassungsvermögen der Harnblase und durch ein deshalb häufiges Harnlassen verursacht sein. Auch ein sehr intensiver Tiefschlaf, aus dem ein Kind nur schwer zu wecken ist, kann für Bettnässen verantwortlich sein.

Kritische und *unberechenbare Ereignisse* für ein Kind, wie die Geburt eines Geschwisterchens oder der Verlust einer wichtigen Bezugsperson können erneutes Einnässen auslösen, nachdem das Kind schon längere Zeit trocken bzw. sauber war. Hier spielen offenbar Gefühle der Eifersucht, der Vernachlässigung und der Benachteiligung eine Rolle. Das Kind will unwillkürlich mit seinem Verhalten auf sich aufmerksam machen. Reagieren nun die Erwachsenen darauf mit besonderer Aufmerksamkeit und Zuwendung, fühlt sich das Kind in seinem Einnässen bestärkt. Dadurch wird Einnässen nicht abgebaut, sondern weiter aufrechterhalten. Abgebaut wird nämlich nur das Verhalten, das keine Aufmerksamkeit erhält, während solches Verhalten, das beachtet wird, bestehen bleibt. Dabei kann es sich auch um ein unerwünschtes Verhalten handeln (→ Seite 24f.).

Eine *zu frühe, zu strenge* und vor allem *inkonsequente Sauberkeitserziehung* kann zu anhaltendem oder erneutem Einnässen führen. Die inkonsequente Sauberkeitserziehung besteht darin, daß das Kind *nicht jedes Mal* und *nicht* über einen *ausreichend langen* Zeitraum für konkretes Sauberkeitsverhalten *gelobt* und mit Aufmerksamkeit bedacht wurde. *Unangemessen* ist auch, wenn Eltern ihren Kindern *Strafe* für den Fall androhen, daß sie Stuhl oder Urin nicht zurückhalten. Dies führt besonders im Hinblick auf das Einkoten zu folgenden Reaktionen: Das Kind lernt jetzt, den Kot einzuhalten. Durch das übermäßig lange Zurückhalten des Kots verhärtet sich dieser aber, was zur Verstopfung führt. Der Stuhlgang wird dann schmerzhaft. Da das Kind dies vermeiden will, hält es den Stuhl noch länger zurück. Es kommt zu einer Dehnung des Mastdarms. Aus diesen Gründen kann das Kind einen Stuhldrang nun gar nicht mehr wahrnehmen. Schließlich kommt es zum Einkoten. Da die Eltern dies mißbilligen bzw. bestrafen, wird Angst und Furchtverhalten ausgelöst. Furchtverhalten äußert sich im Verstecken der verschmutzten Wäsche.

Erlebt ein Kind *beim* Einnässen oder Einkoten *Angst,* dann empfindet es den nachlassenden Druck nach dem Urinlassen bzw. Stuhlgang nicht als angenehm und entspannend. Diese Angst überträgt sich dann auch auf die Situation des Urinlassens und Stuhlgangs auf der Toilette. Das Kind erlebt in jedem Fall Angst, gleichgültig, ob es zum Urinlassen oder Stuhlgang auf die Toilette geht oder nicht.

Wie kann man helfen?

Man *hilft* sicherlich *nicht,* wenn das Kind weniger trinken darf oder nachts geweckt wird. Im Umgang mit dem Kind ist es prinzipiell wichtig, ihm gegenüber *Verständnis* zu zeigen und eine *optimistische Einstellung* darüber zu vermitteln, daß es das Kind schaffen wird, (wieder) sauber zu werden. Wenn ein Kind eingenäßt oder eingekotet hat, dann soll daraus *kein großes Aufsehen* gemacht werden. Vielmehr soll das Kind Gelegenheit dazu erhalten, *Verantwortung* für sein Einnässen bzw. Einkoten zu *übernehmen,* z. B. muß ein älteres Kind (ab ca. 8 Jahren) selbstverständlich und selbständig sein Bett neu beziehen und verschmutzte Unterwäsche selbst waschen und zum Trocknen aufhängen. Ist das Kind sauber geblieben und hat eine Toilette aufgesucht, dann muß dies besonders hervorgehoben und gelobt werden. Auch bei anderen Gelegenheiten soll man dem Kind Aufmerksamkeit und Zuwendung zukommen lassen, so daß Einnässen bzw. Einkoten *in den Hintergrund tritt* und unwichtig wird. Das Kind muß über einen längeren Zeitraum immer wieder ermuntert und bekräftigt werden, sein Sauberkeitsverhalten *selbst* zu *kontrollieren* und Verantwortung dafür zu übernehmen.

Wie hilft der Fachmann?

Zum Abbau des Einnässens stehen dem Fachmann drei Möglichkeiten zur Verfügung.

(a) *Klingelapparat.* Dieser ist für bettnässende Kinder gedacht. Ein sogenanntes »Kontaktläppchen« in der Unterhose, das mit einer Klingel über einen Schultergurt verbunden ist, löst bei den ersten Urintropfen ein Klingeln aus. Dadurch soll das Kind geweckt werden, mit dem Urinieren innehalten, zur Toilette gehen, mit einem dort aufbewahrten Drücker den Klingelapparat ausschalten und dann zu Ende urinieren. Anschließend werden das Kontaktläppchen und eventuell die Unterhose gewechselt.

Falls ein Kind zu tief schläft, wecken es die Eltern. Alle weiteren Tätigkeiten muß das Kind wie beschrieben selbständig ausführen. In jedem Fall müssen die Eltern das Kind für das erfolgreiche Handhaben des Klingelapparates ausreichend loben.

Dem Kind muß vor der Anwendung des Klingelapparates alles genau erklärt werden, und es muß bereit sein, mitzumachen. Eltern und Kind protokollieren gemeinsam den Verlauf jeder Nacht. Der Einsatz des Klingelapparates darf nicht abgebrochen werden, bevor das Kind durchgehend 14 Tage trocken war.

Die Grenzen des Klingelapparates liegen in einer unzureichenden Mitarbeit der Eltern, in einer mangelnden Bereitschaft des Kindes, verantwortungsvoll mitzuarbeiten, oder in einem extrem häufigen, das heißt mehrmaligem Einnässen pro Nacht. – Die Kosten des Klingelapparates übernimmt die Krankenkasse.

(b) *Medikamentöse Behandlung*. Der Einsatz von Medikamenten ist umstritten, da der Erfolg nicht eindeutig ist und Einnässen meistens nur dann nicht auftritt, solange Medikamente gegeben werden. Zudem sind beachtliche Nebenwirkungen der Medikamente zu beobachten (Unruhe, Reizbarkeit, Schlaf- und Appetitlosigkeit, Mundtrockenheit und Blutbildveränderungen).

(c) *Psychologische Beratung*. Die psychologische Beratung erstreckt sich auf Eltern und Kind: Bei den Eltern soll Verständnis für das Problem des Kindes geweckt, und eventuell unangemessene Erziehungspraktiken müssen verändert werden. Wichtig ist, das Kind zur Selbständigkeit anzuleiten, es für erfolgreiches Trocken- und Saubersein zu loben und zu belohnen und Einnässen bzw. Einkoten nicht zu beachten.

Mit den Eltern und dem Kind kann z. B. abgesprochen werden, daß das Kind für jeden erfolgreichen Gang zur Toilette Punkte erhält. Es sammelt die Punkte für eine begrenzte Anzahl von Tagen. Für eine gemeinsam festgelegte Punktzahl kann eine Belohnung vom Kind eingetauscht werden. Nasse und beschmutzte Hosen bedeuten einen Punktabzug. Damit das Kind Verantwortung für die Kontrolle seines Einnässens übernimmt, soll es lernen, sich selbst Punkte zu geben oder abzuziehen und sich selbst für erfolgreiches Verhalten zu loben.

Kann man beim Kind Angst im Hinblick auf Urinlassen und Stuhlgang feststellen, muß das Kind *schrittweise* durch *muskuläre Entspannung* lernen, eine Toilette aufzusuchen und zu benutzen. Da die Entspannung ein der Angst entgegengesetztes Gefühl darstellt, verlieren die Kinder allmählich die Angst beim Urinlassen und Stuhlgang auf der Toilette. Dieser Erfolg führt dazu, daß sie die Toilette häufiger aufsuchen.

Einkoten kann dadurch abgebaut werden, daß ebenso wie beim Einnässen Eltern und Kind gemeinsam oder das Kind alleine ein Punkteprogramm durchführen. Sinnvoll und erfolgreich ist eine kombinierte Vorgehensweise von Klingelapparat und psychologischer Beratung beim Bettnässen.

Literatur

Grosse, S.: Einnässen. München: Psychologie Verlags Union, 2. Auflage, 1991.

Krisch, K.: Enkopresis. Ursachen und Behandlung des Einkotens. Bern: Huber, 1985.

Adressen

Örtliche Erziehungsberatungsstellen, Kinderärzte und frei praktizierende Diplom-Psychologen.

Geistige Behinderung

Beispiel 1

Olaf, 12 Jahre, ist ein mongoloides Kind. Olaf ist völlig unselbständig und spricht in einer Sprache, die niemand versteht. So allmählich konnte man Olaf beibringen, wie man eine Toilette benutzt, einen Lichtschalter bedient oder mit einem Löffel ißt. Trotz dieser Fortschritte kann man Olaf nicht alleine lassen und alle – auch seine Geschwister – bemühen sich um ihn. Alle tun ihr Bestes. Olafs Eltern denken manchmal im Stillen, womit sie dies alles verdient haben. Sie sorgen sich, was mit Olaf wird, wenn sie alt und eventuell krank sind.

Beispiel 2

Annette, 18 Jahre, lebt in einem Heim für Geistigbehinderte. Sie ist nicht beschulbar. Einige wenige handwerklichen Fertigkeiten besitzt Annette. Oft sitzt sie jedoch nur in einer Ecke, schaukelt unentwegt ihren Körper und wirkt so vollkommen »weggetreten«. Manchmal verletzt Annette sich mit einem spitzen Gegenstand so sehr im Gesicht, daß man sie nicht mehr alleine lassen kann. In diesen Phasen ist Essen das einzige, mit dem das Pflegepersonal Annette noch beeinflussen kann.

Was ist gemeint?

Unter geistiger Behinderung, Oligophrenie genannt, versteht man eine starke Leistungsschwäche, die sich einerseits in einem unzulänglichen Denken, einer stark beeinträchtigten Lernfähigkeit, in der Unfähigkeit, Probleme zu lösen und kaum vorhandenen Gedächtnisleistungen äußert. Andererseits treten bei Geistigbehinderten auch Mängel im alltäglichen Verhalten, wie Essen oder Toilettenbenutzung, und im Sozialverhalten auf. Das heißt, sie verhalten sich nicht den üblichen Normen und Erwartungen entsprechend. Um ein Kind als geistigbehindert zu bezeichnen, reichen also unzulängliche Denkfähigkeiten (= mangelnde Intelligenz) nicht aus. Es müssen *gleichzeitig Mängel* im *persönlichen* und *sozialen Verhalten* vorhanden sein.

In den Erscheinungsformen geistiger Behinderung muß zwischen einer *Entwicklungsstörung* (= geistige Retardierung) und einer weitgehend festgelegten Norm der *Intelligenzminderung* (= Schwachsinn) unterschieden werden. Kinder mit einer Entwicklungsverzögerung können einige verschiedene Fähigkeiten lernen, aber um Monate oder Jahre verzögert im Vergleich zu ihrer entsprechenden Altersgruppe. Dies liegt daran, daß sie langsamer lernen und oft die »üblichen Lehrmethoden« nicht für alle Kinder gleichermaßen geeignet sind. Kinder mit Entwicklungsverzögerungen sind also häufig *in Grenzen beschulbar* und zwar im Sinne von praktisch bildbar. Sie besuchen die Schule für Geistigbehinderte. Schwer Geistigbehinderte, also sogenannte »schwachsinnige Kinder«, sind vielfach unfähig, auch nur wenige Fertigkeiten zu erlernen. Solche Kinder sind deshalb nicht beschulbar, sondern eher pflegebedürftig. Man muß jedoch sehr vorsichtig damit sein, einem Kind jegliche Entwicklungsfähigkeit abzusprechen. Selbst eine Diagnose »Schwachsinnigkeit« bedeutet lediglich die Feststellung eines *aktuellen Entwicklungsstandes*. Nur eindeutig feststellbare organische oder erbbedingte Ursachen können einen nicht mehr rückgängig machbaren Schaden erzeugen. Die meisten Diagnosen sagen jedoch nichts über zukünftige Entwicklungsmöglichkeiten des Kindes – besonders unter entsprechenden Fördermaßnahmen – aus.

In der Bundesrepublik Deutschland dürften ca. 35 000 geistigbehinderte Kinder und Jugendliche leben. Von dieser Gruppe, besonders von geistig Retardierten, sind die sogenannten *»Lernbehinderten«* zu unterscheiden, die eine sehr große Gruppe von 250 000 Kindern und Jugendlichen ausmachen. Diese Gruppe ist sehr gut beschulbar, und zwar in Sonderschulen für Lernbehinderte. Wir wollen uns im folgenden nur mit der Gruppe der Geistigbehinderten auseinandersetzen.

Die Einteilung in *verschiedene Gruppen* von Geistigbehinderten erfolgt in erster Linie durch sogenannte »Intelligenztests«. Weichen die Leistungen im Denken, Wahrnehmen, Behalten usw. zu stark von der Norm ab, dann spricht man, je nach dem Grad der Abweichung, von leicht, mittel, schwer und schwerst Geistigbehinderten. Man sollte sich jedoch nie allein von solchen Testergebnissen und daraus resultierenden »Etiketten« leiten lassen. Denn oft erhält man durch die *Beobachtung* des Verhaltens eines solchen Kindes einen *zusätzlichen Eindruck* vom Ausmaß der Behinderung. Solche Beobachtungen können beachtliche Fertigkeiten eines Kindes zu Tage fördern, die durch Intelligenztests überhaupt nicht geprüft werden. Auf diesen Fertigkeiten kann man weitere Förderungsmaßnahmen aufbauen und durch eine angemessene Förderung Erfolge erzielen, die früher für unmöglich gehalten wurden.

Einige Formen der geistigen Behinderung, wie der Mongolismus, sind durch *äußere Veränderungen* in Körperhaltung und im Gesicht leicht erkennbar. Wenn diese Kinder *lernen,* dann geschieht dies sehr *langsam* und *mit vielen Fehlern.* Oft werden gerade gelernte Wörter auf alles angewandt und zwanghaft wiederholt. Ebenso findet man stupide, sich wiederholende Körperbewegungen oder selbst beigebrachte Verletzungen des Körpers.

Was sind die Ursachen?

Als Ursache geistiger Behinderung läßt sich nicht einfach ein niedriges Ergebnis in einem Intelligenztest heranziehen. Ein Intelligenztest sagt lediglich etwas über die momentane geistige Leistungsfähigkeit eines Kindes im Vergleich zu gleichaltrigen Kindern aus. Liegt das Ergebnis wesentlich unter der Norm, so kann man zwar von geistigbehindert oder unterdurchschnittlich intelligent sprechen. Man kann aber nicht sagen, das Ergebnis sei so niedrig ausgefallen, *weil* das Kind geistigbehindert ist. Vielmehr ist festzuhalten, daß das Testergebnis deshalb so niedrig ist, weil bestimmte Faktoren die Entfaltung der geistigen Fähigkeiten eines Kindes hemmen, verzögern oder sogar unmöglich machen und dadurch eine Behinderung auftritt. Diese Faktoren lassen sich auf zwei große Ursachenbereiche aufgliedern: auf *körperliche* und auf *familiäre* Ursachen. Bei den meisten Fällen geistiger Behinderung lassen sich keine körperlichen Ursachen festhalten. Die Behinderung ist dann höchstwahrscheinlich familiär bedingt (sehen Sie weiter unten), wobei Vererbungsfaktoren nicht ausgeschlossen werden können. Vererbungsfaktoren scheinen in einer ungünstigen Wechselwirkung mit familiären Faktoren zu stehen. Während die familiär verursachte geistige Behinderung vorwiegend in der sogenannten »Unterschicht« vorkommt, ist körperlich verursachte geistige Behinderung in allen Bevölkerungsschichten anzutreffen.

Körperliche Ursachen. Hier liegen zum Teil sehr gut erforschte Störungen, wie die erbbedingte und sehr selten vorkommende *Phenylketonurie,* vor. Bei dieser Erkrankung kann vom Körper Phenylalanin – eine Eiweißsubstanz – nicht umgewandelt werden, so daß die daraus entstehende Stoffwechselstörung zu einer Schädigung des Gehirns führt und diese wiederum zu einer geistigen Behinderung. Durch eine Diät, die Phenylalanin meidet und sofort nach der Geburt beginnt, kann eine geistige Behinderung verhindert werden.

Häufiger als eine Phenylketonurie treten Veränderungen der Chromosomen auf. Bekannt ist die Trisomie 21, die zum *Mongoloismus* führt und gehäuft bei Eltern auftritt, die bei der Geburt ihres Kindes über 35 Jahre alt sind. Chromosomenveränderungen bestehen in den meisten Fällen darin, daß ein mongoloides Kind ein Chromosom mehr hat als üblich, nämlich 47 statt 46. Dies hängt damit zusammen, daß das Chromosom 21 aufgrund eines Fehlers bei der Zellteilung nicht doppelt, sondern dreimal vorkommt, deshalb auch der Begriff Tri-(= drei) somie 21.

Weiterhin können verschiedenste Umweltfaktoren das *Zentral-*

nervensystem schädigen und so eine geistige Behinderung verursachen. Einige dieser Möglichkeiten sollen aufgeführt werden:

- Gifte (z. B. eine Bleivergiftung),
- Strahlungen (z. B. häufige Röntgenstrahlen),
- Infektionskrankheiten (z. B. Röteln; angeborene Syphilis = eine Geschlechtskrankheit, die sich von der Mutter während der Schwangerschaft auf das Kind überträgt; Toxoplasmose = Infektion mit einem einzelligen Organismus, der durch den Genuß von befallenen Speisen wie rohem Fleisch oder rohen Eiern sowie durch kranke Haustiere, vor allem der Katze übertragen werden kann; Encephalitis = Hirnhautentzündungen aufgrund einer Virusinfektion),
- Blutunverträglichkeiten (z. B. Rhesus-Faktor-Unverträglichkeit).

Diese körperlich bedingten Ursachen lassen eine Hirnschädigung schon *vor der Geburt* auftreten, die dann eine geistige Behinderung zur Folge hat.

Auch *während der Geburt* kann es durch Sauerstoffmangel oder Hirnblutungen zu Schäden kommen, die zur geistigen Behinderung führen. Hier sind besonders Frühgeborene mit einem Geburtsgewicht von unter 1500 g gefährdet. In den *ersten Lebensjahren* können vor allem entzündliche Erkrankungen des Gehirns (= Encephalitis und Meningitis) oder solche, die durch Masern, Keuchhusten oder infolge einer Pockenschutzimpfung auftreten, geistige Behinderung verursachen. Schließlich können Schädigungen des Gehirns aufgrund eines Unfalles Ursache geistiger Behinderung sein.

Familiäre Ursachen. Mit familiären Ursachen geistiger Behinderung ist gemeint, daß in verschiedenster Hinsicht äußerst ungünstige familiäre Bedingungen zu der Behinderung führen. Es handelt sich um verarmte Familien mit schlechten Wohnverhältnissen, ungenügender medizinischer Versorgung, mangelhafter Ernährung, ohne intellektuelle (geistige) Anregung, vernachlässigter Förderung und unzureichender emotionaler Zuwendung. Je stärker diese familiären Faktoren ausgeprägt sind, desto wahrscheinlicher kann sich eine geistige Behinderung entwickeln. Das bedeutet, hier findet man eine große Spannbreite von leichter bis schwerer geistiger Behinderung. Eine zusätzliche, ungünstige erbliche Vorbelastung kann auch in manchen Fällen nicht, wie oben schon erwähnt, ausgeschlossen werden.

Aufgrund all dieser Faktoren und ihres Zusammenwirkens findet man in manchen Familien eine Häufung geistiger Behinderung vor. Am einleuchtensten ist dabei, daß das mangelhafte und unzureichende Vorbild der Eltern, besonders in der Verwendung der Sprache, einen nicht unbeträchtlichen Anteil an solchen, familiär bedingten geistigen Behinderungen hat. Das »Küken« kann nur schlauer werden als die »Henne«, wenn ihm die »Henne« einen guten Grundstock vorher vermittelt. Abschließend sei noch einmal hervorgehoben, daß bei solchermaßen, familiär verursachten geistigen Behinderungen keine körperlichen Beeinträchtigungen des Kindes vor, während oder nach der Geburt festgestellt werden.

Wie kann man helfen?

Sicherlich ist ein geistigbehindertes Kind für eine Familie ein schweres Schicksal, wobei man den aktuellen Zustand je nach Schweregrad der Behinderung, richtiger Lehrmethode und bisher erfolgter Bemühungen verbessern und das Kind fördern kann. Dazu sind *große Anstrengungen,* viel *Geduld* und *Ausdauer* sowie *in kleine Schritte zergliederte Übungen* notwendig. Man muß dem Kind dabei immer Gelegenheit geben, *nach seinem Tempo* zu lernen. Das Ausmaß der Förderung wird selbstverständlich auch von der Lernfähigkeit des Kindes abhängen. Es ist aber erstaunlich und zugleich ermutigend, wie bei der *richtigen Lernhilfe* für das Kind und Geduld von seiten des Erwachsenen »relativ große« Lernfortschritte erzielt werden können. In der Regel lassen sich Grundfertigkeiten, wie Essen, Aufräumen, zur Toilette gehen, Lichtschalter betätigen, Anziehen und Waschen einüben. Bei diesen Bemühungen darf das Kind nicht überfordert werden, und als Nichtbehinderter muß man sich erst daran gewöhnen, wie aufwendig einfachste Handlungen gelernt werden müssen. So muß das Essen mit dem Löffel in 10 oder 15 Schritte zerlegt werden, die man getrennt einüben und verstärken muß. Eine Verstärkung geistigbehinderter Kinder erfolgt am günstigsten durch besonders bevorzugte Nahrungen.

Von ganz großer Bedeutung ist es, einen *regelmäßigen Tagesablauf* mit dem Kind einzuhalten. Man sollte Geistigbehinderte nicht mit Mitleid überschütten und ihnen nicht für alle möglichen Handlungen Zuwendung geben. Es ist entscheidend, gezielt Zuwendung zu zeigen und einen Plan zu erstellen, was man alles einüben möchte. In diesem Zusammenhang benötigt man häufig fachmännischen Rat sowie Anleitung. Häufig wird es so sein, daß Übungen und Aufgaben, die der Fachmann mit dem Kind zu trainieren beginnt, zu Hause in gleicher Weise fortgesetzt werden müssen. Solche Übungen müssen dann regelmäßig und ausdauernd durchgeführt werden. So können Eltern und andere Bezugspersonen dem geistigbehinderten Kind eine große Hilfe zukommen lassen.

Wie hilft der Fachmann?

Die Versorgung von Geistigbehinderten hat sich in den letzten 10 bis 15 Jahren sehr verbessert. In vielen Großstädten bestehen gut ausgestattete Kinderzentren, in denen Kinderärzte, Neurologen, Psychiater, Psychologen und gut ausgebildetes pädagogisches Personal arbeiten. Bei sehr schwierigen Fällen dürften diese Stellen eine gute Adresse sein. Daneben bestehen seit einigen Jahren sogenannte »Frühförderungsprogramme« und ein vielfältiges Angebot der »Lebenshilfe für geistig Behinderte e. V.« Die Anstrengungen der verschiedenen Berufsgruppen, der Lebenshilfe, anderer Vereine und der geldspendenden Bevölkerung führten zu stationären und ambulanten Behandlungsmöglichkeiten.

Eine *medizinische Behandlung* kann, wenn sie im ersten Lebensjahr erfolgt, sehr gute Ergebnisse bringen. *Psychologische*

Bemühungen werden sich in der Regel auf drei Ziele erstrecken:
1. soll die Gefährdung der eigenen Person abgebaut werden. Dies
bezieht sich vorwiegend auf aggressive, ungesteuerte Wutaus-
brüche gegen die eigene Person. 2. sollen Lerndefizite, die durch
Aufmerksamkeitsprobleme verursacht sind, verringert werden.
Dabei soll ein geeignetes Lern- und Arbeitsverhalten, das der
Behinderung des Kindes angemessen ist, aufgebaut werden. 3.
sollen Verhaltensweisen den Kindern beigebracht werden, die
für den Alltag wichtig sind und die die Kinder etwas selbständi-
ger und unabhängiger machen, sowie ihnen ermöglichen, auto-
matisierte Arbeiten unter Aufsicht auszuführen. Hierzu müssen
sie beispielsweise lernen, sich selbst anzuziehen, alleine mit
Eßbesteck zu essen, eine Toilette zu benutzen, mit anderen etwas
zu reden und einfachen Anweisungen Folge zu leisten.
Die Frage ist, wie Geistigbehinderte dies lernen können?
Genauso wie sogenannte »normale« Kinder, und zwar unabhängig vom Grad der geistigen Behinderung. Man muß lediglich die
durch die Behinderung gesetzten Grenzen beachten, die sich auf
die Lerngeschwindigkeit beziehen. Das heißt oft, die Lernschritte sind in *ganz kleine* Einheiten gegliedert und jeder Schritt
muß unter Umständen sehr oft *wiederholt geübt* werden, bis er
»sitzt«. Als *Lernhilfen* für Geistigbehinderte werden Belohnungen, Bestrafungen, Lob und Zuwendung, Beendigung unangenehmer Zustände nach einer gewünschten Handlung und
bestimmte akustische oder visuelle Signale zur Erinnerung und
als Unterscheidungshilfe für bestimmte Verhaltensweisen eingesetzt. Auch das Zeigen und Vormachen sind wirksame Lernmit-
tel, ebenso Hilfen beim Ausführen einer Handlung, z. B. die
Hand beim Essen oder Anziehen führen. Bei Lob und Belohnung
ist es wichtig, die individuellen Vorlieben des Kindes herauszufinden und diese dann zur Verstärkung und Stabilisierung des
Verhaltens einzusetzen.
Zur Erreichung all dieser Ziele sind mehrere verschiedene Trainingsprogramme ausgearbeitet worden, die in der Regel vom
Fachmann eingesetzt werden. Ein solches Training kann sich
über mehrere Jahre erstrecken, da sehr kleine Schritte eingeschla-

gen werden müssen. Diese Anstrengungen sind aber langfristig in der Regel von Erfolg gekrönt.

Literatur

Kane, J. F. & Kane, G.: Geistig schwer Behinderte lernen lebenspraktische Fertigkeiten. Bern: Huber, 3. Auflage, 1984.
Speck, O.: Geistige Behinderung und Erziehung. München: Reinhard, 4. Auflage, 1980.

Adressen

Örtliche Kinderärzte und -psychiater, Kinderzentren.
Bundesvereinigung Lebenshilfe für geistig Behinderte e. V., Postfach 701163, 35020 Marburg.
Bundesarbeitsgemeinschaft »Hilfe für Behinderte e. V.«, Kirchfeldstr. 149, 40215 Düsseldorf.
Bundesarbeitsgemeinschaft der Clubs Behinderter und ihrer Freunde, Eupener Str. 5, 55131 Mainz.
Verein für Behindertenhilfe e. V., Finkenau 31, 22081 Hamburg.
LERNEN FÖRDERN. Bundesverband zur Förderung Lernbehinderter e. V., Rolandstr. 61, 50677 Köln.

Hyperaktivität

Beispiel 1
Guido, 7 Jahre, ist in der ersten Grundschulklasse. Dort fällt er dadurch auf, daß er den Unterricht unablässig stört. Die Lehrerin beschreibt sein Stören so: Guido bleibt nicht auf seinem Platz sitzen, sondern läuft fast ständig im Klassenraum umher. Dabei nimmt er alle möglichen Gegenstände in die Hand, vor allem von den Mitschülern, die dadurch vom Unterricht abgelenkt werden. Sitzt er einmal auf seinem Platz, so zappelt er unentwegt mit Händen, Armen und Beinen herum, das heißt, er kann nicht still sitzen. Auch ruft er öfters ungefragt in den Unterricht, redet in einer Babysprache oder veranstaltet andere Clownereien, worüber natürlich die übrigen Schüler lachen. Eine gestellte Aufgabe kann Guido nicht zu Ende bringen. Seine Leistungen hinken erheblich hinter dem Klassenziel her, obwohl dies nicht seinen geistigen Fähigkeiten entspricht.

Beispiel 2
Jochen, 16 Jahre, hat gerade die Hauptschule beendet und sucht eine Lehrstelle. Mit seinem Abgangszeugnis und seinen Schwierigkeiten im Lesen, Schreiben und Rechnen hat er jedoch keine guten Chancen. Schließlich findet er doch eine Lehrstelle in einem metallverarbeitenden Betrieb. Schon nach einem Vierteljahr verliert Jochen seine Lehrstelle wieder. Grund: Er war wiederholt nicht an seinem Arbeitsplatz geblieben, lief umher, unterhielt sich mit den anderen, hielt seinen Platz und sein Werkzeug nicht in Ordnung, hatte große Schwierigkeiten, eine Arbeit zu Ende zu bringen oder benötigte dazu sehr viel Zeit. Er befolgte die Anweisungen seines Meisters nicht und kam den Anforderungen nicht nach. Seine Unruhe und sein Getriebensein waren an den Tagen besonders ausgeprägt, an denen er »Methylphenidat«, ein Medikament gegen Hyperaktivität, einzunehmen vergaß. Nun jobbt Jochen mal hier, mal da.

Was ist gemeint?

Hyperaktives Verhalten bei Kindern äußert sich in einem *beständigen* und *hohen Niveau* der kindlichen *Handlungen* und *Aktivitäten,* und zwar auch in Situationen, in denen dies unangemessen ist, also z. B. im Unterricht in der Schule, bei den Hausaufgaben, beim Essen usw. Das hyperaktive Kind ist nicht in der Lage, sich zu bremsen und seine Aktivität zu reduzieren. Es befindet sich in einer ständigen Ruhelosigkeit; seine Aktivitäten sind wenig nach sinnvollen Zielen ausgerichtet und kaum gesteuert. Typische, beobachtbare Verhaltensweisen sind:

- Nicht-still-sitzen-Können,
- Zappeln,
- eine Arbeit oder Aufgabe nicht zu Ende bringen und
- beim Spielen nicht bis zum Schluß mitmachen.

Hyperaktives Verhalten muß *nicht in allen Situationen* auftreten. Es hängt von den Anforderungen und Personen in einer Situation ab, z. B. ob Laufen oder Stillsitzen gefordert wird. In der Regel kann man hyperaktive Kinder von anderen Kindern beim freien Spiel, wie z. B. im Kindergarten, nicht unterscheiden. Erst wenn die Kindergärtnerin ein bestimmtes Spiel, das im Sitzen durchgeführt werden soll, vorgibt, kann man als Beobachter Unterschiede erkennen. Hyperaktive Kinder sind also nicht einfach aktiver als andere, sondern sie haben die *besondere Schwierigkeit,* in Situationen, in denen Ruhe und Stillsitzen verlangt werden, *ihre Aktivität* zu *kontrollieren* und zu *hemmen.*

Dazu kommt, daß die Umwelt gegenüber hyperaktivem Verhalten sehr *unterschiedlich tolerant* ist. Ab wann Aktivität als Hyperaktivität betrachtet wird, ist eine relativ *subjektive* Angelegenheit, die z. B. von der Belastbarkeit einer Person und ihren Normvorstellungen, wie sich ein Kind zu verhalten habe, abhängt.

Infolge von hyperaktivem Verhalten treten *weitere* Schwierigkeiten für die Kinder auf. So können sie sich selbst schlecht über längere Zeit auf eine Sache *konzentrieren,* die Zeitspanne ihrer Aufmerksamkeit ist generell kurz und sie reagieren *zu schnell,* zu impulsiv. Daraus ergeben sich *Lern-* und *Leistungsstörungen,* die sich in schlechten Schulnoten niederschlagen. Auch ihre *Kontakte* zu Gleichaltrigen *leiden* unter ihrem hyperaktiven Verhalten. Weiteres, für hyperaktive Kinder typisches Verhalten kann sein: Bevorzugt mit jüngeren Kindern spielen, sich mit Spielzeug beschäftigen, das nicht ihrem Alter entspricht und eine Babysprache verwenden.

Die Entwicklung hyperaktiven Verhaltens kann schon in der frühen Kindheit, im Säuglingsalter beginnen. Allerdings gibt es auch hyperaktive Kinder, die als Säuglinge zu passiv waren. Im Kindergarten und spätestens in der Schule wird dann hyperaktives Verhalten offenkundig, wenn nämlich zielgerichtetes Verhalten und Stillsitzen gefordert werden. Hyperaktivität nimmt zum Jugendalter hin zwar ab; trotzdem bleibt sie für die Jugendlichen ein Problem, da es ihnen immer noch schwerfällt, aufmerksam zu sein. Auch ihre Mängel im Lernen und Wahrnehmen wirken sich noch aus. Unbefriedigend verlaufen auch noch manchmal ihre Beziehungen zu anderen.

Wie oft Hyperaktivität auftritt, ist schwer zu schätzen. Dies liegt an der uneinheitlichen Sichtweise und Diagnose des Verhaltens. Man kann von ca. 3 bis 9% der Kinder – vor allem im Grundschulalter – ausgehen. Jungen sind davon im Durchschnitt ungefähr fünfmal häufiger betroffen.

Was sind die Ursachen?

Die Überlegungen zu den Ursachen werden von zwei Richtungen geprägt, nämlich von der medizinischen und von der psychologischen. Es gibt keine Ursache, die als alleinig und hauptverantwortlich bezeichnet werden kann. Es gibt immer einige Kinder, für die eher die einen oder die anderen Ursachen zutreffen. Festhalten kann man in jedem Fall:

(a) *Hirnorganische Schädigungen,* leichte Hirnschädigungen und Schädigungen des zentralen Nervensystems (Rückenmark) liegen nur in wenigen Fällen eindeutig als Ursache für hyperaktives Verhalten vor.

(b) *Äußere Einflüsse* scheinen selten zu hyperaktivem Verhalten beizutragen. Es handelt sich z. B. um Umweltverschmutzungen (Blei- oder Strahlenvergiftung) oder gewisse künstliche Nahrungszusätze (wie Phosphate), Farbstoffe sowie natürlich vorkommende Säuren in Nahrungsmitteln, die allergieauslösend wirken können.

(c) Eine *erbliche Belastung* wird manchmal angenommen, ohne daß sie bislang nachgewiesen wurde.

(d) *Ungünstige Erziehungspraktiken,* vor allem der Mutter, können eine Rolle bei der Entwicklung von Hyperaktivität spielen. Dabei ist nicht zu unterscheiden, ob das Mutterverhalten die Ursache darstellt oder ob die Mutter auf ein schon vorhandenes Verhalten des Kindes reagiert. Dieses ungünstige Reagieren würde dann allerdings das hyperaktive Verhalten des Kindes verstärken und aufrechterhalten. Es besteht in ungeduldigem, zu kritischem Verhalten, bei dem Ungehorsam stark bestraft wird.

(e) *Ungünstige situative Anforderungen,* wie lange Zeit stillsitzen, und *Umgebungszwänge,* wie eine zu kleine Wohnung, können zu Hyperaktivität beitragen.

(f) *Unbeabsichtigte Verstärkungen* des hyperaktiven Verhaltens von Eltern und Lehrern können in manchen Fällen festgestellt werden. So kann aus einer harmlosen gelegentlichen Unruhe und Zappeligkeit über Jahre hinweg hyperaktives Verhalten werden. Sicherlich wird jedoch Hyperaktivität, die von anderen Ursachen bedingt ist, durch die Beachtung und Aufmerksamkeit der Eltern, und sei es in Form von Schimpfen, bestärkt und weiter ausgeprägt. Auch die Vorbildwirkung durch stark *unruhiges Verhalten von Eltern* und Geschwistern kann Hyperaktivität bedingen.

(g) Schließlich gibt es *nicht eindeutig nachweisbare* Überlegungen, die die Einflüsse aus der Umwelt bezüglich *Sehen, Hören* und *Fühlen* betreffen. Die eine Überlegung meint, daß Kinder auf alles, was sie sehen, hören und fühlen sofort und unmittelbar reagieren wollen und deshalb ständig aktiv sind und von einer Tätigkeit zur anderen »springen«. Die andere, *entgegengesetzte* Annahme geht davon aus, daß manche Kinder unter einem Mangel an Reizen und Einflüssen leiden, wodurch ihre Aktivität und Wachsamkeit behindert wird. Sie versuchen, sich durch Hyperaktivität Reize und Einflüsse zu verschaffen, um so ihre Wachsamkeit und Aktivierung zu steigern.

Wie kann man helfen?

Das wichtigste ist, sich selbst dahingehend zu kontrollieren, daß man *ruhig* und *besonnen* auf das Kind wirkt. Ein Erwachsener ist immer Vorbild für ein Kind. Dieses ahmt ruhiges wie hyperaktives Verhalten gleichermaßen nach.

Zunächst sollte man gegen übermäßige Aktivität des Kindes *toleranter* werden, um damit zu gewährleisten, selbst ruhig und gelassen zu reagieren. Dies hilft einem auch, Hyperaktivität nicht zu beachten und es dadurch nicht zu verstärken. Das Verhalten soll also nicht besonders hervorgehoben, das Kind nicht ermahnt und nicht ausgeschimpft werden. Es soll *Aufmerksamkeit* eines Erwachsenen nur dann bekommen, wenn es *nicht hyperaktiv* ist. Besonders soll ein ruhiges, zielgerichtetes und ausdauerndes Verhalten des Kindes gelobt und belohnt werden.

Eltern können einen wichtigen Beitrag leisten, wenn sie bei Maßnahmen in der Schule oder in einer Beratungsstelle *zuverlässig mitarbeiten*. Meistens können sie helfen, das Kind zu belohnen, wenn es z. B. eine bestimmte Anzahl von Punkten in der Schule sammeln konnte. Die Punkte stehen für angemessenes Verhalten und Mitarbeit im Unterricht.

Wie hilft der Fachmann?

Es gibt eine ärztliche und eine psychologische Möglichkeit der Hilfe. Die *ärztliche Hilfe* besteht meistens in der Verordnung von *Medikamenten* (Methylphenidat, Dextroamphetamine, Magnesiumpemoline). Die Medikamente wirken auf das zentrale Nervensystem ein und senken die Hyperaktivität. Die Kinder sind dann zwar körperlich ruhig, jedoch *auf Kosten der Lernleistun-*

gen. Komplexeres Lernen, das über mechanisches und wieder-holtes Lernen hinausgeht, ist trotz normaler bis überdurchschnitt-licher Intelligenz der Kinder beeinträchtigt. Ihre schulischen Leistungen, aber auch ihre sonstigen Verhaltensauffälligkeiten, sind nicht besser als bei unbehandelten, hyperaktiven Kindern. *Weitere Nebenwirkungen* bestehen darin, daß bei einer drei- bis sechsjährigen Medikamenteneinnahme eine Behinderung des Wachstums aufzutreten scheint. Es besteht weiterhin eine *psychi-sche Abhängigkeit* vom Medikament in der Art, daß eine vermin-derte Hyperaktivität nur auf das Medikament und nicht auf die eigene Fähigkeit, sich zu kontrollieren, zurückgeführt wird. Deshalb kommt es zu einer Einnahme über längere Zeit.

Inzwischen hat sich gezeigt, daß eine *psychologische Hilfe* genauso wirksam sein kann wie Medikamente, und zwar im Hinblick auf die Unruhe und das Nicht-sitzenbleiben-Können. Darüber hinaus bleiben die genannten Nebenwirkungen aus und die *schulischen Leistungen* können mit speziellen Trainingsmaß-nahmen *angehoben* werden. Diese haben nämlich das Ziel, die Kinder nicht nur einfach Stillsitzen zu lehren. Vielmehr sollen sie in dieser »ruhigen« Zeit auch *sinnvoll* arbeiten, spielen oder anderes tun. Sie sollen also die Zeit nutzen und nicht nur passiv sein.

Mit den Kindern wird *einzeln,* aber auch in *Gruppen* gearbeitet. Meistens bezieht sich das Trainieren von Verhalten auf den Schulunterricht. Die Kinder werden einmal *für ruhiges Verhalten* und ein anderes Mal *für angemessenes Arbeitsverhalten,* z. B. eine Aufgabe bis zu Ende ausführen, *gelobt* und oft mit Punkten *belohnt.* Dies muß *sofort* nach dem erwünschten Verhalten erfolgen. Die Punkte sammeln die Kinder und können sie von einer bestimmten Anzahl an gegen eine Süßigkeit oder beliebte Tätigkeit (z. B. Fußballspielen) eintauschen. Meistens und sinn-vollerweise werden die *Eltern* in diese Arbeit *miteinbezogen.* Sie müssen ihr Kind für genau abgesprochenes Verhalten verstärken. Mit dem Kind vereinbarte Signale und gezielte Selbstgespräche helfen ihm, sich an Regeln zu erinnern und seine Hyperaktivität zu kontrollieren. Schließlich muß das Kind lernen, seine Ruhe und sein zielgerichtetes Handeln seiner eigenen Leistungsfähigkeit zuzuschreiben. Dazu lernt es, zu erkennen und zu beurteilen, wann es ruhig und wann es hyperaktiv ist. Sodann kann es sich bewußt kontrollieren. Es fühlt sich damit für sein Verhalten verantwortlich.

Literatur

Grissemann, H.: Hyperaktive Kinder. Bern: Huber, 1986.
Lauth, G. & Schlottke, P.: Training mit hyperaktiven Kindern. München: Psychologie Verlags Union, 1991, im Druck.

Adressen

Kinderärzte, Erziehungsberatungsstellen und frei praktizierende Diplom-Psychologen.

Impulsivität

Beispiel 1
*Heike, 10 Jahre, besucht die vierte Grundschulklasse. In
einigen Fächern steht sie zwischen zwei Noten, oft zwischen
zwei und drei. Da sie eher die schlechtere Note erhält, ist sie
eine befriedigende Schülerin, obwohl sie eine gute bis sehr
gute sein könnte. Unter ihren Arbeiten stehen oft Bemerkun-
gen wie »leider zu viele Flüchtigkeitsfehler, deshalb befrie-
digend« oder »genaueres Arbeiten ist notwendig«. Die Lehrerin sagt zu Heikes Mutter, daß Heike die Aufgaben in
Mathematik zwar kann, aber immer wieder viele, kleine
Fehler macht. Sie gibt z. B. Klassenarbeiten sehr schnell ab,
ohne noch einmal ihre Arbeit auf Fehler hin nachzusehen,
obwohl noch genügend Zeit vorhanden wäre. Oft ist sie eine
der ersten. So ist Heike im Mündlichen viel besser als im
Schriftlichen. Auch der Mutter fällt auf, daß Heike ihre
Hausaufgaben immer sehr schnell erledigt.*

Beispiel 2
*Der kleine Karl ist sechs Jahre alt und in einer Vorschul-
gruppe. Bei allem was er tut, fällt er dadurch auf, daß er
zwar sehr schnell ist, aber auch viele Fehler dabei macht. Er
scheint nicht nachzudenken, bevor er etwas macht, und zwar
sowohl bei bestimmten Spielen (wie Memory) als auch bei
besonderen Mal- und Schreibübungen. Manchmal antwortet
er schon, noch bevor die Erzieherin ihre Frage zu Ende
gestellt hat. Die Erzieherin berichtet, Karl sei unbesonnen,
handele überstürzt, und wenn ihm eine Idee kommt oder eine
Lösung einer Aufgabe einfällt, kann er diese nicht zurückhalten. Deshalb nimmt er sich auch die Möglichkeit festzustellen, ob seine Idee oder Lösung richtig ist. Karls Mutter fällt
zu Hause auf, daß er »schusselig« ist, weil er Dinge zu
schnell macht, die man langsam machen müßte. So wird
manches verschüttet oder geht in die Brüche.*

Was ist gemeint?

Mit Impulsivität umschreibt man die Unfähigkeit, eigene Impulse zu kontrollieren. Die *mangelnde Kontrolle* über eigene Impulse führt dazu, daß impulsive Kinder sehr *schnell* in ihren *Reaktionen* und ihrem Handeln sind, dabei aber *viele Fehler* machen. Sie nehmen sich nämlich keine Zeit, z. B. verschiedene Lösungsmöglichkeiten bei einer Aufgabe zu überdenken oder eine erledigte Aufgabe auf Fehler hin zu überprüfen. Weiterhin ist für impulsive Kinder kennzeichnend, daß sie nicht ganz genau zuhören, nicht genau hinschauen und auch deshalb nicht fehlerfrei arbeiten können.

Für impulsive Kinder ist es also typisch, daß sie nicht oder nicht ausreichend denken bevor sie handeln. Aus diesem Grund können sie ihr Handeln schwer planen und Probleme bzw. Aufgaben kaum angemessen erkennen und lösen. Die Impulsivität wirkt sich besonders bei Anforderungen in der Schule oder schulähnlichen Aufgaben aus. Es handelt sich meistens um sogenannte »Flüchtigkeitsfehler«, besonders in Mathematik. Aber auch das Lesen- und Schreibenlernen kann dadurch beeinträchtigt werden (→ Lese-Rechtschreib-Schwäche).

Die *Folgen* davon sind – vor allem in der Schule: Impulsive Kinder weisen oft schlechtere Schulnoten auf als nicht impulsive, obwohl sie genauso leistungsfähig sein könnten wie andere Kinder. Sie lernen langsamer und schlechter Lesen und Schreiben. Auch bei Intelligenztests schneiden sie schlechter ab, was jedoch nicht ihrer vollen Leistungsfähigkeit entspricht. Das Ausmaß von Impulsivität hängt vom Alter der Kinder ab. Die Impulsivität nimmt mit steigendem Alter ab, obwohl diese Kinder dann immer noch impulsiver als ihre Altersgenossen sind.

Impulsive Kinder *unterscheiden* sich sowohl von *überaktiven* als auch von *konzentrationsgestörten*, auch wenn die Ergebnisse, wie verringerte schulische Leistung und ungenaue, fehlerhafte Arbeit, ähnlich sind. Die Unterschiede liegen darin, daß impulsive Kinder im Vergleich zu überaktiven nicht ständig agieren und keinen übermäßigen Bewegungsdrang besitzen. Im Gegensatz zu Kindern mit Konzentrationsproblemen trödeln impulsive Kinder nicht, unterbrechen weder Aufgaben noch träumen sie.

Was sind die Ursachen?

In der Regel ist impulsives Verhalten gelernt, oder es beruht auf einem Mangel an Selbstkontrolle. Impulsives Verhalten wird überwiegend durch das *Vorbild* der Eltern und Lehrer *gelernt.* Die Mütter impulsiver Kinder sind besonders lebhaft, zeigen übermäßige emotionale Reaktionen, greifen oft (in helfender Absicht) in die Handlungen ihrer Kinder ein und *unterbrechen* dadurch *Spiel- und Arbeitsverhalten* ihrer Kinder unnötig. Auch impulsive Lehrer, die zudem in ihrer Lehrtätigkeit unerfahren sind, geben ein ungünstiges Vorbild ab.

Die *Mängel* in der *Selbstkontrolle,* die für die Entwicklung von Impulsivität verantwortlich sein können, bestehen darin, daß das Kind Handlungsimpulse nicht bremsen kann. Aus diesem Grund werden Informationen nicht richtig oder unvollständig wahrgenommen, oder die Kinder handeln zu schnell, das heißt, sie handeln, bevor sie nachgedacht haben. Die mangelnde Selbstkontrolle äußert sich darin, daß das Kind mit Worten, auch wenn sie richtig gewählt sind, sein Handeln nicht beeinflussen kann. Die Handlung wird so schnell und automatisch ausgeführt, daß eine Beeinflussung durch Worte nicht mehr möglich ist.

Die *Inhalte von Selbstgesprächen* können ebenfalls für impulsives Verhalten verantwortlich sein. Diese Inhalte haben in solchen Fällen *nichts* mit der Aufgabe zu tun, sind deshalb für die Bewältigung der Aufgabe nicht wichtig und stehen auch mit ihr in keinem Zusammenhang. Aus diesem Grunde sind die Selbstgespräche nutzlos und wirkungslos für das Bewältigungsverhalten der Aufgabe.

Schließlich haben impulsive Kinder *nicht gelernt, wieviel Zeit* sie für welche Art von Aufgaben und Anforderungen benötigen sollten, das heißt, sie können nicht unterscheiden, was sie schnell erledigen können und welche Aufgabe sorgfältiger bearbeitet werden muß und deshalb mehr Zeit benötigt. Prinzipiell verfügen impulsive Kinder über keine Strategie, Aufgaben anzupacken. Bedeutend dabei ist, daß die *Informationsaufnahme* nur mangelhaft erfolgt und somit die Aufgabenstellung nicht richtig eingeschätzt wird. Auch die *Teilschritte* zur Bewältigung einer Aufgabenstellung fehlen impulsiven Kindern, so daß sie unsystematisch vorgehen und sich dadurch das Fehlerrisiko erhöht.

Wie kann man helfen?

Eltern können ihren impulsiven Kindern dadurch helfen, daß sie diese in ihrem Spiel- und Arbeitsverhalten *nicht unterbrechen* und daß sie für eine ruhige Umgebung, besonders für die Erledigung der Hausaufgaben, sorgen. Eltern sollen ihre Kinder *anregen,* sich mit Spielen und Büchern zu beschäftigen, die nur dann erfolgreich bewältigt werden können, wenn das Kind seine Impulsivität kontrolliert. Hier handelt es sich z. B. um Lotto-, Rate-, Gedächtnis-, Brett- und Würfelspiele, um Suchbilder, Buchstaben- oder Zahlensuchaufgaben. Auch Bewegungsspiele und bestimmte sportliche Tätigkeiten, wie Turnen, Judo usw. tragen zum Abbau impulsiven Verhaltens bei.

Die genannten Materialien können zum *gezielten Üben* verwendet werden. Eltern sollen dabei *viele kurze Übungszeiten* über viele Wochen verteilt ansetzen. Eine Übungszeit sollte nicht länger als 15 bis 30 Minuten (je nach Alter des Kindes) dauern. Mit Kindern bis zum 2. Schuljahr einschließlich genügt eine Übungszeit von ca. 15 Minuten bei regelmäßigem Üben, z. B. jeden zweiten Tag. Ab dem 3. Schuljahr kann die Zeit auf 30 Minuten verlängert werden. Bei täglichem Üben sollen die Zeiten in jedem Fall unterschritten werden, ca. 10 bzw. 20 Minuten. Ziel dieser Übungen ist, das Kind zu *Denkpausen* und zu *angemessenen Selbstgesprächen* zu bewegen. Die Kinder sollen lernen zu warten, bevor sie antworten oder an einen Lösungsweg herangehen. Eltern vermitteln ihrem Kind, wie dieses die Wartezeit sinnvoll nutzen kann: »Genau alles ansehen! Ich überlege, ob ich die Aufgabe und Frage richtig verstanden habe. Ich gehe nicht so schnell vor! Ich prüfe, ob Fehler vorhanden sind.«

Eltern sollen ihr Kind bei den Übungen fordern, ohne aber ihr Kind zu überfordern. Das bedeutet, man beginnt mit leichten Aufgaben und steigert langsam die Anforderungen. Dieses Vorgehen vermittelt dem Kind Erfolgserlebnisse und es wird dadurch ermutigt. Die Eltern leiten das Kind dabei zum *selbständigen Arbeiten* an, das heißt, sie greifen nur ein, wenn das Kind sie darum bittet oder wenn das Kind Fehler macht. Die Hilfe der Eltern soll nicht darin bestehen, daß sie Fehler oder die richtige Lösung benennen. Vielmehr sollen sie das Kind anleiten, sein Ergebnis auf Fehler durchzuschauen, diese selbst zu finden und zu korrigieren.

Wenn Eltern mit ihren Kindern üben, dann müssen sie dabei auf ihre eigene Sprache achten. Zeigen Eltern Kindern einen Lösungsweg, sollen sie dabei die Schritte ihres Handelns genau und laut erläutern. Kinder müssen zum Nachdenken über alternative Lösungen angeregt werden und besonnenes sowie neugieriges und ideenreiches Verhalten muß ermutigt werden. Eltern sollen ihr Kind prinzipiell – auch bei kleinsten Fortschritten – loben, mit Worten unterstützen, bei Mißerfolg zu neuen Versuchen ermutigen und Geduld haben.

Wie hilft der Fachmann?

Zur Veränderung impulsiven Verhaltens führt der Fachmann spezielle Trainingsmaßnahmen mit einzelnen Kindern oder Kindergruppen durch. Die Ziele dieser Maßnahmen sind: 1. die Reaktionen der Kinder zu verzögern (Denkpausen einlegen). 2. richtige Lösungen zu finden und Fehler zu vermeiden und 3. unterscheiden zu lernen, bei welchen Aufgaben und Anforderungen man schnell und bei welchen man langsam und bedächtig vorgehen muß. Dazu werden Vorbildlernen und Selbstkontrolle kombiniert.

Das *Vorbildlernen* sieht so aus, daß ein Erwachsener oder ein Kind vorführt, wie er bzw. es eine Aufgabe löst und dabei laut zu sich selbst spricht. Dann muß das Kind die Tätigkeit nachahmen, wobei es von dem Vorbild laut angeleitet wird. Als drittes führt das Kind dieselbe Aufgabe noch einmal durch, wobei es sich selbst laut die Anweisungen, wie es die Aufgabe zu bewältigen hat, gibt. Schließlich erledigt das Kind die gleiche Aufgabe noch zweimal, einmal flüstert es die Anweisung nur noch, und einmal gibt es sich die Anweisung nur noch in Gedanken, also für Außenstehende nicht mehr erkennbar.

Wie sehen nun die für die *Selbstkontrolle* hilfreichen, das eigene Verhalten steuernden Selbstgespräche aus? Sie müssen die Anforderungen der Aufgabe, systematisches langsames Vorgehen und das Verhalten bei Fehlern und Erfolgen umfassen. Dazu ein Beispiel:

1. Die Aufgabe verstehen und das Problem bestimmen, also, »Was soll ich tun?«

2. Die Aufmerksamkeit lenken und das Verhalten direkt anleiten: »Aufpassen! Ich schau' genau hin! Jetzt rechne ich diese drei Aufgaben ruhig und genau nacheinander aus! Ich kann mir dabei Zeit lassen!«

3. Sich selbst loben: »Das habe ich sehr gut hinbekommen!«

4. Das Ergebnis prüfen und bewerten sowie Fehler korrigieren: »Jetzt schaue ich noch 'mal, ob alles richtig ist. Hier ist ein Fehler, ich berichtige ihn in Ruhe!«

Diese Anweisungen an sich selbst werden mit kleinen Merkkarten unterstützt.

Literatur

Meichenbaum, D. H.: Kognitive Verhaltensmodifikation. München: Urban & Schwarzenberg, 1979.
Wagner, I.: Aufmerksamkeitstraining mit impulsiven Kindern. Berlin: Ullstein, 2. Auflage, 1982.

Adressen

Örtliche Erziehungsberatungsstellen, Schulpsychologischer Dienst u. ä.

Kontaktprobleme

Beispiel 1
Beny, 9 Jahre, hat keine Freunde und keine Spielkameraden.
Er ist nicht unbeliebt bei den anderen Kindern, sie beachten
ihn allerdings auch nicht besonders. Beny hält sich fast
immer zu Hause auf, liest viel und spielt selbstzufrieden
alleine. Kommt mal ein Kind aus der Nachbarschaft bei ihm
vorbei, schickt er es unter einem Vorwand wieder weg.
Solchen und anderen Anforderungen kommt Beny nie nach;
auch in der Schule nicht. Dort meldet er sich nicht im
Unterricht und beantwortet keine Fragen des Lehrers, auch
wenn er die Antwort weiß.

Beispiel 2
Martina, 20 Jahre alt, ist berufstätig und wohnt noch bei
ihren Eltern zu Hause. Von ihnen wird sie versorgt und mit
Ratschlägen bedacht. Jeden Abend und jedes Wochenende
verbringt sie bei und mit ihren Eltern. Sie hat keinen Freund,
keine Freundin, kaum Kontakt zu ihren Berufskollegen und
geht nicht tanzen oder zu sonstigen Veranstaltungen. Sie
betreibt ein Hobby, dem man alleine nachgehen kann, näm-
lich Handarbeiten. Unterhaltungen mit Martina »fließen
zäh«, sie wirkt dabei verkrampft und schaut den anderen
nicht an. Sie träumt von einer Zukunft mit einem Ehepartner
und Kindern.

Was ist gemeint?

Bei Kontaktproblemen handelt es sich im weitesten Sinne um
Schwierigkeiten im Umgang mit anderen. Diese können so
schwerwiegend sein, daß der Betreffende *sozial isoliert* ist. Das
bedeutet, daß derjenige mit fast niemandem Kontakt hat. Die

Kontaktprobleme einer Person können sich *auf alle Menschen* beziehen, also junge wie alte, vertraute wie unbekannte und gleich- wie gegengeschlechtliche. Sie können sich aber auch *auf bestimmte Personengruppen* beschränken, z. B. auf Fremde oder gegengeschlechtliche Personen. Weiterhin kann die *Kontaktgestaltung* selbst gestört sein. Das heißt, ein Kontakt kommt entweder nicht zustande, kann nicht aufrechterhalten oder nicht beendet werden. Dies kann damit zusammenhängen, daß man im Umgang mit anderen unsicher und gehemmt ist, daß man nicht weiß, wie man sich verhalten soll. Bei Kontaktproblemen *geht man seinen Mitmenschen aus dem Wege,* d. h. man spricht niemanden an,erzählt von sich aus nichts oder spricht sehr leise bzw. zu schnell. Während eines Gespräches schaut man unsicher umher, lächelt verlegen, spielt nervös mit den Händen, bewegt sich nicht von der Stelle und schaut den Gesprächspartner selten oder gar nicht an. Bei Lob wird man verlegen, bei negativer Kritik unsicher; man macht selbst keine Komplimente, äußert keine Kritik und kann Gefühle nicht zeigen. Auch fällt es schwer, Forderungen zu stellen oder Wünsche abzulehnen. Dies alles kann dazu führen, daß jemand mit Kontaktproblemen kaum noch die Wohnung verläßt, niemanden zu Besuch einlädt, nichts unternimmt und nur zu sehr wenigen Vertrauenspersonen Kontakt hat.

Was sind die Ursachen?

Kontaktprobleme entstehen meistens in der Familie und treten früher oder später ausgeprägt auf. Sie sind jedoch weder vererbt noch handelt es sich um unbeeinflußbare Eigenschaften.
Welches sind die wichtigen Bedingungen in der Familie, die zu Kontaktproblemen führen? Man kann sie in drei Gruppen aufteilen:
1. Das Verhalten der Eltern allgemein,
2. das spezifische Erziehungsverhalten der Eltern und
3. falsche Einstellungen und Lebensweisheiten.

Allgemeines Verhalten. Die *Eltern selbst* sind *unsicher,* ängstlich und haben Kontaktprobleme. Sie gehen z. B. selten aus, unternehmen nichts, empfangen keinen Besuch und haben auch kaum Kontakt zu den Nachbarn. Da Eltern immer auch Vorbilder für ihre Kinder sind, die Kinder also ihre Eltern beobachten, ahmen die Kinder das ängstliche, unsichere, kontaktarme Verhalten der Eltern nach. Es fehlt ein Vorbild für Kontaktpflege!

Spezifisches Verhalten. Zu verwöhnendes und beschützendes oder zu vernachlässigendes Erziehungsverhalten der Eltern kann Kontaktprobleme bedingen. Bei beiden Verhaltensweisen der Eltern kann ein Kind keinen Zusammenhang erkennen zwischen seinem Verhalten und dem darauf folgenden Verhalten der Eltern. Es hat den Eindruck, daß es tun oder lassen kann, was es will; die Ergebnisse oder Folgen sind unabhängig davon immer die gleichen. Z. B. wird es immer gelobt, in Schutz genommen, darf alles tun und bekommt immer alles; oder es erfährt Aufmerksamkeit, Anerkennung und Zustimmung zu selten und nicht immer bei dem gleichen Verhalten. Beides führt beim Kind zur *Hilflosigkeit* – es weiß nicht, woran es ist – und dadurch zur *Unsicherheit,* besonders im Umgang mit anderen.

Manchmal *fördern* Eltern die *Kontaktprobleme* ihrer Kinder ohne es zu wissen und zu wollen, indem sie sich freuen, daß ihr Kind ein so stilles, braves, anhängliches Kind ist, das die meiste Zeit zu Hause bei den Eltern verbringt. Eltern bekräftigen das nichtselbständige Verhalten des Kindes durch Zuwendung. Manche Eltern sehen es sogar nicht gerne, wenn das Kind andere Kinder zu sich einlädt. Die eben beschriebenen Bedingungen können bis ins Jugend- und Erwachsenenalter reichen, und sind dort ebenso wirksam wie im Kindesalter.

Falsche Einstellungen. Verallgemeinerte Lebensweisheiten wie »Reden ist Silber, Schweigen ist Gold!«, »Vertraue niemandem als Dir selbst!« oder »Verlaß Dich auf niemanden, sonst bist Du verlassen!« spiegeln Einstellungen wider, die in dieser globalen und generellen Weise sicherlich nicht zutreffend sind. Auch diese Haltungen der Eltern, die sich in Worten und Handlungen äußern, werden von Kindern übernommen und gelernt. Solche

Aussagen begünstigen *Mißtrauen gegenüber Mitmenschen,* verhindern Kontakt zu anderen, legen falsches Verhalten nahe, nehmen Möglichkeiten des Selbstlobes (»Eigenlob stinkt!«) und fördern zerstörerische Selbstkritik.

Neben diesen Bedingungen, die eng an das Elternverhalten geknüpft sind, existieren auch noch andere, die mit der Familie verbunden sein können, aber nicht müssen. Es handelt sich um *äußere Umstände,* wie der Tod einer vertrauten und geliebten Person, Invalidität oder Krankheit eines Familienmitgliedes, Scheidung der Eltern, stärkere berufliche Belastung der Eltern, finanzielle Sorgen, Umzug in eine neue Umgebung und schulische oder berufliche Überforderung. Besonders *unkalkulierbare Trennungserlebnisse* und *unvorhersagbare unangenehme Erreignisse* lösen *Angst* aus. Sie stellen einerseits unangenehme Folgen dar, andererseits gehen durch sie Signale der Sicherheit verloren. Vor allem der *Verlust von Sicherheitssignalen* versetzt Menschen in große *Angst,* was eine weitere Bedingung für erhebliche Kontaktprobleme sein kann.

Das Ergebnis all dieser Bedingungen sind unsichere und ängstliche Kinder, Menschen *ohne Selbstvertrauen* und ohne das Gefühl, etwas Wert zu sein. Ihre Wahrnehmung für sich selbst und für andere Personen ist *verzerrt* oder sogar *falsch.* Sie haben nicht gelernt, Zusammenhänge richtig zu unterscheiden und Situationen zu deuten. Allzu leicht erleben sie dann auch *Mißerfolge im Umgang mit anderen.* Dadurch können sich verallgemeinerte Leitsätze wie »Ich bin nicht attraktiv!«, »Mich mag keiner!«, »Ich habe doch gewußt, daß ich ein Versager bin!« herausbilden. Mißerfolge und falsche Leitsätze führen zu der Erwartung, daß Mißerfolge vorprogrammiert sind. Diese Vermutung erzeugt erneut Angst und Unsicherheit.

Wie kann man helfen?

Angehörige von Kindern und Eltern mit Kontaktproblemen sollten zuerst einmal sich selbst kritisch prüfen, wo ihr Beitrag bei dem problematischen Verhalten liegt. Demnach sollte man sich folgende Fragen beantworten:

- Bin ich selbst ein unsicherer, ängstlicher Mensch, der Probleme im Umgang mit anderen oder überhaupt wenig Kontakt hat? Bin ich dadurch mit meinem Verhalten ein Vorbild für mein Kind?
- Verwöhne ich mein Kind zu sehr? Nehme ich ihm Aufgaben und Probleme ab, die es gut selbst bewältigen kann? Beschütze ich es in Situationen, in denen es keinen Schutz braucht? Belohne ich es dafür, daß es zu Hause bleibt und keinen Kontakt zu anderen hat?
- Fühlt sich mein Kind von mir vernachlässigt und dadurch unsicher und ängstlich auch im Kontakt mit anderen?
- Habe ich falsche Leitsätze und einseitige Einstellungen, die ich auch in Gegenwart des Kindes äußere? Richtet das Kind sein Verhalten danach aus?

Oft müssen die Eltern ihr Verhalten ändern. Das Wichtigste ist, das Kontaktbedürfnis beim Kind bzw. Jugendlichen zu stärken. Man soll diese *auffordern* und *ermutigen,* etwas zu *unternehmen* und sich mit anderen zu verabreden. Das Kind oder der Jugendliche darf jedoch dabei nicht den Eindruck gewinnen, daß die Eltern es doch lieber sähen, wenn es bzw. er bei den Eltern zu Hause bliebe. Für das Kind kann es zum Abbau von Angst und Unsicherheit beitragen, wenn die Eltern ihm etwas zutrauen und an das Kind bewältigbare Anforderungen stellen. Ausdauer, Geduld und Konsequenz sind dabei wichtige Voraussetzungen.

Schließlich ist festzustellen, ob äußere Bedingungen ungünstig wirken und Kontaktprobleme hervorrufen und verstärken. Vielleicht ist ein Kind durch *zu hohe schulische Anforderungen* belastet, traut sich nichts zu sagen und geniert sich deshalb auch, Kontakte zu anderen aufzunehmen. Eine Umschulung, z. B. vom

Gymnasium in eine Realschule kann dann richtig sein. Oder: Ein Jugendlicher ist mit seinen Eltern in eine ihm *fremde Stadt umgezogen*. Er kennt sich nicht aus, Freundschaften und Gruppen in der Schulklasse sind fest formiert. Er gerät immer mehr in soziale Isolation, was Angst und Unsicherheit fördert. Dem Jugendlichen kann es helfen, wenn er andere nach Hause einladen oder ein Fest veranstalten darf (eine Kennenlern- oder Geburtstagsparty).

Wie hilft der Fachmann?

Die Behandlung von Kontaktproblemen durch den Fachmann erfolgt mit Hilfe von Trainigsmaßnahmen, den sogenannten *»Selbstsicherheitstrainings«*. Diese Maßnahmen bestehen im wesentlichen aus *Rollenspielen*, in denen Verhaltensweisen eingeübt werden. Es wird z. B. gelernt, jemanden anzusprechen, um Auskunft zu erhalten oder um sich zu verabreden: Welche Worte verwende ich? Welches Gesicht mache ich? Was soll ich mit meinen Armen und Händen anfangen? Dies sind wichtige zu trainierende Verhaltensweisen.

Videoaufnahmen während der Rollenspiele geben eine *Rückmeldung* darüber, ob das neue Verhalten noch korrigiert und weiter geübt werden muß oder ob es schon sicher beherrscht wird.

Neben dem Üben von Verhalten in Rollenspielen gilt es, andere Fertigkeiten zu lernen. Es ist von großer Bedeutung, die *Wahrnehmung* von Kindern und Jugendlichen mit Kontaktproblemen zu *trainieren*. Sie müssen lernen, sich selbst und andere richtig zu sehen, das heißt, Gestik, Mimik, Gefühle und Gedanken richtig zu erkennen. Dazu gehört auch, verschiedene soziale Situationen genau unterscheiden zu können, z. B.: Wann muß ich mich wehren? Wann kann ich ein Angebot annehmen?

In solchen Trainingsmaßnahmen wird auch gelernt, in ermutigender und bekräftigender Weise *zu sich selbst* zu *sprechen*. Ungünstige Leitsätze sowie Einstellungen werden herausgefunden und durch positive Leitsätze ersetzt.

Entspannungsverfahren wie das *autogene Training* oder die *progressive* Muskelentspannung (= wechselweise An- und Entspannung bestimmter Muskelpartien), spielen eine Rolle, um die Angst in den Griff zu bekommen. Sie werden mit den anderen Methoden manchmal kombiniert.

Oft werden auch »*Hausaufgaben*« aufgegeben, mit denen Verhalten im Alltag geübt und gefestigt wird.

Die Durchführung solcher Trainingsmaßnahmen unterscheidet sich bei Kindern und Jugendlichen. Bei Kindern mit Kontaktproblemen wird mit Einzelsitzungen begonnen und später erst zu Gruppensitzungen übergegangen. Jugendliche nehmen oft von Beginn an an einer Gruppe teil. Die Gruppengröße bei Kindern beträgt höchstens vier, bei Jugendlichen bis zu zehn Teilnehmern. Unterschiede gibt es selbstverständlich auch bezüglich der Inhalte, die geübt und gespielt werden. Für Kinder ist es wichtig, mit anderen Kindern zufriedenstellend spielen zu lernen. Jugendliche haben eher Probleme bei der Kontaktaufnahme zu dem anderen Geschlecht und auch mit der zum Teil damit verbundenen Ablösung vom Elternhaus.

Literatur

* *Petermann, U. & Petermann, F.:* Training mit sozial unsicheren Kindern. München: Psychologie Verlags Union, 3. völlig veränderte Auflage, 1989.
Pfingsten, U. & Hinsch, R.: Gruppentraining sozialer Kompetenzen (GSK). München: Psychologie Verlags Union, 2. erweiterte Auflage, 1991.

Adressen

Örtliche Erziehungs- und Familienberatungsstellen.

Konzentrationsprobleme

Beispiel 1

Jörg ist 8 Jahre alt und in einer zweiten Grundschulklasse. Es fällt ihm schwer, sich im Unterricht auf die gestellten Aufgaben und Anforderungen zu konzentrieren. Er ist besonders dann nicht bei der Sache, wenn der Lehrer Jörg nicht direkt anspricht. Stattdessen malt Jörg, redet mit anderen Mitschülern, zappelt auf seinem Stuhl herum und schaut aus dem Fenster. Im Zeugnis steht, daß Jörg Konzentrationsprobleme hat, wodurch seine schulischen Leistungen mehr als notwendig beeinträchtigt sind. Auch die Mutter stellt beim Erledigen der Hausaufgaben fest, daß Jörg sehr viel mehr Zeit benötigt als andere Kinder und er »nervös dabei ist«.

Beispiel 2

Carsten, 20 Jahre, studiert im zweiten Semester Elektrotechnik. Er muß für sein Studium sehr viel arbeiten und lernen, im Grundstudium vor allem für die Fächer Mathematik und Physik. Er hat große Konzentrationsprobleme, die sich darin äußern, daß er sein Lernen sehr häufig unterbricht, nebensächlichen Tätigkeiten nachgeht und durch andere Trödeleien viel Zeit verliert. Erste ungünstige Auswirkungen auf die Studienleistungen sind erkennbar.

Was ist gemeint?

Konzentrationsprobleme können in den verschiedensten Altersstufen und bei den unterschiedlichsten Tätigkeiten auftreten. Auffallend sind Konzentrationsprobleme in der Schule, beim Hausaufgabenmachen und im Studium, also bei geistigen Tätigkeiten. Konzentration ist aber ebenso bei körperlichen Arbeiten und beim Koordinieren von Tätigkeiten (z. B. beim Autofahren:

sehen, fahren, reagieren) notwendig. Auf etwas *konzentriert sein bedeutet,* daß man mit all seinen Gedanken und seiner Leistungskraft für eine gewisse Zeit auf eine bestimmte Tätigkeit ausgerichtet ist und sich nicht durch andere Dinge und Tätigkeiten ablenken läßt. Es handelt sich dabei um einen *aktiven Vorgang,* den man *selbst mit dem eigenen Willen steuert.* Konzentration ist deshalb eine besondere Form der Aufmerksamkeit. Der Unterschied zwischen beiden liegt darin, daß die Konzentration aktiver, willentlich gesteuert, ausdauernd und intensiver ist. Konzentrationsprobleme sind dadurch charakterisiert, daß jemand leicht von einer Sache ablenkbar ist, keine Ausdauer hat, trödelt, etwas nur langsam auffassen kann, eine Arbeit oder Aufgabe immer wieder unterbricht oder mit unterschiedlicher Genauigkeit verrichtet und sich insgesamt unruhig oder »träumerisch« verhält. Die *Auswirkungen* von Konzentrationsproblemen sind eine Leistungsverringerung, ein ungenaues und fehlerhaftes Arbeiten, Flüchtigkeitsfehler, ein großer Zeitaufwand mit einem geringen Ergebnis.

Was sind die Ursachen?

Konzentrationsprobleme können verschiedene Ursachen haben.
Körperliche Ursachen. Hirnorganische Schädigungen beeinträchtigen ebenso die Konzentration wie die körperliche Übermüdung und Erschöpfung. Auch Entwicklungsverzögerungen verursachen Konzentrationsprobleme.
Psychische Ursachen. *Streß,* z. B. durch Überforderung, kann Konzentrationsprobleme bedingen. Fachlich überfordert ist jemand, der sich einer Aufgabe nicht gewachsen fühlt oder sie tatsächlich nicht bewältigen kann. Eine Person kann auch von ihrem Leistungsvermögen überfordert sein, wenn sie nämlich längere Zeit ohne Erholungspause konzentriert arbeitet oder lernt.
Innere Unruhe und *Anspannung,* Angst und Unsicherheit, bela-

stende Gefühle und Gedanken können Konzentrationsprobleme auslösen. Diese ursächlichen Bedingungen hängen bei Kindern oft mit ungünstigen, familiären und schulischen Bedingungen zusammen: Z. B. hat ein Kind oder ein Jugendlicher *nie* seine Konzentrationsfähigkeit *ausreichend geübt* und damit das Konzentrieren nicht gelernt, weil Erwachsene vertiefendes Spielen des Kindes immer wieder unterbrachen. Unterbrechungen bestehen z. B. darin, daß das Kind etwas für die Eltern erledigen soll oder sie das Kind im Spiel- und Arbeitsprozeß korrigieren und zu früh Hilfestellung geben. Die Geburt eines Geschwisterchens, Krankheit, Ehekrisen und -scheidung sowie ein wenig anregender Schulunterricht und eine ungeschickte Klassenführung können auch ungünstige Bedingungen darstellen, ein Kind belasten und damit mangelnde Konzentrationsfähigkeit erzeugen.

Äußere Ursachen. Aber auch eine *laute, unruhige* und *ablenkende Umgebung* ist eine Quelle von Konzentrationsproblemen. Wenn ein Kind in einem Raum seine Hausaufgaben machen soll, in dem Radio gehört wird, jüngere Geschwister spielen, die Mutter sich mit der Nachbarin unterhält, der Straßenlärm hereindröhnt, dann braucht man sich über Konzentrationsschwierigkeiten bei dem Kind nicht zu wundern.

Ein *übermäßiger Fernsehkonsum* mit *mangelnder Verarbeitung* des Gesehenen und zu wenig Schlaf für das Kind stellen im Medienzeitalter eine wichtige Ursache dar. Schließlich ist die Wirkung erwachsener Vorbilder zu bedenken. Unruhige und sehr lebhafte Mütter, die zudem häufig in die Aktivitäten ihrer Kinder eingreifen, haben oft Kinder mit Konzentrationsproblemen.

Wie kann man helfen?

Konzentrationsprobleme bei Kindern werden außer in der Schule auch zu Hause, und zwar vor allem beim Erledigen der Hausaufgaben, sichtbar. Eltern können ihren Kindern in dieser Situation auf vielerlei Weise helfen: Zuerst einmal sollten sie für eine *störungsfreie Umgebung* sorgen, das heißt Ruhe, keine ablen-

kenden anderen Geschwister, eine geeignete Schreib- und Sitz-
gelegenheit. Dann sollten sie mit dem Kind zusammen die
Arbeitsdauer, Pausen und *Spielzeit* besprechen und festlegen.
Eine konzentrierte Arbeitsphase sollte bei Kindern im Alter von
ca. 7 bis 9 Jahren nicht länger als 20 bis 30 Minuten andauern.
Erst nach einer Pause von ca. 5 bis 10 Minuten geht es weiter. Die
Arbeitsphase sollte vom Erwachsenen nicht unterbrochen werden. Am besten ist es, wenn das Kind *selbständig* seine Aufgaben
erledigt, ohne Aufsicht. Über die Arbeitsergebnisse wird gesprochen und auf Fehler hingewiesen; diese korrigiert das Kind
selbständig. Dem Kind sollte man nur helfen, wenn es selbst dazu
auffordert. Wichtig ist, daß die Hilfen wirklich nur »Hilfen«
sind, das bedeutet, die Lösungen von Aufgaben dürfen nicht
»vorgesagt« werden. Schließlich sollte das Kind ermutigt und für
gute Ergebnisse gelobt werden.
Prinzipiell gilt: Spielen und Arbeiten eines Kindes sollen *nicht
unterbrochen* werden. Verpflichtende Aufträge, die das Kind für
die Familiengemeinschaft erledigen soll, werden *vorab besprochen* und *geplant*. Weiterhin sollten die Eltern für einen *ausreichenden Schlaf* des Kindes sorgen, nur ausgewählte Fernsehsen-
dungen sehen lassen und anschließend mit ihm über die Sendun-
gen sprechen.
Förderung von Interessen, Spiel- und Sportaktivitäten beim Kind
und die Beschäftigung mit konzentrationsfördernden Spielen,
wie Memory, Brettspiele, Geschicklichkeitsspiele (z. B.
Mikado, Labyrinth) helfen, die Konzentrationsfähigkeit »spie-
lend« zu steigern.

Wie hilft der Fachmann?

Zur Behebung von Konzentrationsproblemen gibt es spezielle
Trainingsprogramme, die verschiedene Techniken kombinieren.
Dem Kind wird vermittelt, wie es sein Vorgehen, Arbeiten und
Lernen in kleine, bewältigbare Schritte zergliedern muß *(Arbeits-
strategie)*. Soll es sich z. B. den Inhalt eines Textes merken, liest

es (a) den Text durch und versucht ihn zu verstehen, (b) liest es den Text zum zweiten Mal und schreibt sich wichtige Wörter auf, (c) prägt es sich die aufgeschriebenen Wörter ein und versucht, den Zusammenhang wieder zu erinnern. Neben diesen Arbeitsstrategien werden dem Kind aber auch schriftliche Anweisungen gegeben, die es sich selbst sagen soll. Solche *Selbstinstruktionen* sollen das eigene Verhalten steuern helfen und lauten z. B.: »Ich schaffe das schon!«, »Ich will jetzt einmal nur an meine Aufgabe denken!«, »Ich fange damit an, daß ich . . .«, »Jetzt muß ich so weitermachen!«, »Und jetzt kommt noch dieser Schritt und dann bin ich fertig!«, »Das habe ich gut gemacht!«

Die Vermittlung solcher Arbeitsstrategien und hilfreicher Anweisungen an sich selbst erfolgt bei Kindern am besten über Vorbilder. Das bedeutet, ein Erwachsener oder ein anderes Kind macht ein solches Verhalten vor, spricht dabei laut zu sich selbst und das Kind macht es nach (→ Seite 117 f.).

Lob, Unterstützung, Ermutigung und Belohnung einerseits sowie Entspannungsübungen zur Beruhigung andererseits sind wichtige Rahmenbedingungen für solche Trainingsprogramme.

Literatur

*Dutschmann, A.: Mein Kind kann sich nicht konzentrieren – was tun? Freiburg: Herder, 1982.

Ross, A. O.: Lern- und Leseschwäche bei Kindern. Stuttgart: Hippokrates, 1981.

Steinhausen, H.-C. (Hrsg.): Das konzentrationsgestörte und hyperaktive Kind. Stuttgart: Kohlhammer, 1982.

Adressen

Örtliche Erziehungsberatungsstellen, Schulpsychologische Dienste und frei praktizierende Diplom-Psychologen.

Lese-Rechtschreib-Schwäche

(Legasthenie)

Beispiel 1
Florian, 9 Jahre, besucht die 3. Grundschulklasse. Er ist in allen Fächern, die nicht unmittelbar etwas mit Lesen und Schreiben zu tun haben, ein guter Schüler, in Mathematik sogar ein sehr guter. Obwohl die Mutter viel mit Florian Lesen und Schreiben übt und Florian selbst sich sehr anstrengt, sind seine Lese- und Schreibleistungen nicht ausreichend. Immer wieder macht er viele Fehler in Diktaten, wobei ihm die Groß- und Kleinschreibung, die Dehnung von Wörtern, die Verdoppelung von Konsonanten und weniger gebräuchliche Wörter Schwierigkeiten machen. Aber auch ihm bekannte Wörter schreibt er einmal richtig und einmal falsch. Seine Lesefähigkeit entspricht nicht der einer dritten Klasse. Florian besucht zusätzlich einen Lese-Rechtschreib-Förderkurs, den seine Schule anbietet. Seine Eltern haben eventuell vor, ihn auf eine weiterführende Schule zu schicken, zumal ein Intelligenztest gute bis sehr gute Ergebnisse erbrachte.

Beispiel 2
Sven ist 8 Jahre und in der zweiten Grundschulklasse. Er hat große Schwierigkeiten mit dem Fach Deutsch wie mit allem, was mit Lesen und Schreiben zu tun hat. Die Lehrerin berichtet der Mutter, daß Sven ein stiller und unauffälliger Schüler ist, der sich in keinem Fach meldet. Wird er aufgerufen, spricht er sehr leise. Dies ist auch in Mathematik der Fall, obwohl er in diesem Fach der Beste in der Klasse ist. Wenn Sven stotternd liest, dann kommt es vor, daß die anderen Kinder der Klasse lachen. Die Mutter erzählt der Lehrerin, daß Sven jeden Morgen vor der Schule über Übelkeit klagt und nichts essen kann – erst recht nicht, wenn »Deutsch« auf dem Stundenplan steht. Er erbricht sich sogar, wenn für einen Tag ein Diktat angesagt ist. Am

> *liebsten bliebe er dann zu Hause. Die Mutter bringt ihn in*
> *einer solchen Situation oft zur Schule. Auch das Hausauf-*
> *gabenerledigen im Fach Deutsch und das zusätzliche Lesen-*
> *üben geht oft nicht ohne Tränen bei Sven vorüber.*

Was ist gemeint?

Mit Lese-Rechtschreib-Schwäche ist eine Lernschwierigkeit in einem speziellen Bereich gemeint, nämlich dem Erlernen des Lesens und Schreibens. Der Prozeß des Erlernens von Lesen und Schreiben ist gestört, und es kommt zu Fehlleistungen. Flüssiges und »sinnvolles« Lesen fällt den Kindern mit einer Lese-Rechtschreib-Schwäche schwer. In der Rechtschreibung machen sie häufig Fehler, die eine gewisse eigene Regelhaftigkeit aufweisen, was mit dem Aufbau und der Struktur unserer deutschen Sprache zusammenhängen kann.

Prinzipiell kann man zwei Arten von Fehlern in der Rechtschreibung unterscheiden: *Defizitfehler* und *Flüchtigkeitsfehler.* Bei den Defizitfehlern weiß ein Kind nicht, wie ein Wort geschrieben wird. Macht ein Kind einen Fehler, obwohl es weiß, wie ein Wort geschrieben wird, kann man von einem Flüchtigkeitsfehler ausgehen.

Als *Folge* einer Lese-Rechtschreib-Schwäche werden auch alle *anderen Lernbereiche gestört,* die etwas mit Lesen und Schreiben zu tun haben. Auffallend ist, daß die Kinder mit einer Lese-Rechtschreib-Schwäche jedoch in der Regel in Mathematik sowie in den Fächern, die nicht oder wenig mit Lesen und Schreiben verbunden sind, durchschnittliche bis sehr gute Leistungen erbringen. Dies hängt damit zusammen, daß es sich um eine *spezielle Lernstörung* handelt, die nicht mit der allgemeinen Begabung bzw. Intelligenz im Zusammenhang steht. So spricht man von einer Lese-Rechtschreib-Schwäche, wenn man aufgrund der Begabung (Intelligenz; sonstige Schulleistungen) eine solche Schwäche nicht erwarten würde. Damit will man die

Lese-Rechtschreib-Schwäche von einer allgemeinen, also alle Bereiche betreffenden Lernbehinderung abgrenzen, die mit unterdurchschnittlicher Intelligenzleistung gekoppelt ist.

Bei der Lese-Rechtschreib-Schwäche spricht man auch von *Legasthenie*. Die Anzahl der davon betroffenen Kinder schwankt bei verschiedenen Autoren erheblich – zwischen ca. 0,2 und 30%. Dies hängt zum Beispiel mit der Schwierigkeit zusammen, daß die Intelligenz, die ja bei der Beurteilung der Lese-Rechtschreib-Schwäche eine Rolle spielt, nicht eindeutig bestimmbar ist und sich damit auch Fehler einschleichen können. Generell scheint es so zu sein, daß mehr Jungen als Mädchen mit der Lese-Rechtschreib-Schwäche zu kämpfen haben.

Was sind die Ursachen?

Obwohl in den letzten zwanzig Jahren viel auf dem Gebiet der Lese-Rechtschreib-Schwäche geforscht wurde, sind die Ergebnisse nicht eindeutig, besonders was die Ursachen anbelangt. So können zwar Ursachen genannt werden; welcher Faktor aber letztendlich ursächlich ist und welcher nur auslösend oder verstärkend wirkt, kann nicht entschieden werden. Lediglich *organische Ursachen* und Krankheiten, wie Seh- und Hördefekte, Hirnschäden sowie frühkindliche Entwicklungsverzögerungen, z. B. im körperlichen Bereich, können eindeutig als Ursache der Lese-Rechtschreib-Schwäche *ausgeschlossen* werden.

Es könnte allerdings eine Beziehung zwischen der *Sprachentwicklung* und der Herausbildung der Lese-Rechtschreib-Schwäche bestehen. So lernen einige lese-rechtschreib-schwache Kinder im Vergleich zu ihren Alterskameraden später Worte und Sätze sprechen. Auch *Sprachstörungen* wie Stottern, Lispeln sowie vermehrte *Ängstlichkeit* sind häufiger bei lese-rechtschreib-schwachen Kindern als bei Kindern ohne diese Probleme zu finden. Dies läßt jedoch keine eindeutigen Rückschlüsse auf die Ursachen zu.

Geht man von den zwei Fehlerarten aus, so kann man ein Bündel von möglichen Ursachen einerseits für die Defizitfehler, andererseits für die Flüchtigkeitsfehler ausmachen. Für *Defizitfehler* können verantwortlich sein:

● Eine *schlechte Merkfähigkeit*, also mangelnde Gedächtnisleistungen. Das bedeutet, lese-rechtschreib-schwache Kinder verfügen über eine geringere Behaltensleistung speziell für sprachliche Symbole oder Symbolfolgen. Es ist eine Tatsache, daß die 26 Buchstaben unseres Alphabets unterschiedlich häufig in den Wörtern vorkommen. Z. B. tritt der Buchstabe »e« am häufigsten, »n« am zweithäufigsten und »y« am wenigsten auf. Je häufiger ein Buchstabe auftaucht, um so besser kann er behalten und wieder erinnert werden. Dies trifft sowohl bei lese-rechtschreib-schwachen wie bei »normalen« Kindern im Grundschulalter zu. Beide Kindergruppen unterscheiden sich lediglich in der Häufigkeit der Fehler aufgrund der unterschiedlich ausgeprägten Merkfähigkeit.

● Eine *schlechte Denkfähigkeit* bezüglich der richtigen Anwendung von Rechtschreibregeln. Es ist jedoch anzumerken, daß unsere Rechtschreibregeln oft aus Ausnahmen bestehen. Deshalb kann man nicht einfach eine Regel nach »Schema F« anwenden, sondern muß die dazugehörigen Ausnahmen im Gedächtnis speichern. Damit wird deutlich, daß die schlechte Denkfähigkeit mit der Merkfähigkeit in engem Zusammenhang steht.

● Eine *psychologische Hemmung* aufgrund von Motiven und Gefühlen. Damit ist gemeint, daß Freude, Ärger, Angst, Traurigkeit, Gleichgültigkeit und andere emotionale Zustände sich auf einen bestimmten Leistungsbereich auswirken können – positiv wie negativ.

Flüchtigkeitsfehler können bedingt sein durch:

● Eine *mangelnde Konzentration durch Ablenkbarkeit, Verspieltheit und Lustlosigkeit*. Hierbei spielen Erziehungseinflüsse, Überaktivität, mangelnde Selbständigkeit, Gleichgültigkeit und aufgabenfremde Gedanken eine Rolle. Aufgabenfremde Gedanken können durch Konflikte, Sorgen, Ärger, Trauer usw. ausgelöst werden.

● Eine *mangelnde Konzentration* aufgrund von *Mißerfolgs-*

ängstlichkeit. Mißerfolgsängstliche Kinder sind in der Regel darum bemüht, ihr Bestes zu geben. Die Angst führt jedoch zur Verkrampfung und zur Unsicherheit. Mißerfolgsängstlichkeit entsteht oft dadurch, daß sich ein Kind bei unzureichenden Leistungen vor Strafe, Schimpfen, Kritik, Mißbilligung, Verachtung, mangelndem Verständnis und Liebesentzug fürchtet oder daß die Eltern einen zu hohen Leistungsanspruch an das Kind haben und es damit überfordern.

Schließlich kann in der *Methode,* nach der Lesen und Schreiben gelehrt wird, eine weitere Ursache gesehen werden. Viele Lehrmethoden bauen auf falschen Voraussetzungen beim Schüler auf und erzeugen deshalb eine Lese-Rechtschreib-Schwäche. *Grundfehler* bestehen darin, daß der gesprochene und geschriebene Buchstabe nicht unmittelbar aufeinander bezogen werden können, da Laut- und Schriftbild nicht übereinstimmen müssen, und daß logische Regeln für die Rechtschreibung oft fehlen oder Regeln nicht eindeutig sind. So kann die Rechtschreibung fremder Worte vom Hören her nur schwer erschlossen werden. Deshalb ist auch ein Diktat mit fremden Worten unsinnig. Geprüft werden kann nämlich nur das, was gelernt wurde, also ausreichend geübt und im Gedächtnis abgespeichert wurde. Ein weiterer Grundfehler besteht im Lesen von inhaltsleeren Buchstaben anstelle von sinnvollen Inhalten, besonders im ersten Leseunterricht.

Wie kann man helfen?

Zuerst sollen einmal die Punkte genannt werden, mit denen man einem Kind *keinesfalls* hilft:
- Lange Übungszeiten von einer halben Stunde und mehr,
- lange und unsystematische Diktatübungen,
- ungünstige Umfeldbedingungen, das heißt, unangemessener Umgangston (ärgerlich, gereizt, laut), Ablehnung (schimpfen, kritisieren, nörgeln), unangemessene Wutäußerung (impulsiver Wutausbruch z. B. bei schlechtem Diktat).

Will man einem Kind mit einer Lese-Rechtschreib-Schwäche helfen, so muß man als grundlegende Bedingung eine angenehme und *entspannte Arbeitsatmosphäre* schaffen. Eine optimistische und verständnisvolle Haltung, ein ruhiger und sachlicher Umgangston, eine angemessene Art, Ärger zu äußern und vor allem Lob, schon bei dem kleinsten Erfolg, gehören dazu.

Eine andere grundlegende Bedingung lautet, *Rechtschreiben* lernt man *nur durch Rechtschreiben,* also nicht durch alleiniges lesen. Lesen ist nämlich eine passive Aufnahme von Wörtern mit dem Ziel, einen Textinhalt zu erfassen. Deshalb achtet man wenig darauf, wie ein Wort geschrieben wird. Zudem ist Lesen ein relativ schneller Vorgang, bei dem die Merkfähigkeit für die Rechtschreibung eines Wortes stark beeinträchtigt ist. Denn die schnelle Wahrnehmung des nächsten Wortes verwischt die Erinnerung an das vorherige Wort.

Die Rechtschreibübungen mit einem Kind sollen *regelmäßig,* in *kurzen Abständen* und *zeitlich begrenzt* erfolgen. Es ist nicht zu vergessen, daß dieses Üben eine zusätzliche Arbeitszeit zu den Hausaufgaben darstellt. Bei Kindern bis zum 2. Schuljahr soll an vier Tagen in der Woche, maximal fünf Minuten pro Tag, geübt werden. Bei Kindern ab dem 3. bis 6. Schuljahr soll an vier Tagen in der Woche, maximal 15 Minuten pro Tag, geübt werden. Zwischen zwei Übungen dürfen nicht mehr als zwei Tage liegen. Von großer Bedeutung ist die Konsequenz beim Durchführen der Übungen. Es muß systematisch mindestens zwischen acht und zwölf Wochen geübt werden. Ideal wäre ein halbes bis ganzes Jahr.

Das Üben selbst soll in einem *Wechsel* von *fortlaufendem Diktat* und *Wortdiktat* erfolgen. Die ersten zehn Minuten wird ein fortlaufender Text diktiert. Wieviel das Kind zu schreiben schafft, ist unerheblich. Jedes falsch geschriebene Wort wird auf ein kleines Kärtchen geschrieben. So sammeln sich eine Menge von Kärtchen an, mit denen das Wortdiktat durchgeführt wird, und zwar genau fünf Minuten lang. Schreibt das Kind das Wort richtig, dann wird dies mit einem Plus auf dem Kärtchen vermerkt; ein falsch geschriebenes Wort wird mit einem Minus gekennzeichnet. Ein Kind muß dreimal hintereinander zu verschiedenen Übungszeiten das Wort richtig geschrieben haben, damit das Kärtchen in einen Kasten für »richtige Wörter« umsortiert werden kann. Das Kind sieht den Stapel der Kärtchen im Kasten für »richtige Wörter« anwachsen. Dies ist für das Kind eine wichtige Rückmeldung und Belohnung. Von Zeit zu Zeit sollte eine Generalwiederholung der »richtigen Wörter« erfolgen (bei 50 Kärtchen im Kasten, dann bei 75, dann bei 100 Kärtchen). Die dabei falsch geschriebenen Wörter wandern wieder in den Kasten »falsche Wörter« und müssen noch einmal mindestens dreimal hintereinander richtig geschrieben worden sein, um in den Kasten »richtige Wörter« zurückzukommen.

Kinder im 2. Schuljahr üben *nur* 5minütige Wortdiktate nach dem Kärtchensystem.

Zur besseren *Motivierung* der Kinder können *Kinderbücher* mit spannenden, lustigen oder bebilderten Geschichten für die fortlaufenden Diktate verwendet werden. Kinderbücher sind vor allem auch bei den Kindern geeignet, die durch ihre Lese-Rechtschreib-Schwäche schon einige Mißerfolge erlebten und dadurch ängstlich wurden. Ein Kinderbuch erinnert nämlich diese Kinder weniger an die angstauslösende Schulsituation.

Das Kind soll beim Lesen-Üben so *selbständig* wie möglich *lesen,* d. h. nicht unterbrochen werden und nur die notwendigsten Hilfestellungen erhalten. Es ist wichtig, Geduld zu haben und richtig Gelerntes sowie Fortschritte anzuerkennen, zu loben.

Die eben dargestellten Schritte zum Üben der Rechtschreibung können noch genauer in dem Buch von Arnd Stein nachgelesen werden (→ Literatur).

Um das Kind zum Lesen und damit zum Üben anzuregen, sollten ihm Bücher der verschiedensten Art zur Verfügung stehen. Für ein Kind ist es immer prägend, auch ein gutes *Vorbild* zu haben. Lesen die Eltern nicht oder fast nicht, ist es natürlich schwer, dem Kind begreiflich zu machen, daß es lesen soll. Eine gemeinsame Lesezeit zwei- oder dreimal in der Woche, in der einige Familienmitglieder etwas für sich lesen, kann sehr hilfreich sein.

Prinzipiell soll das Lesen und Schreiben sowie das Hausaufgabenmachen überhaupt an einem *ruhigen Ort* und mit wenig Ablenkungsmöglichkeiten erfolgen. Auch sollten *notwendige Erholungspausen* beachtet werden, z. B. nicht sofort nach dem Schulunterrichtsende mit den Hausaufgaben und dem Üben beginnen.

Wie hilft der Fachmann?

Mit lese-rechtschreib-schwachen Kindern werden spezielle systematische Förderprogramme durchgearbeitet. Diese lehnen sich zum Teil an schulisches Arbeitsmaterial an. Beispielsweise kommen vorstrukturierte Arbeitsblätter zum Einsatz, in deren leere Stellen Buchstaben, Silben oder Wörter eingesetzt werden müssen. Weit verbreitet ist auch das oben vorgestellte Kärtchensystem.

In den Förderkursen in den Schulen wird in kleinen Kindergruppen gearbeitet. Dadurch kann jedem Kind mehr Zeit, Aufmerksamkeit und individuelle Hilfe zukommen. Die speziellen Schwierigkeiten und Lücken eines Kindes können angegangen werden. Neben dem Übungseffekt schlagen sich sicherlich auch die individuelle Zuwendung, Hilfe und Anerkennung positiv nieder. Lese-rechtschreib-schwachen Kindern müssen Erfolgserlebnisse vermittelt werden, damit sie erfahren, daß sie dem Lesen und Schreiben gewachsen sind und sich durch Trainieren verbessern können. Besteht massive Angst bei Kindern, da sie z. B. nur Mißerfolge beim Lesen und Schreiben erwarten, so muß mit ihnen zuerst oder parallel daran gearbeitet werden, daß sie ihre Unsicherheit und Angst in den Griff bekommen (→ Angst). Ihnen muß zudem die Sinnhaftigkeit des Lernens von Lesen und Schreiben einsichtig gemacht werden.

Es kann auch angemessen sein, das Lese-Rechtschreib-Förderprogramm mit Konzentrationsübungen, Gedächtnisübungen oder mit Übungen zur Verhinderung von zu schnellem, unüberlegtem Reagieren zu kombinieren (→ Konzentrationsprobleme und → Impulsivität).

Literatur

Ross, A. O.: Lern- und Leseschwäche bei Kindern. Stuttgart: Hippokrates, 1981.
* *Stein, A.:* Das Rechtschreibspiel. München: Kösel, 8. Auflage, 1989.

Adressen

Örtliche Erziehungsberatungsstellen, Schulpsychologischer Dienst und frei praktizierende Diplom-Psychologen.
Interessenvereine für Lese-Rechtschreib-Schwäche wie der Bundesverband Legasthenie e. V., Königstr. 32, 30175 Hannover.
Legasthenie-Zentren.
Legasthenie-Internate.

Motivationsprobleme

Beispiel 1
Florian, 11 Jahre, ging auf den Wunsch seiner Eltern aufs
Gymnasium; dort vermißt er seine Freunde aus der Grund-
schule und ärgert sich über den längeren Schulweg. Auch
die Dinge, die in der neuen Schule durchgenommen werden,
sind nicht sein Fall. Florian bekam in den letzten Wochen
auch schon einige schlechte Noten und jetzt hat er überhaupt
keine Lust mehr, dieses »Spiel« zu ertragen, das er eh' nie
wollte. Florian hat sich jetzt vorgenommen, gar nichts mehr
zu tun und hofft, wieder auf seine alte Schule zu kommen –
auch wenn es deshalb zu Hause viel Ärger gibt.

Beispiel 2
Rita, 19 Jahre, hat vor kurzem ihren Job als Friseuse an den
Nagel gehängt, da sie absolut keine Lust mehr hatte, andere
»schön« zu machen. Rita möchte endlich etwas für sich tun
und will aus dem Alltag raus – sie glaubt, daß sie jetzt noch
ihr Leben genießen kann. In den letzten Wochen hat Rita sich
zunächst einmal ausgeruht und gar nichts getan. Ritas Eltern
können ihre Tochter und ihre Ideen nicht verstehen, sie
lehnen das Faulenzen ab! Auch diesen Zwang will Rita
abschütteln und in den Süden abhauen – aber irgendwie
kann sich Rita nicht aufraffen und wird immer gleichgül-
tiger.

Was ist gemeint?

Unter Motivationsproblemen versteht man einen Zustand, der zu
passivem und initiativelosem Verhalten führt. Motivationsprobleme treten oft kombiniert mit anderen Problemen auf wie z. B.
Konzentrationsmangel, fehlende Ausdauer und Belastungsfähig-

keit. Letztlich sind Motivationsprobleme ein Ausdruck dafür, daß man mit von außen gesetzten Anforderungen oder persönlichen Zielen und Wertvorstellungen unzufrieden ist bzw. diesen nicht mehr nachkommen kann oder will. So kann der Schüler im ersten Beispiel von der neuen weiterführenden Schule überfordert sein: Wir haben es in diesem Fall mit einer von außen gesetzten Anforderung zu tun, die von den Eltern an das Kind herangetragen wird. Im zweiten Beispiel fühlt sich die Jugendliche mit ihrer eigenen Berufsentscheidung unglücklich und möchte anders leben, ohne zu wissen wie. Oft steht ein solches Vakuum nach einer Entscheidung mit Motivationsproblemen in Beziehung. Oft gibt es auch eine Wechselwirkung zwischen Motivationsproblemen und einer falschen Einstellung zur Arbeit oder einer Arbeitsstörung.

Was sind die Ursachen?

Man kann bei Motivationsproblemen noch schwerer als bei den meisten psychischen Problemen die Ursachen genau angeben. Es sollen deshalb einige aufgezählt werden und man muß im Einzelfall prüfen, ob diese Bedingungen vorliegen oder nicht.

Ungünstige Vorbilder. Stellen Erwachsene Arbeit als Strafe oder lästige Pflicht dar oder schimpfen sie ständig bei der Arbeit vor sich hin, so wird ein Kind wenig Sinn in seiner Arbeit sehen und keine Freude entwickeln können. Es wird sich folglich nicht anstrengen und eine begonnene Arbeit nicht zu Ende führen.

Zu *starke Kontrolle* schränkt die Lernfreude und damit die Leistungsfähigkeit ein. Kinder fühlen sich dann für ihre Arbeit nicht verantwortlich und strengen sich konsequenterweise weniger an. Zudem lernen sie nicht, selbständig zu arbeiten und zu lernen.

Oft *erkennen* Erwachsene Leistungen von Kindern *nicht an,* da sie diese an zu hohen Maßstäben messen oder nie gelernt haben, andere zu loben. Auf diese Weise werden Kinder entmutigt und können nicht lernen, sich selbst für eine Leistung zu loben.

Eltern *verbauen* oft *Leistungsmöglichkeiten* ihrer Kinder durch Aussagen wie »Du bist genauso unsportlich wie ich; das liegt bei uns in der Familie«. In diesen Fällen unternehmen Kinder keine Versuche mehr, sich zu aktivieren oder für etwas einzusetzen.

Körperliche Krankheiten und psychische Störungen. Viele Krankheiten, die man von außen gar nicht erkennt (z. B. Diabetes, Herz-Kreislauf-Erkrankungen), führen dazu, daß Kinder schnell und häufig müde werden und dann motivationslos wirken oder werden. Bestimmte psychische Störungen (depressive Verstimmungen, Drogenabhängigkeit, Schlafstörungen) können ebenfalls bewirken, daß Kinder durchgängig »schlapp« aussehen und ihnen die Energie fehlt, eine Motivation aufzubauen und eine Arbeit durchzustehen.

Falsche Arbeitshaltungen des Kindes und Jugendlichen. Eine große Anzahl von Kindern und Jugendlichen haben den Anspruch, Dinge perfekt zu machen und handeln, nachdem sie merken, daß ihnen dies kaum oder selten gelingt, überhaupt nicht mehr. Sie entwickeln aufgrund vollkommen überzogener Leistungsanforderungen an sich eine total passive Haltung. Sie geben sich selbst auch keine Chance, Arbeiten schrittweise anzugehen und zu lösen. Solche verzerrten Wahrnehmungen führen auch zu falschen Entscheidungen, wie zum Abbruch der Ausbildung, und führen zu mäßigen Leistungen oder Mißerfolgen.

Langandauernde Belastungen und persönliche Krisen. Ein »Motivationsloch« tritt als Folge einer von Jugendlichen übertrieben angesetzten Phase der Überbelastung auf. Noch einschneidender wirken sich persönliche Krisen aus, die durch belastende Ereignisse (z. B. Trennung von der Freundin, Tod der Eltern) ausgelöst werden. Viele Jugendliche erleben durch diese Krise erstmals massiv eine Sinn- und Zukunftslosigkeit ihres Lebens.

Die Aufstellung gibt einige Ursachen für Motivationsprobleme an, wobei Kinder und Jugendliche in der Regel unter veränderten Lern- und familiären Bedingungen diese Schwierigkeiten gut überwinden können. Zudem bestehen einige Altersabschnitte

(z. B. die Pubertät), die empfänglich sind für Motivationsprobleme und in denen *sich Orientierungs- und Motivationsprobleme* nach einiger Zeit von selbst wieder auflösen.

Wie kann man helfen?

Eltern, Erzieher und Lehrer müssen dem Kind *zeigen,* wie man
an schwierige Aufgaben herangeht, wie man diese in bewältigbare Teile zergliedert und wie man sich über Teilerfolge bei der
Arbeit freuen kann. Sie können dem Kind das Lernen und
Arbeiten durch die Vorgabe von *Teilzielen* erleichtern. Versuche, Anstrengungen, Teilerfolge und erreichte Ziele sind *anzuerkennen* und zu *loben.* Bei *Mißerfolg* müssen neue Wege gezeigt
werden, um dem Kind *Mut* zu machen. Bei all diesen Bemühungen braucht das Kind genügend Freiräume, um *eigene Initiativen
zu entwickeln.* Auf zu viel Kontrolle ist zu verzichten.
Eltern sollten sich nicht scheuen, dem Kind *Leistungen abzuverlangen.* So sind begonnene Dinge konsequent zu Ende zu führen.
Das Kind lernt dadurch, sich konzentriert und ausdauernd mit
einer Sache auseinanderzusetzen und vor allem Mißerfolge zu
ertragen. In begrenztem Umfang schadet es nicht, durch *Wettbe-
werbspiele Anreize* zu schaffen, die eigene Leistungsfähigkeit zu
erproben. Für das Selbstbewußtsein des Kindes ist es entscheidend zu erleben, daß es manche Dinge mit sehr großer Anstrengung schafft.

Wie hilft der Fachmann?

Die Hilfestellung wird ganz unterschiedlich ausfallen, je nach
den Ursachen der Motivationsprobleme. Üben z. B. die Eltern
ein *ungünstiges Erziehungsverhalten* aus, kann man im Rahmen
eines psychologischen Beratungsgespräches die Leistungserwar-
tungen der Eltern, die sie an das Kind anlegen, verändern. Diese
Bemühungen bilden eine wesentliche Voraussetzung dafür, daß

viele Kinder überhaupt eine Chance bekommen, von ihren Eltern in ihrem Leistungsvermögen gerecht beurteilt zu werden. Oft wird Eltern in diesen Gesprächen auch klar, in welchen Bereichen sie ein *ungünstiges Vorbild* für ihre Kinder sind.

Körperliche Krankheiten sind vom Kinderarzt abzuklären. Der Kinderarzt kann auch angeben, inwieweit diese Krankheiten Einfluß auf die Leistungsfähigkeit des Kindes haben. Ebenso sollte man mit *psychischen Störungen* verfahren.

Ebenfalls in einem psychologischen Beratungsgespräch kann man *falsche Arbeitshaltungen* des Kindes und Jugendlichen verändern. Der Psychologe wird das Alles-oder-nichts-Denken dieser Kinder bzw. Jugendlichen in Frage stellen und ihnen helfen, zu einer angemessenen Leistungsbeurteilung zu kommen. In vielen Fällen können auch Psychologen des *Arbeitsamtes* durch »Tests« den Jugendlichen vor völlig falschen Berufsentscheidungen bewahren. *Arbeitsstörungen,* die ja oft mit Motivationsproblemen im Zusammenhang stehen, können im Selbststudium unter fachmännischer Anleitung kurzfristig und nachhaltig beseitigt werden.

Eine psychologische Beratung bei *persönlichen Krisen* gleicht im wesentlichen einer solchen Beratung, die bei depressiver Verstimmung durchgeführt wird. Darüber wurde an anderer Stelle schon berichtet (→ Depression).

Literatur

* *Herbert, M.:* »Ich bin kein Kind mehr!« Bern: Huber, 1989.
* *Petermann, F. & Petermann, U.:* Training mit Jugendlichen. Förderung von Arbeits- und Sozialverhalten. München: Psychologie Verlags Union, 1988.

Adressen

Schulpsychologische Dienste.

Phobien

Was ist gemeint?

Unter einer Phobie versteht man eine *»spezielle« Angst* im
Gegensatz zur »allgemeinen« Angst, wie sie unter dem Stichwort
»Angst« beschrieben ist. Demnach handelt es sich bei einer
Phobie um eine sehr starke Angst vor *bestimmten* Personen,
Tieren, Gegenständen oder Orten, die man vermeidet, obwohl

man *weiß,* daß von ihnen *keine* nachvollziehbare und *tatsächliche Gefahr* ausgeht. Durch Erklärungen und sachliche Argumente kann eine Phobie nicht behoben werden, und es ist dem Kind oder Jugendlichen nicht möglich, sein Vermeidungsverhalten, also das Fliehen vor einer bestimmten Situation, zu unterbinden.

Schon bei drei- oder vierjährigen Kindern können *Tierphobien* – eine der häufigsten Formen – beobachtet werden. Diese Tierphobien beziehen sich vornehmlich auf den Umgang mit Hunden, Katzen, Spinnen, Schlangen, Mäusen, Pferden, Reptilien oder Bakterien. Vor allem bei Kindern im Grundschulalter verschwinden Phobien in wenigen Monaten wieder. Eine weitere, sehr häufige Form einer Phobie, die vor allem bei Jugendlichen auftritt, besteht in der *Angst vor offenen Plätzen* oder der Angst *vor geschlossenen Räumen* (z. B. im Kaufhaus, einer U-Bahn-Station). *Andere* Phobien beziehen sich auf den Umgang mit Blitz, Dunkelheit, Feuer, Schmutz, Wasser oder finden ihren Niederschlag in einer Höhenangst. Phobien äußern sich ebenso vielfältig, wie wir es bei den Ängsten im allgemeinen beschrieben haben (→ Angst). So wird der Phobiker, der Angst vor geschlossenen Räumen hat, fluchtartig ein Kino, eine U-Bahn, eine Kirche oder ein Kaufhaus verlassen. Es wird ein Gefühl der »Schwere« auftreten und die Angst vorherrschen, in solchen Räumen zu ersticken. Diese Angst macht sich auch körperlich bemerkbar (Herzklopfen, Muskelschwäche, Schwindelgefühl, Ohnmacht, stechender Kopfschmerz, Übelkeit und ein trockener Mund).

In der Regel versucht man, seine Phobie dadurch im Griff zu behalten, daß angstbesetzte Orte, Tiere oder Gegenstände gemieden werden bzw. vor ihnen geflüchtet wird. In einigen Fällen kann es neben dieser offen erkennbaren *Flucht* oder *Vermeidung* auch zu einer verdeckten *Vermeidung* kommen (z. B. durch Alkohol oder Beruhigungstabletten). Die Angst wird manchmal auch geringer, wenn eine vertraute Person in der Nähe ist (z. B. wenn das Kind an der Hand der Mutter sein kann).

Was sind die Ursachen?

Die Überlegungen zu den Ursachen von Phobien gleichen denen
zur Entwicklung von Ängsten (→ Angst). Da es sich bei Phobien
um sehr eng umgrenzte Ängste handelt, findet man häufig ein
konkretes, bedrohliches Ereignis (traumatisches Ereignis) als
Auslöser, das zeitlich schon eine Weile zurückliegen kann.
Dieses angstauslösende Ereignis verbindet sich mit bestimmten
Merkmalen, die in der damaligen Situation auch vorhanden
waren. Diese Merkmale können später allein die Angst auslösen,
ohne daß das bedrohliche Ereignis tatsächlich vorliegen muß.
Über Assoziationen haben sich nämlich bestimmte Ereignisse
miteinander verknüpft, so daß ein Ereignis für ein anderes stehen
kann. Oft sind einem diese Verknüpfungen nicht bewußt, und
man kann sich seine extreme, unrealistische Angst nicht erklären. Unrealistisch wird die Angst dadurch, daß das ursprüngliche, bedrohliche Ereignis nicht vorhanden zu sein braucht, um
die Angst auszulösen. So wird es auch verständlich, warum
Phobien so schlecht oder gar nicht für rationale Erklärungen und
Argumente zugänglich sind.
Das *Beispiel* einer Schulphobie soll das Gesagte noch einmal
verdeutlichen: Ein Kind ist in der 2. Grundschulklasse und wird
von einer Lehrerin unterrichtet, die es auch schon im 1. Schuljahr
hatte. Das Kind geht gerne zur Schule. Zu Beginn des 3.
Schuljahres will das Kind plötzlich nicht mehr in die Schule
gehen, ihm ist morgens übel, und es muß sich manchmal sogar
erbrechen. Was ist der Grund für dieses veränderte Verhalten des
Kindes? Es scheint vor etwas Angst zu haben, weiß aber selbst
nicht so genau, vor was und warum. Es hat zwar einen neuen
Lehrer. Dieser geht jedoch sehr verständnisvoll auf die Schüler
ein; mit ihm kann die Schulphobie also nicht zusammenhängen.
Oder doch? Durch einen Zufall stellt sich heraus, daß gegen Ende
des 2. Schuljahres ein Lehrer das Kind auf dem Schulhof
»barsch« zurechtgewiesen und das Kind sich dabei erschrocken
hat. Es war zwar nicht der gleiche Lehrer, den jetzt das Kind im
Unterricht hat. Er hatte aber einen ebensolchen Bart und trug

auch eine Brille, wie es bei dem jetzigen Klassenlehrer der Fall ist.

In einem anderen Fall entwickelt beispielsweise ein Kind, nachdem es von einem großen Hund angefallen wurde, eine panische Angst vor allen Hunden.

Jedesmal sind es bestimmte Merkmale, die zwar etwas mit dem bedrohlichen Ereignis *gemeinsam* haben, aber nicht für sich genommen angstauslösend sind, sondern *nur durch die Verknüpfung mit dem bedrohlichen Ereignis*.

Manchmal sind die Eltern sogar froh, endlich ein Mittel gefunden zu haben, um das Kind beeinflussen zu können (z. B. »Wenn Du nicht brav bist, kommt der große Hund!«). Solche Erziehungsmaßnahmen werden in einer unglücklichen Minute von vielen Erwachsenen zur Disziplinierung ihrer Kinder eingesetzt, was dem Kind sicherlich nicht hilft.

Dem Kind hilft es jedoch auch nicht, wenn die Eltern das Flucht- und Vermeidungsverhalten des Kindes billigen oder unterstützen bzw. das Kind übermäßig behüten und beschützen. Dies erlebt das Kind als Verstärkung und sieht noch weniger ein, warum es z. B. wieder alleine in die Schule gehen soll (Beispiel »Schulphobie«). Beide Verhaltensweisen von Eltern haben den Effekt, daß Ängste vergrößert werden.

Andere Kinder werden sicherlich auch durch das umfassende Medienangebot zur Entwicklung bestimmter Phobien angeregt; hierbei spielt Lernen durch Beobachtung eine Rolle. So ist beispielsweise eine Phobie bezogen auf giftige Schlangen oder Spinnen in unseren Breiten vollkommen unbegründet. Je nach Alter und Geschlecht können sich solche Phobien bei Kindern und Jugendlichen aber in unterschiedlichem Ausmaß verbreiten.

Wie kann man helfen?

Eltern und Bezugspersonen sollten, wie bei Ängsten im allgemeinen, *vermeiden,* daß durch die Phobie dem Kind ein *Vorteil erwächst* (= der sogenannte »Krankheitsgewinn«). So ist es ungünstig, wenn die Mutter nicht mit ihrem Kind am gemeinsamen Familienausflug ins Museum teilnimmt, sondern statt dessen zu Hause bleibt, weil das Kind sich vor geschlossenen Räumen ängstigt. Aus dieser Regelung zieht das Kind deshalb Gewinn, weil es sein Vermeidungsverhalten erfolgreich durchsetzen kann, und es zudem seine Mutter für sich alleine hat. Es wird sich zukünftig hüten, sein aus der Phobie erwachsenes Vorrecht aufzugeben. Dem Kind darf also aus seiner Beeinträchtigung *keine Sonderrolle* erwachsen; es wäre vielmehr mit der unangenehmen Situation zu konfrontieren. Ansonsten kann es nie die Erfahrung machen, daß andere Situationen, auch wenn sie der ursprünglichen bedrohlichen ähnlich sind, nicht angsterregend sein müssen und daß man seine Angst erfolgreich und vor allem *aktiv bewältigen* kann. Man soll dem Kind bei der Konfrontation helfend zur Seite stehen, aber nicht nachgeben, wenn es »kneifen« will, also die Situation vermeiden will. Für sein erfolgreiches Bewältigungsverhalten, z. B. mitgehen ins Museum und sich dort eine Stunde aufhalten können, beim zweiten Besuch schon eineinhalb Stunden usw., muß das Kind ausdrücklich gelobt werden. Solche Situationen unter »sanftem Handlungszwang« müssen in der Regel öfter *wiederholt* werden, bis das Kind seine extremen Ängste ganz überwunden hat und ein stabiles, angemessenes Verhalten zeigt.

Auch den körperlichen Begleiterscheinungen, die durch eine Phobie ausgelöst werden, sollte man keine übermäßige Aufmerksamkeit schenken. Dies hat ebenfalls zur Folge, das Verhalten zu verfestigen. Aufmerksamkeit soll das Kind nur für aktives Bewältigungsverhalten erhalten.

Wie hilft der Fachmann?

Das wichtigste Vorgehen zum Abbau der Phobie bezeichnet man als *schrittweise Annäherung*. Damit ist gemeint, daß allmählich das Gefühl der Angst durch ein *stärkeres positives Gefühl zurück-*

gedrängt wird. Das positive Gefühl wird dadurch aufgebaut, daß ein Entspannungsverfahren eingesetzt wird. Im entspannten Zustand fordert der Therapeut dann den Phobiker mit Hilfe von Beschreibungen oder Vorgaben (wie Bilder, Filme) auf, sich die *gefürchteten Gegenstände vorzustellen*. Es ist wichtig, daß der Phobiker erlebt, daß er entspannt sein und sich gleichzeitig immer deutlicher und greifbarer angstauslösende Gegenstände, Tiere u. ä. vorstellen kann. Er nähert sich schrittweise in der Phantasie den gefürchteten Gegenständen, bis er z. B. einen Hund angstlos streicheln kann. Diese Übungen werden dann auch auf wirkliche Gegenstände, lebende Tiere und anderes übertragen.

Ein Vorgehen, das sich besonders für Kinder eignet, besteht darin, durch *Vorbildwirkung* die Gefahrlosigkeit einer Angelegenheit unter Beweis zu stellen. Auch hier kann man in immer schwierigeren Rollenspielen das Kind schrittweise an angstbesetzte Inhalte heranführen. Rollenspiele werden bei allen Altersgruppen eingesetzt, um die Verhaltensmängel, die durch die Phobie entstanden sind, abzubauen. Es ist anzumerken, daß man Phobien schnell (ca. über 10 bis 20 einstündige Sitzungen) und erfolgreich, das heißt auf lange Dauer gesehen, beseitigen kann.

Literatur

Rachman, S. & Bergold, J. B.: Verhaltenstherapie bei Phobien. München: Urban & Schwarzenberg, 3. Auflage, 1976 (vergriffen).
Ross, A. O. & Petermann, F.: Verhaltenstherapie mit Kindern und Jugendlichen. Stuttgart: Hippokrates, 1987.

Adressen

Örtliche Erziehungs- und Familienberatungsstellen sowie frei praktizierende Diplom-Psychologen.

Psychosomatische Erkrankungen

Beispiel 1
Martina, 17 Jahre, ist sehr ängstlich und befürchtet immer,
daß man ihr etwas wegnimmt (z. B. eine liebgewonnene
Person). Ihre Angst geht ihr »durch den ganzen Körper« und
schlägt sich an den Atemwegen nieder. Martina fühlt sich
diesen Atembeschwerden hilflos ausgeliefert und ist schon
seit ihrer Kindheit damit belastet. Bei großen Anstrengungen
und Belastungen nehmen auch ihre Beschwerden zu. Mar-
tina hat schon viele Behandlungen probiert, nichts hat so
richtig geholfen und man hat ihr gesagt, daß sie mit den
Atembeschwerden leben muß. Martina richtet sich auf ihre
Atembeschwerden ein und erwartet angstvoll ihr nächstes
Auftreten.

Beispiel 2
Uwe, 20 Jahre, ist sehr streßanfällig. Schon kleine Anforde-
rungen in seinem Studium oder Meinungsverschiedenheiten
mit seiner Freundin schlagen bei ihm auf den »Magen«.
Ohne Streß fühlt sich Uwe sehr wohl und hat keine
Beschwerden mit seinem Magen oder der Verdauung. Schon
während der Schulzeit war sein »schwacher Magen«
bekannt, und jeder nahm darauf Rücksicht. Er frühstückte
nie vor dem Unterricht und konnte nur »richtig entspannt«
etwas essen. Heute werden Uwes Beschwerden immer
schlimmer. Die Magenbeschwerden schränken Uwe sehr
ein, sein Studium ist kaum noch zu schaffen. Uwe ist darüber
beunruhigt, daß ihm keine Medikamente helfen.

Was ist gemeint?

Der Begriff »psychosomatisch« ist zu einem Schlagwort geworden. Man ist oft erstaunt, wie viele körperliche Krankheiten-

psychisch bedingt sein sollen. Um diese Aussage richtig einschätzen zu können, ist es erforderlich, uns die unterschiedlichen Gruppen körperlicher und psychischer Krankheiten vor Augen zu führen. Neben den im engeren Sinne körperlichen Krankheiten (Infektionen, Organschäden u. ä.) und psychischen Beeinträchtigungen (Angst, Depressionen u. ä.) sind zwei weitere Gruppen von Bedeutung:

- funktionelle Störungen und
- psychosomatische Krankheiten.

Unter den *funktionellen Störungen* versteht man Erkrankungen, die sich in sehr unklaren Beeinträchtigungen äußern. Die häufigsten sind: Schlafstörungen, Kopfschmerzen, Herzbeschwerden, Mattigkeit, Magen-Darmbeschwerden, Angstzustände, Ohnmacht und anderes. Sucht man mit solchen Beschwerden einen Arzt auf, wird er in der Regel keinen organischen Befund feststellen; er wird vielmehr gezielt nach Streß, Überanstrengung oder Überforderung fragen. Die Diagnose lautet dann z. B. »vegetative Dystonie«. Die Begriffe »vegetative Dystonie«, »allgemeines psychosomatisches Syndrom« oder »funktionelles Syndrom« sind jeweils Bezeichnungen für funktionelle Störungen. Solche funktionellen Störungen treten bei sehr vielen Menschen auf. Sie bilden sich schnell zurück, wenn man Ruhe und Entspannung findet.

Wirken diese Beschwerden jedoch lange auf einen Organismus ein, können sie über Jahre eine *psychosomatische Erkrankung* zur Folge haben. Eine psychosomatische Erkrankung ist also eine Krankheit mit *nachweisbaren körperlichen Schäden* (z. B. einem Magengeschwür). Sie ist allerdings durch vorwiegend *emotionale Faktoren* verursacht. Psychosomatische Krankheiten sind also keine eingebildeten Krankheiten.

Je nach körperlichem Befund kann man zumindest *sieben Gruppen* von psychosomatischen Erkrankungen unterscheiden. Es handelt sich um Erkrankungen:

- der Haut (Hautentzündungen, Hautjucken, übermäßiges Schwitzen),
- der Atemwege (Bronchialasthma, zu schnelles Atmen),

- des Herz-Kreislauf-Systems (Herzjagen, hoher Blutdruck, Migräne),
- des Magen-Darm-Systems (Magenschleimhautentzündung, Dickdarmentzündung, Verstopfung, Sodbrennen und ähnliches),
- des Genitalbereiches (Menstruationsstörungen, Impotenz und anderes),
- der Drüsen (z. B. Funktionsstörungen der Schilddrüse),
- der Muskeln (z. B. Nackenschmerzen, Muskelkrämpfe).

Weiterhin werden die Pubertätsmagersucht, Übergewicht, Einkoten und Einnässen sowie Schlafstörungen als psychosomatische Erkrankungen aufgefaßt (vergleichen Sie die entsprechenden Stichworte).

Die genannten Erkrankungen haben, wenn nicht eindeutig körperliche oder infektiöse Ursachen zugrunde liegen, immer eine psychische Ursache, die zwar schwer faßbar ist, aber mit einer für den Arzt leicht erkennbaren körperlichen Auswirkung. Dies ist auch heute noch ein Grund dafür, daß nicht alle Ärzte einer *psycho*somatischen Erklärung zustimmen.

Beispielhaft sollen Magen- und Zwölffingerdarmgeschwüre, der Bluthochdruck und das Bronchialasthma beschrieben werden.

Magen-/Zwölffingerdarmgeschwüre (Ulcus). Diese Erkrankung scheint bei Kindern im Steigen begriffen zu sein, wobei sie bei Jugendlichen um das 15. Lebensjahr noch einmal besonders erhöht ist. Jungen sind sehr viel häufiger davon betroffen als Mädchen. Bei Kindern sind die Symptome unspezifisch; ab dem 10. Lebensjahr werden sie jedoch deutlicher ausgeprägt und gleichen den für den Erwachsenen typischen Symptomen. Im einzelnen können festgestellt werden: 1. Diffuse, ungenau lokalisierbare Leibschmerzen; 2. Erbrechen; 3. Appetitlosigkeit; 4. Oberbauchschmerz, besonders in nüchternem Zustand und 5. Blutungen.

Bluthochdruck. Neben dem typischen erhöhten Bluthochdruck treten Müdigkeit, Nervosität, Schwindel, Herzklopfen, Schlaflosigkeit, Schwäche und Kopfschmerzen auf. Auch diese psychosomatische Erkrankung findet man immer häufiger bei Kindern und Jugendlichen.

Bronchialasthma. Asthma ist die häufigste chronische Krankheit im Kindes- und Jugendalter, die in den letzten Jahren sprunghaft angestiegen ist. Man kann heute davon ausgehen, daß vier bis sechs Prozent der Kinder und Jugendlichen Asthma in unterschiedlicher Schwere haben. Diese Erkrankung äußert sich in einer Verengung der Luftwege, da die Luftröhre und Bronchien auf verschiedene Reize besonders empfindlich und leicht reagieren. Die Folge davon ist, daß der Luftaustausch, besonders beim Ausatmen, beeinträchtigt wird. Überhaupt ist eine längere Zeit zum Ausatmen notwendig, als es gewöhnlich üblich ist. Über der ganzen Brust sind pfeifende Geräusche zu hören; Keuchen, Husten und Auswurf sind typisch. Oft treten auch Schleimablagerungen und Wasseransammlungen (sogenannte »Ödeme«) auf. Subjektive Reaktionen bestehen in panischer Angst, Reizbarkeit, Müdigkeit.

Was sind die Ursachen?

Unbestritten ist, daß psychische Belastungen (z. B. belastende Gefühle wie Angst, Wut, nicht bewältigbarer Dauerstreß, Ehe- und Familienkrisen, Tod einer nahestehenden Person) in mehrfacher Weise auf den Körper einwirken.

Dies erkennt man daran, daß

- die *Widerstandskraft des Körpers* gegenüber Krankheiten *geschwächt,*
- die *Krankheitsanfälligkeit erhöht,*
- die *Schmerzempfindlichkeit gesteigert* und
- die *Genesung verzögert* ist.

Offensichtlich wirken sich psychische Belastungen über das vegetative Nervensystem, das durch Nervenfasern alle Organe versorgt, in der Form aus, daß ein *ständiger Alarmzustand* herrscht. Dieser Daueralarm führt zur Abnutzung des Körperorgans, das überbeansprucht wird.

Eines wird bei den bisherigen Überlegungen deutlich: Streß *kann* krank machen. Unter *Streß* versteht man eine *unspezifische*, das heißt weder eine positive noch negative *Belastung* (→ Seite 15 f.). Die Reaktion des Körpers auf solche Belastungen ist ebenfalls unspezifisch. Eine gewisse Menge an Streß ist notwendig, um nicht »einzurosten«; zu viel Streß ist jedoch ungünstig, vor allem, wenn Belastungen so häufig auftreten, daß man sie nicht mehr bewältigen kann und keine Kontrolle mehr über Entlastungsmöglichkeiten besteht. Dieses Gefühl bedingt eine erhöhte Hoffnungslosigkeit, die, über Jahre erlebt, zu nicht mehr rückgängig zu machenden Erschöpfungszuständen und damit körperlich erkennbaren Krankheiten führt. Diese vielfältigen Einwirkungen haben ein Krankheitsbild zur Folge, das immer zwei Seiten hat: die psychische (z. B. erlebte Dauerbelastung, Angst) und die körperliche (Geschwüre, Schmerzen, funktionelle Störungen und ähnliches).

Die Ursachen werden an den drei bekannten Beispielen genauer erläutert:

Magen-/Zwölffingerdarmgeschwüre (Ulcus). In der Regel wirkt der Streß auf den schwächsten Körperteil (z. B. Magen, Zwölffingerdarm oder Dickdarm). Dauerbelastung (Streß) kann nun die Produktion von Salzsäure im Magen erhöhen. So hat unter anderem die verstärkte Produktion der Salzsäure im Magen zur Folge, daß die schützende Schleimhaut zersetzt und dann die Magenwand angegriffen wird. Streß und ungünstige emotionale Belastungen allein rufen jedoch noch nicht zwingend ein Magengeschwür hervor. Es muß eine gewisse Empfänglichkeit hinzukommen. Sie besteht darin, daß Menschen unterschiedlich viel »Pepsinogen« absondern. Pepsinogen ist ein weiterer wichtiger Bestandteil des Magensaftes neben der Salzsäure. Es ist für die Eiweißverdauung notwendig. Man konnte nun feststellen, daß Menschen mit einem grundsätzlich hohen Pepsinogenspiegel wahrscheinlicher an einem Magen-/Zwölffingerdarmgeschwür erkranken, wenn sie zudem unter Streßeinfluß stehen, der ja die Salzsäureproduktion zusätzlich erhöhen kann.

Bluthochdruck. Belastende Ereignisse, wie ständiger Ärger, Angst, das Gefühl der Überforderung in Familie und Beruf oder Unglücksfälle, können zu einem erhöhten Blutdruck führen.

Entscheidend ist dabei, wenn man belastenden Ereignissen ausgesetzt ist, daß man keinen (erfolgreichen) Einfluß auf diese Ereignisse hat oder nicht zu haben glaubt. Man erhält dann immer weniger den Eindruck, über sein Leben, seine Aufgaben und seinen Körper Kontrolle zu haben. Treten solche belastenden Ereignisse und mangelnde Kontrollmöglichkeiten sowie die damit verbundene Blutdruckerhöhung häufig und regelmäßig über einen längeren Zeitraum auf, so kann sich dadurch schrittweise Bluthochdruck aufbauen. Eine gewisse Vorbelastung könnte außerdem dabei eine Rolle spielen. Z. B. kann durch Gefäßzusammenziehung der Strömungswiderstand des Blutes in den Arterien erhöht sein. Hierüber weiß man jedoch noch nichts Endgültiges. Körperlich feststellbar tritt jedenfalls eine Verengung der Arterien ein, die die Gefahr von Herzattacken und Schlaganfällen erhöht.

Bronchialasthma. Die Ursachen von Asthma können vielfältig sein. Asthma kann durch *allergische Reaktionen* der Atemwege, durch Infektionen, körperliche Anstrengungen oder psychische Faktoren ausgelöst werden. Normalerweise harmlose Substanzen, wie Pollen und Staub, können in Kombination mit einer angeborenen oder erworbenen Überempfindlichkeit der Atemwege Asthma verursachen. Akute oder ständige Infektionen, wie die am häufigsten auftretende Bronchitis, können das Atemsystem für Asthma anfällig machen. Aber auch psychische Faktoren können die Entwicklung von Asthma ungünstig beeinflussen; vor allem Ängste, Anspannung, Depression, Wut und die Erwartung eines freudigen Ereignisses können sich auf diese Weise auswirken. Besonders eine zu starke Beachtung der Erkrankung, eine zu große Rücksichtsnahme und Verwöhnung wirken derart »belohnend« und angenehm, daß das Asthma vermehrt beachtet und dadurch nicht reduziert wird.

Asthma tritt gehäuft bei Kindern auf und ist durch eine gezielte pharmakologische Behandlung sehr gut beeinflußbar; eine solche Behandlung hilft auch bei schweren Formen des Asthmas. Interessant und zugleich alarmierend ist allerdings, daß in den letzten

Jahren immer jüngere Kinder mit teilweise massiven psychosomatischen Erkrankungen (z. B. Magengeschwüren) beobachtet werden.

Wie kann man helfen?

Psychosomatische Erkrankungen können nur von Ärzten oder Psychotherapeuten mit sehr guten medizinischen Kenntnissen behandelt werden. Die Hilfe eines Laien beschränkt sich auf wenige Möglichkeiten. Zunächst muß darauf geachtet werden, daß die *therapeutischen Ratschläge konsequent umgesetzt* werden. Sicherlich wird es in vielen Fällen notwendig sein, die belastende Situation (z. B. ständige Überforderung in der Schule) zu verändern. Bei all diesen Bemühungen muß man darauf achten, daß der psychosomatisch Kranke *nicht zu sehr behütet* und *beschützt* wird. Diese gutgemeinte Absicht hält die Symptomatik aufrecht, verhindert, daß der Kranke bewältigbaren Anforderungen nachkommt, und macht ihn unselbständig. Kein Kind oder Jugendlicher wird es einsehen, freiwillig eine Geborgenheit oder Bequemlichkeit aufzugeben, auch wenn diese durch eine langandauernde psychosomatische Erkrankung »erzwungen« wird. Ganz im Gegensatz zu diesem Wunsch vieler psychosomatisch Kranker soll eine »gesunde« Belastungsfähigkeit wieder erreicht werden und erhalten bleiben. Man muß demnach psychosomatisch Erkrankten bewältigbare Aufgaben anbieten und *nicht* abnehmen. Sie sollen ein *»normales«* Leben führen, sich sogar sportlich aktivieren und auf keinen Fall die Erkrankung zum *beherrschenden* Faktor des Lebens werden lassen.

Wie hilft der Fachmann?

Wesentlich und vorgeordnet ist, daß ein Arzt abklärt, ob eine reine Organerkrankung vorliegt oder nicht. Lassen sich organische Ursachen ausschließen, sollte der Fachmann eine »Verhaltensanalyse« anstreben. Hierbei muß herausgefunden werden, was unmittelbar, bevor das Symptom (z. B. der Asthmaanfall) auftritt, passiert und welche Dinge danach folgen (z. B. die Mutter bemüht sich besonders um das Kind). Besonders der jugendliche Patient kann hier durch Selbstbeobachtungen schon sehr viel mithelfen, aber auch die Angehörigen, die mit dem Patienten leben. Bei der anschließenden *Behandlung* einer psychosomatischen Erkrankung kann man dann *drei Ebenen* unterscheiden.

Die körperliche Ebene. Entspannung und Ruhe kann man sehr gut durch das *autogene Training* oder ein ähnliches Verfahren erreichen, das man als progressive Muskelentspannung bezeichnet, und aus der abwechselnden An- und Entspannung bestimmter Muskeln besteht. Unter therapeutischer Anleitung kann man zur Schmerzlinderung die *Hypnose* und sogenannte *»Biofeedback-Verfahren«* einsetzen. Ziel der mit großem Erfolg eingesetzten Biofeedback-Verfahren ist es, biologische Funktionen (Bluthochdruck, Hauttemperatur, Herzfrequenz) dem Körper bewußt zurückzumelden. Durch diese Rückmeldung können Körperfunktionen willentlich beeinflußt werden. Technisch läuft der Vorgang wie folgt ab: Man erfaßt mit physiologischen Meßgeräten (z. B. Pulsmesser) Körperfunktionen und verstärkt diese in der Weise, daß sie dem Patienten seh- und hörbar gemacht werden können. Eine solche Sitzung dauert ca. 30 bis 60 Minuten, und 10 solcher Treffen genügen, um über die gelernte *Selbstkontrolle* viele psychosomatische Beschwerden spürbar zu verringern.

Die gefühlsmäßige und Vorstellungsebene. In vielen Fällen muß der Patient auch die Sichtweise über ihn betreffenden Dinge ändern. So ist es ungünstig, beispielsweise jede Frage im Schulunterricht als lebenswichtig anzusehen und zu glauben, sie beantworten zu müssen und sich damit selbst einem Dauerstreß auszusetzen. Ein Jugendlicher sollte auch Entscheidungen treffen können, von denen die Eltern nicht begeistert sind und darf nicht jede kontroverse Diskussion als Ausdruck einer Familienkrise begreifen.

Die Verhaltensebene. Die meisten psychosomatisch Erkrankten schränken durch ihre Krankheit ihr Sozialverhalten ein. So geht der Jugendliche mit einer Dickdarmentzündung (Colitis) nicht mehr aus, da Situationen entstehen können (wie beständiger Stuhldrang, Abgang von Blut und Schleim), in denen er keine Toilette in greifbarer Nähe hat. Seine »Häuslichkeit« wird dann noch von den Eltern als wünschenswertes »braves« Verhalten angesehen, so daß dieser Jugendliche sich durch seine psychosomatische Erkrankung selbst gefangen hält. In anderen Fällen wird der Familienablauf nach dem psychosomatisch erkrankten Jugendlichen ausgerichtet; auch hier werden die Verhaltensmöglichkeiten eingeschränkt und die Familie zudem unnötig belastet. Alle beschriebenen Fälle machen eine Verhaltensübung im Rollenspiel zur besseren Bewältigung von Situationen, z. B. in Gruppentrainings, erforderlich. In Trainingsgruppen können psychosomatisch Erkrankte in 15 bis 20 Treffen lernen, neues Verhalten einzuüben. Durch dieses Vorgehen werden Ängste abgebaut und zugleich wird gelernt, sich in der Rolle des »Gesunden« zurechtzufinden.

Literatur

* *Köhler, T.:* Psychosomatische Krankheiten. Stuttgart: Kohlhammer, 2. erweiterte Auflage, 1989.
Petermann, F. & Lecheler, J. (Hrsg.): Asthma bronchiale im Kindes- und Jugendalter. München: Quintessenz, 1991.
* *Subak-Sharpe, G.:* Asthma. München: BLV, 1990.

Adressen

Kinder- und Jugendpsychiater, Kinderärzte, Psychosomatische Kliniken, Psychotherapeuten.

Pubertätsmagersucht

Beispiel 1
*Marlene, 17 Jahre, befindet sich im »Eßstreik«, da sie sich
als unausstehlich dick empfindet, obwohl sie schon 25%
unter ihrem Idealgewicht liegt. Zu Hause spricht Marlene
sehr viel vom Essen, Dickwerden, berechnet ständig Kalorien und ißt immer weniger. Marlenes Eltern sind sehr beunruhigt und reden abwechselnd im Guten und im Bösen, das
heißt wütend, auf sie ein – aber es fruchtet nicht. Marlene
treibt viel Sport, kann kaum ruhig sitzen und läuft ziellos
umher. Sie ist ständig von der Angst getrieben zuzunehmen.
Man hat den Eindruck, Marlene wird nie müde, und sie
benötigt auch ganz wenig Schlaf.*

Beispiel 2
*Lilly, 20 Jahre, hat seit vielen Monaten erhebliches Unterge-
wicht, und ihre Regelblutung hat ausgesetzt. Man hat den
Eindruck, Lilly hat Freude am Abnehmen. Auch wenn Lilly
sehr wenig ißt, spürt sie ein Völlegefühl. Zudem sind andere
Körpergefühle, wie das Kälte- und Wärmeempfinden,
gestört. Nachts hat Lilly Heißhungeranfälle und ißt große
Mengen. Danach ekelt sie sich vor sich selbst und tut alles,
um das sich Einverleibte zu erbrechen. Lilly hat keine
Freunde. Das einzige, was sie am Leben interessiert, ist
»abnehmen«. Die Angst, die Kontrolle beim Essen zu verlieren, spornt sie dazu an.*

Was ist gemeint?

Die Pubertätsmagersucht, auch Anorexia nervosa genannt, tritt
zu 80 bis 95% bei *Mädchen* und *jungen Frauen* auf und nur ganz
selten bei männlichen Jugendlichen. Dies könnte eventuell damit

erklärt werden, daß das Appetitverhalten bei Frauen und Männern unter Streßeinwirkung unterschiedlich ist. In der Regel bewirkt leichter Streß eine vermehrte Nahrungsaufnahme und starker Streß eine verminderte. Frauen weichen davon häufiger ab als Männer. Schwere Fälle von Pubertätsmagersucht sind selten, und pro Jahr dürften es in der Bundesrepublik »nur« einige Hundert sein. Die Zahl ist jedoch in den letzten zwanzig Jahren stark gestiegen, und die Anzahl der leichten Fälle ist vermutlich sehr hoch. Magersüchtige findet man eher in der höheren als in der unteren sozialen Schicht. Die Kinder und Jugendlichen besitzen oft eine gute bis ausgezeichnete schulische Leistungsfähigkeit, haben selten Schwierigkeiten in der Schule und können ehrgeizig oder sogar leistungsbesessen sein.

Es handelt sich bei Pubertätsmagersucht um eine *Krankheit*, wobei das *Ziel* der Erkrankten darin besteht, durch *Nahrungsverweigerung* immer mehr abzunehmen. Als Variante der Nahrungsverweigerung kann auch *Erbrechen* auftreten, was ebenfalls zum gewünschten Gewichtsverlust führt. Von Pubertätsmagersucht spricht man, wenn innerhalb weniger Monate der Jugendliche mindestens 25% seines Ausgangsgewichtes verliert. Als *Folge* dieser »Gewaltkur« treten eine Vielzahl von körperlichen und psychischen Problemen auf, wobei das offenkundigste das Ausbleiben der Regelblutung darstellt. Wir gehen auf diese Folgen noch genauer ein.

Die Pubertätsmagersucht kann schon im *Alter* von 11 oder 12 Jahren auftreten; die meisten Fälle werden um das 15. bis 18. Lebensjahr registriert, und sogar 15% aller Erkrankungen beginnen erst Anfang bis Mitte des 20. Lebensjahres. Pubertätsmagersucht kann man demnach vom 11. bis ca. 25. Lebensjahr beobachten. Nach diesem Zeitraum verschwindet diese Störung oder kann in manchen Fällen in andere, meist chronische Krankheiten übergehen (z. B. Wahnvorstellungen, schizophrene Erkrankungen). In 10 bis 20% der Fälle führt das Aushungern zum Tode. Auch Selbstmorde werden berichtet. Im allgemeinen werden ein später Krankheitsbeginn, mehrmalige Behandlungsphasen (Krankenhausaufenthalte) und Übergewicht *vor* dem Ausbruch der Magersucht als *ungünstige Bedingungen* für eine Heilung angesehen.

Die *körperlichen Folgen* der Pubertätsmagersucht sind im wesentlichen Erscheinungen der Unterernährung, die sich z. B. in einem erniedrigten Blutzuckerspiegel oder geringem Ruhepuls mit ungefähr 60 bis 70 Schlägen pro Minute äußern. Weiterhin fällt auf, daß körperliche Impulse mißachtet werden: So wird Hunger nicht mehr empfunden, geringe Nahrungsaufnahme erzeugt ein Völlegefühl, das Kälte- und Wärmeempfinden ist gestört, das heißt, man friert bei starker Kälte im Winter nicht bzw. bei normal warmen Temperaturen von ca. 20 Grad Celsius tritt starkes Schwitzen auf, und das sexuelle Interesse ist meistens erloschen.

Sicherlich erzeugt diese massive Unterernährung auch *psychische Merkmale,* die das Bild der Pubertätsmagersucht bestimmen. Zunächst einmal ist für den Magersüchtigen kennzeichnend, daß ihm Abnehmen große Freude bereitet. Ein täglich minimal notwendiger Kalorienbedarf wird nicht eingesehen. Zudem werden die Ausmaße des Körpers falsch wahrgenommen. Es setzt sich die wahnhafte Idee fest, man sei zu dick – auch wenn man schon weit unter seinem Idealgewicht liegt. Deshalb treiben Pubertätsmagersüchtige oft viel Sport, um zusätzliche Pfunde zu verlieren. Sie sind phasenweise übermäßig stark aktiv und haben einen großen Bewegungsdrang. Pubertätsmagersüchtige sind sehr ängstlich, stark auf sich konzentriert und sozial isoliert. Kennzeichnend ist die Angst, die Kontrolle über das Essen zu verlieren, wenn man von seinem Hungerkurs abweichen würde.

Viele Pubertätsmagersüchtige essen heimlich (alleine in der Nacht), da sie Heißhungeranfälle bekommen. Dieses ungezügelte Essen versetzt Pubertätsmagersüchtige im nachhinein in einen solchen Schock, daß sie ein Erbrechen herbeiführen. Diese Prozedur führt zu einer großen Belastung von Herz und Kreislauf.

Was sind die Ursachen?

Obwohl mögliche Ursachen sehr vielfältig und in ihrem Zusammenwirken nicht endgültig erforscht sind, sollen einige angeführt werden. Es scheint sich nach den neueren Forschungsergebnissen eher um eine psychische Erkrankung als um eine körperliche zu handeln, jedoch mit starken körperlichen Auswirkungen. Das bedeutet, *organische Ursachen* für die starke Gewichtsabnahme können *nicht gefunden* werden. Zwei andere Ursachenbereiche lassen sich benennen: Die *Entwicklung des Jugendlichen* und die *Einbettung in die Familie*.

Die Entwicklung des Jugendlichen. Es liegt der Verdacht nahe, daß die Pubertät – also der Prozeß der sexuellen Reife – auslösend wirkt. So könnte der Jugendliche damit frauliche oder männliche Formen in den Hintergrund drängen oder übersteigert einem Schlankheitsideal nacheifern wollen. Schließlich dürfte auch in der verzerrten Körperwahrnehmung, die sich im Verlauf der Erkrankung verstärkt, eine weitere Ursache liegen. Ob bestimmte Verhaltensweisen, wie zwanghaftes, in sich gekehrtes, übermäßig ängstliches, empfindsames, eigensinniges und depressiv getöntes Verhalten die Erkrankung mitverursachen oder ein Ergebnis der Krankheit sind, ist schwer zu entscheiden.

Die Einbettung in die Familie. Viele Jugendliche können sich in diesem Entwicklungsabschnitt, der eine größere Unabhängigkeit von den Eltern erfordert, nicht verselbständigen. Somit kann Pubertätsmagersucht ein Ausdruck dafür sein, daß es dem Jugendlichen nicht gelingt, eigene Initiative zu entwickeln und ein Stück sich selbst zu bestimmen. Warum es als Folge dieser Krise zur Abmagerung kommt, ist letztlich ungeklärt.

Immer wieder fand man bei Pubertätsmagersüchtigen *ähnliche Familienkonstellationen.* Es zeigt sich eine dominierende, gewissenhafte Mutter, die ein eher passives und unselbständiges Kind bevorzugt, oder auch ein stark kontrollierender Vater. Manchmal ist der Vater auch eher passiv, kümmert sich wenig um Familie und Erziehung, ist kontaktscheu und auf sich konzentriert; er besitzt nicht unbedingt eine positive Beziehung zu seiner Tochter. Man könnte in diesen Fällen die Nahrungsverweigerung als »letztes« Mittel ansehen, von seiten des Jugendlichen auf die Eltern einzuwirken oder mit den vorhandenen Familienkonstellationen und Konflikten irgendwie klarzukommen. Dies bedeutet, daß *Einfluß wenigstens* in der Form ausgeübt werden soll, daß sich die Eltern um das Wohl des Kindes *bemühen* und *ängstigen*. Dazu bieten sich für das Kind zentrale Belange und Themen der Eltern an, z. B. Essen. Und in der Tat kreisen viele Familien mit Pubertätsmagersüchtigen ausschließlich um das Thema »Essen«. Alle Gespräche drehen sich entweder um die Diätvorschriften zur Gesunderhaltung des Körpers oder um die Notwendigkeit des Essens. Oft liegt in der Sorge um die Nahrungsaufnahme eine wesentliche Gemeinsamkeit der Familie. Bei den Bemühungen, das Kind zum Essen zu bringen, gelingt es dem Jugendlichen immer wieder, die Sorge, Ratlosigkeit und Verzweiflung der Eltern zu vergrößern. In dieser Situation gibt es für die Familie kaum noch Auswege.

Interessant ist schließlich, daß viele Kinder und Jugendliche tatsächlich *viel aßen* oder *sogar übergewichtig* waren, *bevor* sie magersüchtig wurden. Dies spricht dafür, daß sie nicht gelernt haben, wann sie hungrig und wann sie satt sind. Solche falschen Einschätzungen von Körpersignalen können auch *mit* eine Ursache von Magersucht sein.

Wie kann man helfen?

Für betroffene Familien ist es von großer Bedeutung, die *mangelnde Selbständigkeit* von Pubertätsmagersüchtigen *abzubauen*. Dies bedeutet, daß man ihnen nicht Entscheidungen oder Aufgaben abnimmt oder Kontakte aufgrund ihrer Krankheit unterbindet. So muß dem Jugendlichen ein eigener Bereich zugestanden werden, der sich vollkommen der Familie entzieht, z. B. ein eigenes Zimmer oder einen abschließbaren Wohnungsteil. Moralisierende Ansprachen und Bevormundungen müssen vermieden werden und die Gesprächsbereitschaft über Konfliktpunkte in der Familie, unter Umständen unter fachmännischer Anleitung, verbessert werden.

Kontrollierendes Verhalten, z. B. beim Essen, sollte ganz vermieden werden. Von ganz entscheidender Bedeutung ist es, das ständige Umkreisen des Themas »Essen« zu unterbrechen. So sollte der Streit um »wieviel essen« oder »mehr essen« unterbleiben, dem Thema »Essen« sollte so *wenig* wie möglich *Aufmerksamkeit* zukommen. Zugleich sollte ein größeres Nahrungsangebot, eine *entspanntere* und *angenehmere Atmosphäre beim Essen* bedacht werden, um so die Essenssituation für den Magersüchtigen wieder zu einem positiven, erstrebenswerten Erlebnis zu machen. Alle Themen, die sich mit *Freizeitgestaltung, Sozialkontakt* und ähnlichem beschäftigen, sollen in den *Mittelpunkt* gerückt und entsprechende Aktivitäten geplant sowie umgesetzt werden. *Unternehmungen* soll der Jugendliche selbständig durchführen, um so seine Unabhängigkeit zu fördern.

Wie hilft der Fachmann?

Die Ziele der Behandlung der Pubertätsmagersucht erstrecken sich auf zwei Bereiche: 1. Vermeidung der Gefahren des körperlichen Aushungerns und 2. Beseitigung der psychischen Störungen des Patienten. Das *erste Ziel* kann man bei schwierigen Fällen durch einen *Klinikaufenthalt* von mehreren Wochen erreichen. In diesem Zeitraum wird durch *Bettruhe, medikamentöser Behandlung* (z. B. durch die kombinierte Verabreichung von Insulin und Chlorpromazin) und die *Bekräftigung des Essens* therapiert. Dies kann durch Zuwendung oder durch Gewährung von Privilegien nach eingenommenen Mahlzeiten, für eine bestimmte Kalorienaufnahme oder eine Gewichtszunahme erfolgen. Schließlich ist auch eine *Rückmeldung* bezüglich der Essensmenge, aufgenommener Kalorien oder der Gewichtszunahme notwendig. Dadurch sollen falsche Sichtweisen und Einstellungen über Essen und Dickwerden korrigiert und gelernt werden, Hunger- und Sättigungsgefühle richtig einzuschätzen. Erst wenn die Folgen der Abmagerung halbwegs beseitigt sind, kann man das *zweite Ziel* anstreben und psychotherapeutisch arbeiten. Diese Arbeit dient im wesentlichen dem *Abbau der Ängste* des Jugendlichen. Weiterhin sollte das *Sozialverhalten verbessert* und das Interesse an *partnerschaftlichem* bzw. *sexuellem Verhalten geweckt* werden. Im Hintergrund dieser Bemühungen steht, das Lebensziel »Abmagerung« durch neue Ziele zu ersetzen. Es ist dabei ganz wesentlich, daß der Jugendliche erkennt, worin er sich von anderen *unterscheidet* und welche speziellen Fähigkeiten *er* besitzt.

Die meisten Therapeuten werden auch mit der *Familie* arbeiten, um die Behandlungserfolge längerfristig zu sichern. So wird bereits in der Zeit der Klinikbehandlung die Familie zu Problemgesprächen einbestellt und der *Jugendliche in die Familie »probebeurlaubt«*. Eine solche Probebeurlaubung zeigt, ob der Jugendliche in der Familie sofort wieder in sein »Hungerdasein« zurückfällt oder die erzielten Ergebnisse stabil bleiben. In den Familiengesprächen wird der Therapeut immer wieder darauf hinweisen, daß die *weitgehende Unabhängigkeit des Jugendlichen* von der Familie das *Hauptziel* der Behandlung darstellt. Die Eltern müssen solche Bestrebungen unterstützen, auch wenn es ihnen schwerfällt, um Rückschläge zu verhindern.

Literatur

* *Gerlinghoff, M., Backmund, H. & Mai, N.:* Magersucht. München: Psychologie Verlags Union, 1988.
Karren, U.: Die Psychologie der Magersucht. Bern: Huber, 2. Auflage, 1990.

Adressen

Kinder- und Jugendpsychiater, Kinderärzte, Psychosomatische Kliniken, Psychotherapeuten.

Schizophrenie

Beispiel 1
Michael, 20 Jahre, ist sehr kritikempfindlich und kann sich
schlecht konzentrieren. Manchmal schweifen seine Gedan-
ken ab, er hört sonderbare Stimmen und glaubt, daß sich
Teile seines Körpers verändern. Er berichtet, daß Fische an
seinen Beinen knabbern. Michael fühlt sich von anderen
verfolgt, glaubt, daß man ihn »abholen« und »einsperren«
will. Michael sieht Dinge und hat »Ideen«, die seine Familie
nicht begreifen kann.

Beispiel 2
Ulrike ist 22 Jahre alt und hat sich vollkommen von ihrer
Familie abgekapselt. Sie ist schwung- und motivationslos,
ihre Körperbewegungen zeigen manchmal heftige Erregung.
In der Regel wird ihr Verhalten jedoch durch Bewegungs-
starre bestimmt. Ulrike ist von Freunden und ihren Eltern
nicht ansprechbar. Man kann Ulrike nicht aus ihrer »Starre«
herausholen, sie reagiert zeitweise auf gar nichts mehr; sie
scheint in einer anderen Welt zu leben.

Was ist gemeint?

Fast die Hälfte aller *schweren* psychischen Störungen bezeichnen
wir als »Schizophrenie«. Der Begriff »Schizophrenie« löst fast
immer Angst und Schrecken aus, da er oft mit langen und
wiederholten Krankenhausaufenthalten verbunden wird. In der
Tat: Zwar haben sich im letzten Jahrzehnt die Krankenhausaufenthalte verkürzt, aber die erneute Einweisung ist in vielen Fällen
zu befürchten. Ca. 50% der Schizophrenen müssen innerhalb von
zwei Jahren nach ihrer ersten Krankenhausentlassung erneut in
Behandlung. Zwischen den sich wiederholenden Behandlungen

können in der Tat jahrelange Abschnitte liegen, in denen keine Auffälligkeiten zu beobachten sind.

Man versteht unter Schizophrenie eine Gruppe sogenannter »psychotischer Störungen«. Eine *Psychose* ist eine schwere Störung des Denkens, des Fühlens und des Handelns, die dazu führt, daß eine Person den Bezug zur Realität weitgehend verliert. Dieser Realitätsverlust drückt sich in dem Begriff »Schizophrenie« selbst aus, der »Spaltung der Seele« bedeutet und von Eugen Bleuler 1911 eingeführt wurde.

Die weiteren Ausführungen zur Schizophrenie beziehen sich auf das *Jugend-* und *junge Erwachsenenalter* und *nicht auf Kinder.* Dies hat folgende Gründe: Es ist fragwürdig, ob es so etwas wie eine Schizophrenie im Kindesalter gibt! Denn: Die sogenannte »Schizophrenie im Kindesalter«, die ca. ab dem 5. Lebensjahr eines Kindes diagnostiziert wird, sieht im Verhalten anders aus als die Schizophrenie bei Jugendlichen und Erwachsenen. Sie führt zudem nicht zwangsläufig zur Schizophrenie im Erwachsenenalter. Deshalb liegt der Schluß nahe, daß die sogenannte »Schizophrenie im Kindesalter« und die Schizophrenie bei Erwachsenen nicht unbedingt eng miteinander verbundene Störungen sind. Es ergibt sich ein weiteres Problem: Die Schizophrenie im Kindesalter läßt sich *schwer* vom Autismus *abgrenzen.* Bekannt ist allerdings, daß bei der »Kindheitsschizophrenie« die charakteristischen Wahnvorstellungen und Halluzinationen meistens fehlen oder zumindest selten auftreten. Insgesamt treten Kindheitspsychosen, worunter die Schizophrenie im Kindesalter fällt, äußerst selten im Vergleich zu anderen psychischen Störungen im Kindesalter auf (ungefähr 200 Fälle pro Jahrgang in der Bundesrepublik Deutschland).

Schizophrenes Verhalten läßt sich in mehrere umfassende Symptombereiche gliedern. Einige davon beschrieb der deutsche Psychiater Kraepelin schon vor 90 Jahren. Sie treffen auch heute noch zu. Jemand mit der Diagnose Schizophrenie weist aber nicht alle, sondern nur *einige* der folgenden Störungen (Symptombereiche) auf:

● **Denkstörungen.** Man unterscheidet *formale* und *inhaltliche*

Denkstörungen. Bei den *formalen Denkstörungen* handelt es sich um Äußerungen, die kaum einen Zusammenhang haben, um ungeordnete Sätze, um selbstkonstruierte Wörter (= Neologismen), die für einen anderen bedeutungslos sind und ähnliches. Die *inhaltlichen Denkstörungen* betreffen Wahnideen. Das heißt, die Denkinhalte selbst sind gestört. Die Wahnvorstellungen stehen dabei im Gegensatz zur Realität. Auch wenn das Gegenteil beweisbar ist, werden sie beibehalten und der Schizophrene erkennt und glaubt nicht, daß sein Verhalten ungewöhnlich ist. Wahnhafte Denkstörungen zeichnen sich also durch einen »Mangel an Einsicht« aus. Beispiele für Wahnideen sind der *Beeinflussungswahn* (man glaubt, durch eine äußere Kraft manipuliert zu werden), der *Größenwahn*, der *Verfolgungswahn*, *Gedankeneingebung* (fremde Gedanken werden angeblich von einer äußeren Quelle in den Verstand des Schizophrenen eingegeben) oder »*gemachte Handlungen*« (eine äußere Kraft manipuliert den Schizophrenen zu irgendwelchen Handlungen).

● **Wahrnehmungs- und Aufmerksamkeitsstörungen.** Zu den Wahrnehmungsstörungen gehört eine veränderte Körper- und Sinneswahrnehmung. Der Körper wird z. B. als nicht zur Person gehörig empfunden, oder Körperteile verändern sich in ihrer Größe in der Wahrnehmung des Schizophrenen. *Sinnestäuschungen* treten am häufigsten im akustischen Bereich auf; beispielsweise streitende oder ständig das eigene Tun kommentierende Stimmen hören. Die *Aufmerksamkeitsstörungen* bewirken eine Einschränkung in der Weise, daß zwei Tatbestände nicht gleichzeitig wahrgenommen werden können. Manche Patienten können sich z. B. beim Fernsehen nicht auf Bild und Ton gleichzeitig konzentrieren, sondern registrieren nur eine Informationsquelle.

● **Motorische Störungen.** Sie betreffen Körper- und Bewegungsstörungen und umfassen Grimassieren oder einen eigenartigen Gesichtsausdruck. Gestikulierende Finger-, Hand- und Armbewegungen scheinen einen Zweck zu erfüllen. Manchmal ist das gesamte Aktivitätsniveau angehoben, z. B. aufgeregtes Hin- und Herbewegen, die Glieder wild in der Luft bewegen oder einen großen Energieaufwand betreiben. Manchmal tritt das extreme Gegenteil davon auf, nämlich eine Körperstarre, die katatone Unbeweglichkeit genannt wird. Es können ungewöhnliche, gleichbleibende Körperhaltungen über lange Zeiträume und eine wächserne Biegsamkeit der Glieder beobachtet werden. Das heißt, die Glieder können auch von anderen Personen, wie bei einer Wachsfigur, in eine fast beliebige Stellung gebracht werden.

• **Gefühlsstörungen.** Das bedeutet, daß der gefühlsmäßige Ausdruck in irgendeiner Form unangemessen ist. Zum einen kann es sein, daß überhaupt *keine gefühlsmäßige* Reaktion gezeigt wird. Ein apathisches, ausdrucksloses Gesicht, mit schlaffen Gesichtsmuskeln und leblosen Augen sowie eine monotone, tonlose Stimme sind typisch. Zum anderen kann eine gefühlsmäßige Reaktion *nicht zum Ereignis passen,* wie Lachen bei einem Todesfall, Wutausbruch bei einer banalen Frage. Ein *schneller Wechsel* des gefühlsmäßigen Ausdrucks ohne ersichtlichen Grund kann sich zeigen. Zum dritten können sich *positive* und *negative Gefühle gleichzeitig* auf eine Person oder ein Objekt konzentrieren (z. B. etwas lieben und hassen zugleich).

• **Soziale Störungen.** Sie äußern sich in starkem Rückzugs- und autistischem Verhalten. Der Schizophrene zieht sich immer mehr vom Kontakt mit der Welt zurück und konzentriert sich ausschließlich auf sich. Dies äußert sich in mangelndem Interesse an den Ereignissen um ihn herum. Er läßt sich nicht auf soziale Kontakte ein, hat kaum Freunde, interessiert sich nicht für das andere Geschlecht und vermeidet aktiv enge Beziehungen zu anderen. Dadurch verliert er eine realistische Beziehung zum Alltag und kann zwischen seinen Gedanken sowie Phantasien einerseits und der Realität andererseits nicht mehr unterscheiden.

Einige Typen schizophrener Erkrankung. Vielfach gliedert man die Erscheinungsformen der Schizophrenie in verschiedene Typen. Die Untergliederung von Kraepelin in *paranoid* und *nicht-paranoid schizophren* hat sich als nützlich herausgestellt und wurde beibehalten. Paranoid schizophren meint die Erkrankung mit vorübergehenden Wahnideen. Der paranoid Schizophrene verhält sich ansonsten »normal«, und die Erkrankung hat einen guten Verlauf. Der nicht-paranoid Schizophrene leidet nicht an Wahnideen, aber an einer oder mehreren der anderen Störungen wie Wahrnehmungs- und Aufmerksamkeitsstörung, motorische oder soziale Störung. Eine weitere Untergliederung bezieht sich auf *akut* und *chronisch* schizophren. Bei der akuten Schizophrenie ist der Beginn plötzlich, die Erkrankung ist deutlich erkennbar und ausgeprägt. Sie entwickelt sich wahrscheinlich sehr häufig kurz nach einem kritischen Ereignis oder Erlebnis im Leben einer Person; vorausgesetzt, daß das Erlebnis gefühlsmäßig sehr schmerzhaft war. Die chronische Schizophrenie weist einen weniger günstigen Verlauf auf als die akute und die paranoide Schizophrenie. Man versteht darunter den allmählichen, sich über Jahre hinziehenden Beginn der Erkrankung. Der Patient zieht sich immer mehr von seiner Umwelt zurück. Man kann den Beginn der Erkrankung nicht genau bestimmen, und man kann keinen Zusammenhang zu einem bestimmten Ereignis erkennen. Ein als chronisch schizophren diagnostizierter Patient weist in der Regel einen Klinikaufenthalt über zwei Jahre auf.

Was sind die Ursachen?

Die meisten Ergebnisse zur Ursachenforschung der Schizophrenie deuten auf das Diathese-Streß-Modell hin (→ Seite 15 f.). Es spielen wahrscheinlich sowohl Erb- als auch Umweltfaktoren sowie vermutlich auch biochemische Faktoren eine Rolle.

Erbfaktoren. Man konnte bei Untersuchungen mit adoptierten Personen und Zwillingen, die einen leiblichen schizophrenen Elternteil hatten, feststellen, daß die Wahrscheinlichkeit einer Erkrankung bei diesen Personen größer ist als bei solchen, ohne schizophrenen Elternteil. Es ist jedoch falsch zu sagen, die Schizophrenie ist ausschließlich vererbt.

Umweltfaktoren. Die *Beziehungen in der Familie* sind scheinbar auch nicht unwesentlich für eine Erkrankung. Man kann z. B.

beobachten, daß im Familienleben Schizophrener offensichtlich eine unklare Kommunikation und ungelöste Konflikte herrschen. *Ängstliche* und *Sozialkontakt vermeidende* Kinder und Jugendliche sind eher gefährdet, schizophren zu erkranken. Gehäuft bei schizophren Erkrankten findet man, daß diese als Heranwachsende bzw. junge Erwachsene keine sozialen Aktivitäten unternehmen und keine angemessene sexuelle Beziehung zustande kommt. Als *Vorboten der Schizophrenie* lassen sich demnach Probleme im Kontakt zu anderen, z. B. aus Scheu und Unsicherheit feststellen. Oft findet man *belastende Lebensereignisse* (wie der plötzliche Tod einer nahestehenden Person) oder dauernde Belastungen (wie langandauernde körperliche Erkrankungen) am Beginn einer schizophrenen Erkrankung. Es wäre jedoch zu einfach anzunehmen, daß allein solche von »außen« kommende Bedingungen Schizophrenie begründen. Entscheidend ist, ob es gelingt, mit solchen Belastungen fertig zu werden.

Biochemische Faktoren. Jüngste Ergebnisse zeigen, daß biochemische Faktoren auf die Entwicklung von Schizophrenie auch nicht auszuschließen sind. Eine erhöhte Dopaminproduktion könnte eine gewisse Rolle spielen. Dopamin ist ein Vorläufer des Hormons »Noradrenalin« und für die Übertragung eines Nervenreizes von einer Nervenzelle auf eine andere im Zentralnervensystem wichtig. Endgültige Belege gibt es aber auch hier noch nicht.

Faktoren der Wiedererkrankung. Da es sich bei der Schizophrenie um eine Erkrankung handelt, die immer wieder auftreten kann, auch wenn der Patient aus der Klinik entlassen wird, müssen wir auch die Ursachen, die eine *Wiedererkrankung* begünstigen, anführen. Das Risiko einer Wiedererkrankung wird dabei entscheidend von der Art und dem Verlauf der Ersterkrankung geprägt. Eine Wiedererkrankung ist *unwahrscheinlich* wenn,

- eine gute zwischenmenschliche Beziehung in einer Partnerschaft, Ehe bzw. Familie vorliegt,
- bei der ersten Erkrankung deutlich erkennbare Erscheinungsformen schnell auftraten und

- sich durch die Behandlung eine schnelle Verbesserung einstellt.

Entsprechend *ungünstig wirkende* Faktoren wären demnach:

- ein langsamer Beginn der ersten Erkrankung,
- besonders schwerwiegende Erscheinungsformen, wie ein passives und zurückgezogenes Verhalten, und
- ein schlechtes Ansprechen auf die Behandlung und ein ungünstiger Verlauf.

Wie kann man helfen?

Möglichkeiten zu helfen, bestehen für Angehörige wie für Laienhelfer. Die Möglichkeiten beziehen sich auf die *Wiedereingliederung* von schizophrenen *Klinikpatienten* in den Alltag und auf die Arbeit mit der Gruppe der *Angehörigen*.

Kennzeichnend für viele schizophrene Patienten ist, daß durch längere und/oder häufige Klinikaufenthalte ihre *Entscheidungs*- und *Kontaktfähigkeit* einerseits sowie ihre *Fähigkeiten für alltägliche Aufgaben* andererseits *verkümmert* sind. Dies führt zu initiativelosem und unselbständigem Verhalten, das durch Kontaktangebote, gemeinsame Freizeitaktivitäten und anfangs kleinen Alltagsaufgaben und Pflichten durchbrochen werden kann. Diese Hilfestellung von Angehörigen und Laien wird immer dann erfolgreich sein, wenn dem Klinikpatienten Wege zu einer größeren Selbständigkeit gezeigt und selbständige Aktivitäten konsequent abverlangt werden. Ziel der Hilfe ist damit nicht ein einengendes, mitleidgetragenes »Bemuttern«, sondern das *Hinführen zur Eigeninitiative;* und zwar bei alltäglichen Aufgaben wie bei der Kontaktaufnahme und -gestaltung mit anderen. Das Ziel muß dabei abgestuft und schrittweise angestrebt werden. So muß die anfänglich notwendige Hilfestellung (z. B. beim Planen und Zubereiten von Mahlzeiten) im Laufe der Zeit schrittweise zurückgenommen werden.

Die Laienhilfe im Rahmen der Arbeit mit Angehörigen sollte in regelmäßig stattfindenden Gesprächskreisen erfolgen. Das wesentliche Ziel dieser Treffen ist Verständnis für die Situation des Betroffenen zu schaffen. Für die Angehörigen schizophrener Patienten ist es von Vorteil zu erfahren, wie andere Betroffene oder Laien ihre Ängste und Probleme im Umgang mit der für viele von uns unheimlichen Krankheit »Schizophrenie« in den Griff bekommen haben. In diesen Gesprächskreisen ist es möglich, über die Vorurteile der Umwelt gegenüber dieser Erkrankung zu reden. Zu einem späteren Zeitpunkt sind auch Gesprächskreise von Laien, Angehörigen *und* Betroffenen möglich. Solche Gesprächsgruppen spielen sicherlich im Rahmen der sozialen Wiedereingliederung schizophrener Patienten in den Alltag eine wichtige Rolle. Man sollte jedoch von einer Selbsthilfegruppe keine therapeutischen Hilfen in schweren Krisen erwarten.

Wie hilft der Fachmann?

Die Möglichkeiten lassen sich in *medikamentöse* Formen der Behandlung und *psychotherapeutische* Maßnahmen trennen.
Medikamentöse Behandlung. Der größte Teil der an Schizophrenie Erkrankten wird durch beruhigende Medikamente behandelt. Es handelt sich um phenothiazinhaltige Pharmaka, z. B. Chlorpromazin. Durch diese Medikamente wird vermutlich die erhöhte Dopaminaktivität gehemmt. Die Medikamente werden auch antipsychotische Pharmaka genannt. Diese Behandlung bewirkt zwar, daß langfristige Klinikaufenthalte immer seltener werden. Die »Wiederaufnahmen« in den Krankenhäusern nehmen jedoch zu (»Drehtür-Psychiatrie«). Diese unangenehme Nebenwirkung ist vor allem dann unvermeidbar, wenn psychologische Behandlungen und Hilfestellungen nicht gegeben werden. Darüber hinaus führt eine langfristige Behandlung mit Medikamenten zu erheblichen Nebeneffekten:

- Belastungen des Kreislaufs: zu niedriger Blutdruck, Gleichgewichts-, Sehstörungen,
- Gelbsucht,

- Trockener Mund,
- Starre und Zittern der feinen Willkürmuskulatur: z. B. Zittern der Glieder, des Halses, des Gesichtes, Sprech-, Schluck- und Kaubeschwerden, steifer Gang,
- Bewegungsstörungen: z. B. unwillkürliches Zusammenziehen der Mundmuskeln, Saug-, Schmatz- und Wackelbewegungen und
- Abgeschlagenheit, Konzentrationsschwierigkeiten.

Diese kritische Bewertung einer medikamentösen Behandlung bedeutet nicht, daß diese überflüssig ist. Sie ist für Krisenabschnitte im Krankheitsverlauf notwendig. Eine medikamentöse Behandlung muß jedoch langfristig durch psychotherapeutische Maßnahmen abgelöst werden.

Psychotherapeutische Behandlung. Sehr wichtig im Verlauf der Genesung ist es, die *Mängel im Sozialverhalten* des an Schizophrenie Erkrankten abzubauen. Dazu werden Verhaltensübungen durchgeführt. Solche Verhaltensübungen beziehen sich auf die Verbesserung der Durchsetzungs- und Kontaktfähigkeit sowie auf den Aufbau einer *angemessenen Selbstbewertung* ohne Über- oder Unterschätzung der eigenen Fähigkeiten. Ganz wichtig, vor allem bei jugendlichen Patienten, ist es, daß die Ablösungsproblematik von den Eltern bearbeitet und ihnen eine größere Eigenständigkeit ermöglicht wird.

Verhaltensweisen, wie die oben genannten, kann man mit Hilfe von *Rollenspielen* in einer *Gruppe* von Patienten *einüben*. Von großer Bedeutung ist die Gruppensituation, um Sozialverhalten direkt zu praktizieren. Solche Fertigkeiten werden oft im Vorfeld schon durch die sogenannte *»Arbeits- und Beschäftigungstherapie«* vorbereitet. Durch diese Arbeits- und Beschäftigungstherapie erleben die Patienten schon in einem frühen Stadium ihrer Erkrankung, daß sie noch leistungsfähig sind und Belastungen bewältigen können. Die im Rollenspiel geübten Verhaltensweisen müssen schließlich langsam *auf den Alltag übertragen* werden, in dem sie »in vivo«, also in realen Situationen, ausgeführt werden.

Die Kombination von anfänglicher medikamentöser Behandlung, Arbeits- und Beschäftigungstherapie sowie Verhaltenseinübung im Rollenspiel und deren Übertragung in die eigene Welt stellt einen idealen therapeutischen Weg dar.

Literatur

Fiedler, P., Niedermeier, T. & Mundt, C.: Gruppenarbeit mit Angehörigen schizophrener Patienten. München: Psychologie Verlags Union, 1986.

Roder, V., Brenner, H. D., Kienzle, N. & Hodel, B.: Integriertes psychologisches Therapieprogramm für schizophrene Patienten (IPT). München: Psychologie Verlags Union, 2. Auflage, 1991.

Adressen

Kinder- und Jugendpsychiater, Kinder- und Jugendpsychiatrische Kliniken bzw. Landeskrankenhäuser, Psychotherapeuten. Gesundheitsämter (Angebote für Gruppen im Rahmen einer Nachbetreuung).

Schlafstörungen

Beispiel 1
Ute, 4 Jahre, schläft kaum eine Nacht durch und kommt jede
Nacht in das Bett ihrer Mutter gekrochen. In einer Nacht
wacht Ute mindestens zweimal auf, wird unruhig und verläßt
ihr Bett. Die Mutter ist inzwischen über die nächtlichen
Besuche verärgert und möchte endlich ihre Ruhe haben.

Beispiel 2
Franz, 8 Jahre, möchte abends nicht ins Bett und hat Angst
vor der Dunkelheit. Abends fallen Franz tausend Dinge ein,
die dringend noch vor dem Zubettgehen erledigt werden
müssen. Wenn Franz dann endlich im Bett liegt, kann er
mindestens eine Stunde lang nicht einschlafen und läuft dann
auch manchmal noch durchs Haus. Damit jedoch noch nicht
genug. In der Nacht wacht Franz auf und schreit nach Hilfe –
er ist völlig verängstigt und weckt seine Eltern auf.

Was ist gemeint?

Von einer Störung des Schlafes spricht man, wenn diese regelmäßig oder zumindest zweimal in der Woche auftritt. Bei Kindern
und Jugendlichen kann *man drei große Gruppen von Schlafstö-*
rungen unterscheiden. Zunächst einmal gibt es *Durchschlafstö-*
rungen, die die häufigste Beeinträchtigung darstellen. Eine
Durchschlafstörung bedeutet, daß das Kind zweimal oder mehrmals in der Woche nachts erwacht und aufsteht, im Haus herum-
läuft, Geschwister und Eltern mobilisiert, bei ihnen im Bett
schlafen will usw. Solche Aussagen beziehen sich nicht auf das
erste Lebensjahr, da in diesem Alter der Schlaf- vom Wachzu-
stand noch nicht unterschieden werden kann und sich der sogenannte »Tag-Nacht-Rhythmus« erst am Ende des ersten Lebens-

jahres ausbildet. Die zweithäufigste Gruppe betrifft die *Einschlafstörungen*. Hierunter versteht man die Tatsache, daß ein Kind mehr als eine halbe Stunde benötigt, um einzuschlafen, nachdem es zu Bett gebracht wurde. Oft haben diese Kinder Ängste vor der Dunkelheit und versuchen, das Zubettgehen hinauszuzögern. Eine dritte Gruppe von Schlafstörungen bezieht sich auf das *nächtliche Erwachen* aus dem Schlaf. Diese Erscheinungsform ist mit dem ängstlichen Rufen und Schreien nach den Eltern verbunden und tritt oft kombiniert mit einer anderen Art von Schlafstörung auf. Oft werden diese Kinder von Alpträumen aus dem Schlaf gerissen, weinen, jammern, zittern vor Angst, wissen nicht, wo sie sind, sehen wilde Tiere, Teufel, Gespenster und anderes, sind nicht ansprechbar und erinnern sich am nächsten Morgen an nichts mehr. Die massiven Angstträume charakterisieren nächtliches Erwachen und bilden einen Unterschied zu den Durchschlafstörungen.

Neben den genannten Schlafstörungen treten einige weitere, sehr seltene Beeinträchtigungen auf, wie z. B. ein verfrühtes Aufwachen (vor 5 Uhr in der Früh) oder ein verschobener Schlaf-Wach-Rhythmus, das heißt, diese Kinder schlafen nicht in der Nacht, sondern holen ihren Schlaf regelmäßig in mehreren Abschnitten am Tage nach. Mit diesen, weniger als 5% aller Fälle ausmachenden Schlafstörungen wollen wir uns hier nicht auseinandersetzen.

Was sind die Ursachen?

Als Ursachen für Schlafstörungen können *Konflikte* und *Spannungen* in der Familie, zwischen Mutter und Kind oder in der Schule sowie *Ängste,* Schulängste, Überforderung des Kindes oder bei jungen Kindern auch *Hunger* angeführt werden. Eine *Veränderung* der äußeren Schlafsituation des Kindes kann ebenfalls zu Schlafstörungen führen. Im allgemeinen geht man davon aus, daß es dem Kind nicht mehr möglich ist, die Eindrücke und Erlebnisse eines Tages zu *verarbeiten*. So können Kinder auch durch den mehrmals täglich stattfindenden Wechsel von Bezugspersonen (z. B. Kindergärtnerinnen, Großmutter, Eltern) oder durch besonders aufregende, abwechslungsreiche Tage so überreizt werden, daß sie aus dieser Anspannung heraus keine Ruhe finden. Ähnliche Einflüsse besitzen sicherlich auch spannungsreiche *Fernseh-* oder *Kinofilme,* besonders am Abend, wenn nicht mehr mit dem Kind darüber gesprochen wird. *Schwere Schockerlebnisse,* beispielsweise eine Trennung von den Eltern, Tod eines Familienmitgliedes bzw. einer vertrauten Person, aber auch *intensives Erschrecken* durch laute oder ungewöhnliche Geräusche, die das Kind zugleich während des Schlafes aufwekken, können zur Entwicklung von Schlafstörungen beitragen.

In einigen Fällen sind die Ursachen von Schlafstörungen nicht so deutlich erkennbar. So kann z. B. die *Angst vor* der *Dunkelheit* Einschlafen erschweren. Ebenso können für das Kind *unvorhergesehene Verhaltensweisen,* denen man als Erwachsener geringe Beachtung und Bedeutung beimißt, erhebliche Auswirkungen haben. Ein solcher Fall tritt ein, wenn ein jüngeres Kind nachts erwacht und unerwartet die Eltern nicht vorfindet, da diese, nachdem das Kind eingeschlafen war, spontan z. B. Nachbarn besuchen. Ein solches unvorhergesehenes Ereignis löst Angst aus. Das Kind wird sich deshalb nach einem so schockierenden Ereignis weigern, einzuschlafen, da es Angst hat, wieder unerwartet alleingelassen zu werden.

Oft wird dann auch die Art und Weise, wie Eltern *mit* einmaligen *Schlafstörungen* ihres Kindes *umgehen,* eine länger andauernde Schlafstörung erst hervorrufen oder eine vorhandene Schlafstörung besonders festigen. Zu intensive Zuwendung beim Aufwachen des Kindes und Herausholen aus der Schlafzimmeratmosphäre in ein »belebtes Zimmer« verstärken die Durchschlafstörungen. Einschlafstörungen können durch einen nicht eingehaltenen Zubettgeh-Rhythmus vergrößert werden. Bei Kindern wird ein Zubettgeh-Rhythmus durch regelmäßige Abschiedsphasen (z. B. mit einer Gute-Nacht-Geschichte) oder die Mitnahme eines Kuscheltieres und durch regelmäßige Einschlafzeiten geprägt.

Wie kann man helfen?

Eltern sollten einige Regeln im Zusammenhang mit dem Zubettgehen beachten, um damit wirksam Schlafstörungen vorzubeugen und diese einzudämmen. Diese Regeln sollen kurz aufgeführt werden:

- Das Zubettgehen sollte *nie eine Strafe* sein (»Wenn du jetzt nicht brav bist, mußt du gleich ins Bett!«).
- Für das Zubettgehen muß ein *fester Zeitpunkt* festgelegt werden, der von *wenigen* Ausnahmen im Jahr abgesehen, zuverlässig eingehalten wird.
- Vor dem Einschlafen sollte sich ein *Erwachsener* am Bett ungefähr 10 bis 20 Minuten *ausschließlich dem Kind widmen*, aufmerksam seinen Mitteilungen folgen oder z. B. eine Geschichte erzählen. Von großer Bedeutung ist dabei eine entspannte und ruhige Atmosphäre.
- *Kuschel-* und *Lieblingstiere* sind als »Bettkameraden« für das Kind wichtig. Sie geben Sicherheit und verringern Angst.
- Niemals aus dem Haus weggehen, nachdem das Kind eingeschlafen ist, ohne es *vorher informiert* und *vorbereitet* zu haben. Die Mitteilung soll aber nicht erst 5 Minuten vor dem Zubettgehen erfolgen, sondern schon am Nachmittag oder auch früher. Das Kind benötigt Zeit, um sich damit auseinanderzusetzen und darauf einzustellen.
- Kinder mit Angst vor Dunkelheit sollte man langsam durch Spiele, in denen man das Licht immer weiter zurücknimmt, an das *dunkle Zimmer gewöhnen*. Als Übergang kann man eine Nachtlampe oder ähnliches brennen lassen.
- Wird ein Schockerlebnis, das *Angst, Ärger* oder *Trauer* beim Kind ausgelöst haben kann, vermutet, so ist das Kind zu ermutigen, dies zu formulieren und *darüber* zu *sprechen*.
- Kann eine *Überforderung* hinter einer Schlafstörung stecken, so muß diese Situation *verändert* werden, so daß das Kind sich Aufgaben und Anforderungen wieder gewachsen fühlt.
- Bei Durchschlafstörungen, besonders ohne Angstträume, soll dem Kind *nicht zu viel Zuwendung* gegeben werden, sondern

es ist bei jedem Aufwachen gleichbleibend liebevoll, aber kurz und leise aufzufordern, sich wieder hinzulegen und zu schlafen. Die Eltern sollen sich dann von dem Kind entfernen und auf Rufen, Weinen oder Schreien, das nicht länger als 15 Minuten andauert, nicht eingehen. Erst nach dieser Zeit sollten die Eltern wieder nach dem Kind sehen und es in der gleichen Art wie vorher beschrieben zum Schlafen auffordern.

Wie hilft der Fachmann?

In einem Großteil der Fälle verordnet heute der Kinderarzt den Kindern *beruhigende Mittel* (z. B. Librium), und in der Regel können damit Erfolge erzielt werden. Diese Medikamente haben jedoch nur dann längerfristig positive Auswirkungen, wenn sich *zugleich* auch das *Verhalten der Eltern ändert,* so wie es oben gefordert wurde. Oft wird dazu eine psychologische Beratung mit den Eltern durchgeführt. Dabei muß auch das unsichere und ängstliche Verhalten der Eltern bei *Aufwachsituationen* abgebaut werden. Denn Angst und Unsicherheit der Eltern können zu dem ungünstigen Zuwendungsverhalten beim Aufwachen des Kindes führen und es dadurch aufrechterhalten. Wichtig ist vor allem, daß beruhigende Medikamente nicht über einen Zeitraum von zwei bis drei Monaten hinaus verabreicht werden. Kinder entwickeln nämlich noch schneller als Erwachsene eine Abhängigkeit von Medikamenten. Zudem lernen sie, daß Probleme *scheinbar* mit Tabletten zu beseitigen sind.

Weitere gute Möglichkeiten – gerade um Einschlafstörungen anzugehen – bietet bei den meisten, auch jüngeren Kindern das *autogene Training*. Hierdurch können die Kinder zeitweise sogar selbständig, unter Umständen mit Hilfe einer Kassette, Entspannungszustände herbeiführen, die ein problemloses Einschlafen ermöglichen.

Literatur

Friebel, V. & Friedrich, S.: Schlafstörungen bei Kindern. Stuttgart: Thieme, 1989.
Haslam, D.: Schlaflose Kinder – unruhige Nächte. Wenn Kinder nicht schlafen können. München: Kösel, 1985.

Adressen

Kinderärzte, Erziehungsberatungsstellen, frei praktizierende Diplom-Psychologen.

Selbstmord und Selbstmordversuch

Beispiel 1
Toni, 15 Jahre, hat wenig Freunde und ist ein mittelmäßiger
Schüler. Seine Eltern erwarten von Toni, daß er es weiter-
bringt als sie selbst. Deshalb soll er nach dem Wunsch seiner
Eltern das Gymnasium erfolgreich durchlaufen. Diesen Lei-
stungsdruck spürt Toni schon lange, und er hat niemanden,
mit dem er darüber reden kann. Er fühlt sich alleine und
zunehmend erschöpft – er hält diese Belastung nicht mehr
aus. Obwohl Toni sehr viel lernt und in der Schule sehr
bemüht ist, wird er nicht versetzt. Am Tag der Zeugnisaus-
gabe nimmt Toni eine Überdosis Schlaftabletten.

Beispiel 2
Michaela, 17 Jahre, hat schon viele schlechte Erfahrungen
gemacht: Sie verbrachte einige Jahre im Heim, und heute
lebt sie in einer Pflegefamilie, zu der sie keinen Kontakt
aufbauen konnte. Michaela sieht keinen richtigen Sinn in
ihrem Leben und fühlt sich auf der Welt überflüssig. Da
Michaela die Schule abgebrochen hat, findet sie keine Lehr-
stelle und ist arbeitslos – sie sieht auch nicht mehr ein, sich
zu engagieren. Vor kurzem hat sich ihr Freund von ihr
getrennt, da er Michaelas Trübsinnigkeit nicht mehr aushal-
ten konnte. Immer häufiger redet Michaela davon, wie schön
es wäre, wenn sie tot wäre. Niemand hört ihr zu und hält
ihre Überlegungen für beachtens- und nachdenkenswert.
Eines Tages liegt Michaela tot in der Garage – sie hat sich
mit Autoabgasen umgebracht.

Was ist gemeint?

Selbstmord ist in vielen westeuropäischen Ländern nach Ver-
kehrsunfällen die häufigste Todesursache von Jugendlichen und

jungen Erwachsenen. Unter Selbstmord versteht man das *freiwillige Ausscheiden* aus dem *Leben;* ein *Selbstmordversuch* ist davon zu *unterscheiden*. Selbstmordversuche sind ungefähr 7-bis 10mal so häufig als die Anzahl durchgeführter Selbstmorde.

Selbstmorde kommen bei Kindern seltener vor als bei Jugendlichen. Dies hängt wahrscheinlich damit zusammen, daß erst ein ca. 10jähriges Kind ein Verständnis vom Tod entwickelt. So treten bis zum 14. Lebensjahr kaum Selbstmorde auf, das heißt, sie konzentrieren sich auf den Lebensabschnitt von 15 bis 24 Jahren. Selbstmorde und Selbstmordversuche haben sich in den letzten dreißig Jahren bei Jugendlichen fast *verfünffacht*. In Großstädten tritt Selbstmord häufiger als in ländlichen Gebieten auf. Selbstmordversuche besitzen häufig einen *Appellcharakter* und können als verzweifelter Ausdruck dafür verstanden werden, auf eine unglückliche Lage aufmerksam zu machen. Solche Selbstmordversuche sind sehr häufig bei *weiblichen* Jugendlichen. Bei fast *jedem zweiten* Selbstmordversuch von Kindern und Jugendlichen besteht die *Gefahr der Wiederholung*.

Jungen und *Mädchen unterscheiden* sich darin, wie sie einen Selbstmord bzw. Selbstmordversuch in die Tat umsetzen. Mädchen verwenden am häufigsten Schlafmittel und andere Gifte (z. B. E 605), Jungen dagegen wählen nach statistischen Untersuchungen folgende Wege: Erhängen, Sturz aus einer Höhe, Schlafmittel, Gifte. Selbstmorde werden oft durch den Wunsch nach Ruhe, Schlafen und Vergessen geprägt.

Was ist die Ursache?

Auf den ersten Blick kann man vermuten, daß die Häufung von Selbstmorden und Selbstmordversuchen im Jugendalter durch die Schwierigkeiten der Pubertät und der Jahre danach vorgegeben ist. Man kann heute jedoch genauere Ursachen nennen. Als *häufigste Ursache* werden Probleme angeführt, die sich aus einer *Leistungsüberforderung* in der *Schule* ergeben. Die Grundlagen solcher Schulkonflikte bestehen in einem krankhaft überhöhten, oft von den Eltern geforderten Ehrgeiz oder einem zu hohen Leistungsdruck von seiten der Eltern. Kann man diesen Leistungsanforderungen nicht mehr nachkommen, wird man mit sich selbst unzufrieden, niedergeschlagen und depressiv. Kann der Leistungsdruck längerfristig nicht bewältigt werden, tritt zunehmend Erschöpfung auf und die Folge davon ist, daß Probleme immer seltener gelöst werden können.

Einen *vielfältigen Ursachenherd* bildet die *Familie* des Selbstmordgefährdeten. In Fallgeschichten findet man häufig folgende Hinweise: Ehekonflikte und Ehescheidung der Eltern, schlechter Kontakt zur Mutter, Alkoholabhängigkeit eines Elternteiles, sehr autoritäre oder übermäßig verwöhnende Haltung der Eltern. Die Bedeutung von ungünstigen Familienverhältnissen schlägt sich auch in anderen Tatbeständen nieder: So wurde ein Drittel aller weiblichen Jugendlichen, die einen Selbstmordversuch durchgeführt hatten, von ihren Vätern sexuell mißbraucht.

Bestimmte Jugendliche sind von ihrer *psychischen Beschaffenheit* besonders *selbstmordgefährdet*. Dies sind vor allem Jugendliche, die sozial zurückgezogen und isoliert leben (→ Kontaktprobleme). Diese Jugendlichen sind *stimmungslabil, ängstlich* und *initiativelos*. Sie weisen eine *langandauernde Problemgeschichte* auf, die durch schulische Überforderung und schwierige Familienverhältnisse gekennzeichnet ist. Man findet oft, daß diese Jugendlichen Mißerfolge nicht aushalten können. Neben diesen tieferliegenden Ursachen spielen *aktuelle Anlässe* oft die Rolle von *Auslösern*. Solche Auslöser sind etwa: schlechte Zeugnisse, keine Lehrstelle, kein gewünschter Studienplatz, Auseinanderbrechen von Freundschaften und ähnliches. Gehäuft treten Selbstmord und Selbstmordversuch bei den Jugendlichen auf, die *alkohol-* oder *drogenabhängig* sind. Bei einigen Jugendlichen bestand die Ursache von Selbstmorden darin, daß sie den Folgen einer vermutlich *unheilbaren Krankheit* (Leukämie, Tumorerkrankung) aus dem Wege gehen wollten.

Wie kann man helfen?

Helfen bedeutet bei dieser Problematik, einen Selbstmordversuch zu *vermeiden*. So sollten Eltern ihren Kindern *zuhören* und Äußerungen über den Tod oder gar Todeswünsche als ein alarmierendes Zeichen *ernst* nehmen. Äußert der Jugendliche solche Vorstellungen, kann man davon ausgehen, daß er durch irgend etwas extrem belastet ist und keinen Ausweg mehr weiß. Man sollte dann vor allem versuchen herauszufinden, was belastend und nicht bewältigbar erlebt wird und entsprechend die Anforderungen, z. B. die schulischen, senken. Das bedeutet, Eltern müssen bei schulischer Überforderung ihre Leistungsvorstellungen gegenüber dem Jugendlichen zurücknehmen und gegebenenfalls – in Absprache mit dem Jugendlichen – eine Umschulung vornehmen. In diesen Fällen sind dem Jugendlichen mehr Entscheidungsfreiräume zu gewähren und ihm dadurch allmählich das Gefühl zu vermitteln, daß er selbst etwas an seinem Schicksal ändern kann.

Eine weitere Grundvoraussetzung besteht darin, mehr *Zeit* für den Jugendlichen aufzuwenden. In einem nächsten Schritt muß (unter Anleitung eines Fachmannes) die *Gesprächsfähigkeit* in der Familie verbessert werden. Bei all diesen Bemühungen sollte man Moralpredigten, Gekränktsein und Schuldvorwürfe vermeiden.

Tritt ein Selbstmordversuch auf und kann er z. B. durch das rechtzeitige Eingreifen der Eltern oder Geschwister verhindert werden, sollte man über dieses Ereignis nicht den Mantel des Schweigens legen, sondern darüber reden und vor allem *fachmännische Hilfe aufsuchen*. Die Eltern sollten dann zusammen mit ihrem Kind eine Beratung durchführen. Dieser Schritt ist *lebensnotwendig*, da sehr häufig ein Selbstmordversuch wiederholt wird (in ca. 40% der Fälle). Nur eine fachmännische Beratung kann dies verhindern. Es ist leider anzumerken, daß in den meisten Fällen nicht in der vorgeschlagenen Weise gehandelt wird, was eindeutig die Gefahr eines erfolgreichen Selbstmordversuches erhöht.

Wie hilft der Fachmann?

Die Möglichkeiten lassen sich danach gliedern, in welchem Rahmen die Hilfestellung erfolgt. Es lassen sich *vier Einrichtungen* unterscheiden:

(a) Telefonseelsorge,

(b) Beratungsstellen für Selbstmordgefährdete,

(c) Spezialambulanzen an Kliniken (z. B. die Entgiftungszentralen der Kinderkliniken) und

(d) Kriseninterventionszentren an allgemeinen Krankenhäusern.

Sehr wichtige vorbeugende Arbeit leisten die in vielen Städten vorhandenen Einrichtungen der *Telefonseelsorge*. Diese Einrichtung bietet die Möglichkeit, anonym sich mit einem geschulten Partner auszutauschen. Ergänzt wird diese Arbeit durch die Anstrengung von *speziellen Beratungsstellen*. Wurde ein Selbstmordversuch durchgeführt, so kann es notwendig sein, daß über den Notruf *Spezialambulanzen,* wie die Entgiftungszentralen und ähnliches, helfen müssen. Zunächst muß dann dafür gesorgt werden, daß die körperlichen Funktionen erhalten bleiben. Diese Behandlung kann einen längeren Klinikaufenthalt erforderlich machen, wobei einige Krankenhäuser über *Kriseninterventionszentren* verfügen. Schon in diesem Abschnitt versuchen Ärzte oder Psychologen, in Gesprächen das Vertrauen zum Patienten aufzubauen. Dieser Kontakt wird intensiv während dieses Abschnittes aufrechterhalten, feste Abmachungen werden mit dem Jugendlichen getroffen (z. B. immer, wenn Selbstmordgedanken auftreten, mit dem Betreuer telefonieren) und die Familie wird möglichst frühzeitig einbezogen. In diesem Abschnitt ist es wichtig, daß der Jugendliche merkt, daß er *nicht alleine* ist.

Die *Nachbetreuung* möchte die Arbeit der Klinik fortsetzen. So sollen Selbstmordgedanken und -phantasien (z. B. durch Telefongespräche) unterbrochen werden. Weiterhin werden Hilfestellungen mit dem Ziel gegeben, die *soziale Isolierung* des Jugendlichen *abzubauen*. Diese Bemühungen können z. B. in einer *Gruppentherapie* oder *familienbezogenen Beratung* erfolgen, in die Familienangehörige oder Partner des Jugendlichen einbezogen werden können. Die Erfolgsaussichten dieser Bemühungen sind als gut zu bezeichnen.

Literatur

Felber, W. & Reimer, Ch.: Klinische Suizidologie. Bern: Huber, 1990.
Pohlmeier, H.: Selbstmord und Selbstmordverhütung. München: Urban & Schwarzenberg, 2. Auflage, 1983.

Adressen

Sehen Sie in einem örtlichen Telefonbuch unter »Telefonseelsorge« nach.
Beratungsstellen für Selbstmordgefährdete (in manchen Großstädten vorhanden).
Anschriften von Arbeitskreisen für Selbstmordgefährdete können erfragt sowie Informationsmaterial zu dem Thema angefordert werden bei der: Bundesarbeitsgemeinschaft Kinder- und Jugendschutz, Emmeransstr. 32, 55116 Mainz.
Kinderärzte verfügen über Listen der Entgiftungszentralen im deutschsprachigen Raum – diese Stellen sind bei akuten Fällen anzurufen.

Sexuelle Störungen

Beispiel 1
Benedikt ist 8 Jahre und hat einen zwei Jahre älteren Bruder
und eine eineinhalb Jahre jüngere Schwester. Die Kinder
haben in ihrer bisherigen Kindheit immer wieder sogenannte
Doktorspiele gemacht. Wenn die Mutter zufällig dazukam,
zog sie sich entweder wieder ruhig zurück oder nahm die
Gelegenheit zum Anlaß, mit ihren Kindern über Sexualität
und Sexualverhalten zu sprechen. Die Eltern sind sich dar-
über einig, daß sexuelle Spiele zur normalen Entwicklung
gehören. Benedikt macht ihnen jedoch seit ein paar Monaten
Sorgen. Er masturbiert sehr häufig, was die beiden anderen
Kinder in diesem Ausmaß bisher nicht taten. Phasenweise
stimuliert sich Benedikt mehrmals täglich. Er scheut dabei
auch nicht die Öffentlichkeit, zum Beispiel wenn seine Ge-
schwister oder andere Kinder bei ihm im Zimmer sind.

Beispiel 2
Heiko ist ein fünfjähriger Junge, der seine Eltern damit
verwirrt, daß er sich seit seinem zweiten Lebensjahr als
Mädchen verkleidet. Seine Spielkameraden sind Mädchen
jeden Alters, bevorzugt aber jüngere Mädchen. Zu seinem
fünften Geburtstag wünschte er sich eine Puppe mit verschie-
denen Kleidern und einen Puppenwagen. Es war die vierte
Puppe. Heiko lehnt es ab, mit dem Nachbarjungen oder
seinem Cousin zu spielen, ebenso wollte er sich nie mit
traditionellem Jungenspielzeug beschäftigen. Überhaupt be-
dauert er, ein Junge zu sein und wäre viel lieber ein Mäd-
chen.

Was ist gemeint?

Was sind sexuelle Störungen im Kindes- und Jugendalter? Kann es so etwas in diesem Alter schon geben? Was sind überhaupt sexuelle Störungen? Um die einzelnen Fragen zu beantworten, ist eine kurze Klärung des Begriffes »menschliches Sexualverhalten« voranzustellen. Menschliches Sexualverhalten ist in zweierlei Hinsicht zu verstehen. Zum einen bezeichnet es jedes Verhalten, das Menschen als sexuelle Wesen zeigt; also beispielsweise wie die männliche oder weibliche Geschlechterrolle ausgefüllt wird, von der Kleidung angefangen bis zur Gestik und Mimik, und wie welche Partner gewählt werden. Zum anderen bedeutet menschliches Sexualverhalten dasjenige Verhalten, das auf die Stimulierung und Erregung der Geschlechtsorgane abzielt, unabhängig davon, ob die Geschlechtsorgane direkt in die Stimulation einbezogen werden oder nicht. Dies ist auch unabhängig davon, ob die Aktivitäten auf die Fortpflanzung ausgerichtet sind oder andere Motive damit verfolgt werden.

Diesem Verständnis gemäß können sich sexuelle Störungen einmal auf die *Geschlechtsidentität* und einmal auf *sexuelle Aktivitäten* an sich beziehen. Einige Beispiele dafür: Störungen der Geschlechtsidentität und Transsexualismus gehören zur ersten Gruppe – auf sie wird später noch genauer eingegangen.

Störungen, die sich auf sexuelle Aktivitäten beziehen, sind zum Beispiel Fetischismus (mit Hilfe eines nicht-belebten Objektes wird sexuelle Erregung erlangt), Transvestitismus (durch das Tragen von Kleidern des anderen Geschlechts kommt es zu sexueller Erregung; meistens bei Männern), Exhibitionismus (sexuelle Erregung wird durch Entblößung der Genitalien vor unbefangenen Fremden erreicht; überwiegend bei Männern), Pädophilie (sexuelle Befriedigung wird durch körperliche und sexuelle Kontakte mit Kindern, die noch nicht pubertieren, erreicht) oder Sadismus (sexuelle Erregung und Befriedigung durch Schmerz). Die genannten sexuellen Störungen treten überwiegend bei Erwachsenen auf, können aber schon im Jugendalter beginnen, sich auszubilden. Sie bezeichnet man als *Paraphilien*, das heißt, die Wahl des Sexualobjekts, von dem jemand angezogen und stimuliert wird, weicht von der Norm ab.

Es gibt noch eine zweite Form gestörter sexueller Aktivitäten, nämlich *sexuelle Funktionsstörungen*. Sie umfassen beispielsweise Störungen der sexuellen Erregung bei der Frau, der Erektion beim Mann, verschiedene Orgasmusstörungen oder Störungen mit sexuell bedingten Schmerzen. Diese Störungen können bei jedem irgendwann auftreten und sind relativ weit verbreitet – im Gegensatz zu den Paraphilien, die selten vorliegen. Sexuelle Funktionsstörungen können in der Folge zu emotionalen Problemen und zu Schwierigkeiten mit dem Partner führen. Sie treten bei Erwachsenen auf, können aber schon im Jugendalter bzw. frühen Erwachsenenalter beginnen, wie zum Beispiel Ejaculatio Praecox (vorzeitiger Samenerguß bei minimaler sexueller Stimulation).

Seitdem Kinsey in den fünfziger Jahren mit seinen umfangreichen Studien herausfand, daß sehr viele Männer und Frauen irgendwann in ihrem Leben homosexuelle Gefühle haben und daß vor allem Männer, aber auch Frauen sehr viel mehr homosexuelle Kontakte haben, als öffentlich vermutet wird, setzte eine Diskussion darüber ein, ob *Homosexualität* als Krankheit eingestuft werden soll. Untersuchungen legen nahe, daß ungefähr 50 Prozent der Männer und 20 Prozent der Frauen bis zum mittleren Lebensalter Geschlechtsverkehr bzw. eindeutig sexuelle Erlebnisse mit Partnern des gleichen Geschlechts haben. Ausschließlich homosexuelle Verhaltensweisen zeigen nach Kinsey etwa vier Prozent aller Männer und zwei Prozent aller Frauen während ihres ganzen Lebens. Hinzu kommt eine sehr große Zahl von Personen, die sich zu beiden Geschlechtern hingezogen fühlt, was als bisexuell bezeichnet wird, und Personen, die in verschiedenen Lebensphasen wechselnde homo- und heterosexuelle Bedürfnisse empfinden.

Unter Kindern und Jugendlichen ist gleichgeschlechtliches Verhalten häufig und nichts außergewöhnliches, wobei Jungen bis zu ihrem zehnten Lebensjahr wesentlich häufiger sexuellen Kontakt mit anderen Jungen als mit Mädchen haben. Darin Anfänge homosexuellen Verhaltens zu sehen, ist jedoch falsch. Überhaupt ist es nach den Kinsey-Ergebnissen problematisch und nicht sinnvoll, Menschen in homo- und heterosexuelle Wesen einzuteilen. Entsprechend wird Homosexualität heute nicht als Krankheit begriffen.

Kinder (einschließlich Säuglinge) und erst recht Jugendliche sind *keine asexuellen Wesen.* Sie empfinden es wie Erwachsene angenehm, wenn erogene Körperbereiche oder ihre Geschlechtsorgane berührt und gestreichelt werden, von anderen oder ihnen selbst. Kinder können schon früh Orgasmen haben, sei es beim Fahrradfahren, Rutschen auf dem Treppengeländer oder beim Ringkampf, sei es durch gezielte Selbststimulierung oder bei sexuellen Spielen mit anderen Kindern. Die dabei empfundenen Gefühle der Erregung und des Orgasmus' nehmen Kinder jedoch erst mit Erreichen der Pubertät wie Erwachsene wahr. Die Definition dieser Gefühle als sexuell erfolgt erst im Verlauf sozialer Lernprozesse. Diese Lernprozesse passen das Sexualverhalten der Kinder an die kulturellen Standards der jeweiligen Gesellschaft an.

Was ist nun bei Kindern und Jugendlichen normales und was problematisches Sexualverhalten? Müssen sich die Eltern von Benedikt in Beispiel 1 sorgen, weil er phasenweise mehrmals täglich und teilweise öffentlich masturbiert? Wo ist die Grenze zwischen normalem und problematischem Sexualverhalten? Vorausschicken kann man, daß *Masturbation,* also jede bewußte körperliche Selbststimulierung, die eine sexuelle Reaktion zur Folge hat, in jedem Alter als normales Sexualverhalten zu betrachten ist. Oft masturbieren Kinder bis zum Orgasmus, Jungen allerdings häufiger als Mädchen. Die Häufigkeit, die angewandte Technik, ob allein oder in Gruppen, gleich- oder gegengeschlechtlich masturbiert wird, ist sehr verschieden. Festgehalten werden kann in jedem Fall, daß Masturbation weder zu körperlichen noch zu seelischen Schäden führt.

Wie ist das nun im Fall Benedikt? Die Tatsache an sich ist nicht das problematische Verhalten. Die moderne Sexualforschung bewertet ein Sexualverhalten dann als problematisch, wenn es

- zwanghaft, das heißt mit zu engen und zu starren Verhaltensmustern abläuft,
- destruktiv, sei es für andere oder die agierende Person selbst, in den Auswirkungen ist und
- belastend von dem Betreffenden empfunden wird.

Bei Benedikt scheint ein zwanghaftes Verhalten vorzuliegen. Unter Umständen schränkt er sich selbst damit in seinem Sozialverhalten ein, wenn das Masturbieren nämlich eine Ersatzfunktion hat, zum Beispiel wenn es aus Langeweile geschieht, um auf sich aufmerksam zu machen, oder wenn damit Frustrationen bewältigt werden. Dann ist Masturbation eine Scheinlösung für andere Probleme. Somit würde sich Benedikt langfristig selbst schädigen. Ob sein Verhalten sich für die Geschwister oder andere Kinder destruktiv auswirkt, hängt auch davon ab, wie aufgeklärt diese sind und wie angstfrei sie mit Sexualität umgehen. Wie belastend das Verhalten für Benedikt selbst ist, kann aufgrund der wenigen Angaben im Beispiel nicht eingeschätzt werden.

Beispiel 2 betrifft eine andere sexuelle Störung, nämlich die *Störung der Geschlechtsidentität;* diese scheint sehr selten aufzutreten und ist bei Jungen wesentlich häufiger als bei Mädchen. Sie beginnt meistens vor dem Ende des vierten Lebensjahres. Die Geschlechtsidentität bezeichnet das Bewußtsein, das jeder von sich als Mann oder Frau besitzt. Ist sie gestört, dann stimmt Gefühl und Wahrnehmung zwischen dem tatsächlichen (biologischen) Geschlecht und der Geschlechtsidentität nicht überein. Das bedeutet, das Mädchen bzw. der Junge empfindet einen anhaltenden, großen Kummer darüber, ein Mädchen bzw. Junge zu sein. Das Kind wünscht sich, dem anderen Geschlecht anzugehören oder behauptet sogar, es sei das andere Geschlecht. Die Kinder lehnen entweder Kleidung, Spiele und gleichgeschlechtliche Spielkameraden ab oder wehren sich gegen ihre anatomischen Geschlechtsmerkmale; zum Beispiel behauptet das Mädchen, daß ihm ein Penis wachsen wird, und es lehnt Busen wie Menstruation ab. Der Junge behauptet, als Erwachsener eine Frau zu werden, und daß Hoden und Penis dann verschwinden.

Transsexualismus kann eine Fortentwicklung der Störung der Geschlechtsidentität im Jugendalter nach Einsetzen der Pubertät sein, kann sich aber auch erst im Jugend- oder frühen Erwachsenenalter einstellen. Die Jugendlichen fühlen sich nicht nur im eigenen Geschlecht unwohl, sondern auch diesem nicht zugehörig. Sie wünschen, ihre eigenen primären und sekundären Geschlechtsmerkmale loszuwerden und die des anderen Geschlechts zu bekommen. Bestehen diese Gefühle und Wünsche anhaltend über mindestens zwei Jahre, so wird man erst dann von Transsexualismus sprechen.

Transsexualismus ist von Transvestitismus *abzugrenzen*. Der Transsexuelle trägt die Kleider des anderen Geschlechts, weil er sich zu diesem gehörig fühlt. Der Transvestit trägt weibliche Kleidung zur sexuellen Erregung. Auch ist eine Abgrenzung von der Homosexualität vorzunehmen. Homosexualität tritt in den wenigsten Fällen kombiniert mit Transsexualismus bzw. der Störung der Geschlechtsidentität auf. Das bedeutet, homosexuelle Männer und Frauen verfügen meistens über eine männliche oder weibliche Identität und verhalten sich entsprechend ihrem biologischen Geschlecht. Transsexuelle können von ihrer sexuellen Orientierung her als asexuell, homosexuell, heterosexuell oder ambisexuell eingeteilt werden.

Was sind die Ursachen?

Die Ursachen der genannten sexuellen Störungen sind so vielfältig wie die Störungen selbst. Deshalb sollen hier nur die in den Beispielen erwähnten Störungen behandelt werden. *Problematisches Sexualverhalten,* wie das übermäßige Masturbieren im Beispiel »Benedikt«, kann durch andere, zugrundeliegende Probleme in der Schule, zu Hause oder im Freundeskreis verursacht sein. Diese Kinder und Jugendlichen fühlen sich zum Beispiel alleingelassen und einsam, gelangweilt oder unter Leistungsdruck. Werden diese wirklichen Probleme erkannt und erfolgreich bearbeitet, dann verschwindet auch das problematische

Sexualverhalten, da es seine Funktion verliert. Geschieht dies nicht, kann die übermäßige Masturbation als Scheinlösung stabilisiert und zur Gewohnheit werden, mit der später auf viele schwierige Situationen und Probleme reagiert wird. Das problematische Sexualverhalten wird zum Vermeidungsverhalten, wodurch Probleme verschleiert bzw. vergrößert werden.

Die *Störung der Geschlechtsidentität,* die bei Jungen, wie erwähnt, häufiger auftritt als bei Mädchen, kann durch »Merkmale« des Kindes oder durch Verhaltensweisen von Eltern und anderen Bezugspersonen oder beides bedingt sein. »Merkmale« des Kindes meint bei Jungen, daß sie körperlich feminin erscheinen, gegen Raufspiele Abneigungen zeigen, Trennungsängste und eine frühe Hospitalisierung erlebten, keinen Vater in der Familie hatten und zur Mutter eine sehr starke physische und psychische Bindung besteht. Mädchen interessieren sich bevorzugt für Raufspiele.

Unangemessene Verhaltensweisen von Eltern und Bezugspersonen haben für Jungen und Mädchen die gleichen Folgen. Entscheidend ist vor allem, daß geschlechtsspezifisches Rollenverhalten (typische Kleidung, Spielzeugwahl) nur unzureichend oder gar nicht beachtet und verstärkt wird. Dies wirkt sich besonders bei den Kindern prädisponierend aus, die schon ein geschlechtsunspezifisches Verhalten zeigen. Ein solches Verhalten wird auch dann verstärkt, wenn Verkleidungsspielen zuviel Aufmerksamkeit geschenkt wird. Daraus sollte man nicht schließen, daß sich Kinder nicht verkleiden, auch mit Kleidern des anderen Geschlechts, und alle, Erwachsene wie Kinder, ihren Spaß daran haben dürfen. Wenn aber Eltern und Verwandte häufig den kleinen Jungen in Muttis Kleidern und Stöckelschuhen erleben, ihm jedesmal applaudieren, ihn fotographieren, ihm noch zeigen, wie er sich perfekt schminken kann, vom Lippenstift und Lidschatten angefangen bis zum Lackieren der Fingernägel, und den Kleinen einfach »süß« finden, dann ist dies ein falsches Verstärkungsverhalten, was zu einer gestörten Geschlechtsidentität führen kann.

Es ist besonders wichtig, wie sich die engsten Bezugspersonen des Kindes bis zum dritten bzw. vierten Lebensjahr verhalten. Die Geschlechtsrolle (das Gefühl, ein Junge bzw. ein Mädchen zu sein) wird nämlich zwischen dem 18. und 24. Lebensmonat festgelegt. Das Kind identifiziert sich in dieser Zeit stark mit dem Elternteil des gleichen Geschlechts. Nach weiteren ein bis zwei Jahren ist die Selbstidentifikation als männlich oder weiblich abgeschlossen. Das heißt, sie kann ab diesem Zeitpunkt nicht wieder verändert werden.

Auf eine letzte mögliche Ursache der gestörten Geschlechtsidentität soll noch hingewiesen werden. Die Einnahme von gegengeschlechtlichen Hormonen während der Schwangerschaft, zum Beispiel zur Vorbeugung von Uterusblutungen, kann, muß aber nicht zwangsläufig zu einer solchen Störung führen.

Wie kann man helfen?

Dieser Abschnitt soll nicht nur dazu genutzt werden zu erläutern, wie man bei problematischem Sexualverhalten und bei Störungen der Geschlechtsidentität helfen kann, sondern in allgemeinerer Form auch Aussagen zur Sexualerziehung beinhalten. Betont werden muß noch einmal, daß sexuelle Störungen im Kindes- und Jugendalter, besonders die der Geschlechtsidentität, äußerst selten sind. Es ist auch zu bedenken, daß die Geschlechtsrolle heute keine starren Grenzen mehr kennt wie noch vor 30 Jahren. Entscheidend ist bei der gestörten Geschlechtsidentität, daß Kinder oder Jugendliche unter ihrem biologischen Geschlecht leiden, weil sie sich dem anderen Geschlecht zugehörig fühlen.

In jedem Fall ist bei sexuellen Störungen professionelle Hilfe aufzusuchen und aktiv mit dem Arzt und/oder Psychologen zusammenzuarbeiten. Bei *problematischem Sexualverhalten* ist zu empfehlen, dieses nicht über die Maßen zu beachten und zu thematisieren sowie dem Kind bei anderen Verhaltensweisen Zuwendung zu geben. Spielt Langeweile eine Rolle, zum Beispiel bei übermäßigem Masturbieren, dann sollte man mit dem

Kind Spielvorschläge sammeln und diese zusammen mit ihm realisieren. Wichtig ist, das Kind nicht zu beschimpfen, zumal es nichts Verbotenes getan hat. Es werden dadurch nur Angst und Schuldgefühle erzeugt, aus denen weder Eltern noch Kind einen Nutzen ziehen können. Vielmehr ist es wichtig, die hinter dem zwanghaften Sexualverhalten liegenden Gründe kennenzulernen, um sie beseitigen zu können. Dazu kann professionelle Hilfe notwendig sein. Prinzipiell soll dem Kind vermittelt werden, daß Masturbation natürlicher Ausdruck menschlichen Sexualverhaltens und deshalb nichts Schlechtes ist, in unserer Kultur aber eine höchst persönliche und private Angelegenheit darstellt, die nichts in der Öffentlichkeit zu suchen hat.

Bei der *Störung der Geschlechtsidentität* ist es von Bedeutung, die Absprachen mit dem Fachmann einzuhalten. Sie können sich darauf beziehen, den Jungen für typisch jungenhaftes Verhalten, Spielen und Kleiden besonders zu beachten und zu verstärken, bei Mädchen entsprechend umgekehrt. Verhalten, das dem anderen Geschlecht zuzuordnen ist, wird ignoriert oder mißbilligt. Das Kind oder der Jugendliche ist auch in geschlechtstypischen Verhaltensweisen zu fordern. Hierbei ist das Kind bzw. der Jugendliche zu unterstützen, Hilfestellungen sind zu geben, und vor allem sind bei einer positiven Bewältigung Lob und Anerkennung wichtig. Dies ist aber keine Legitimation dafür, ein Kind zu einem, eventuell sogar übertriebenen männlichen bzw. weiblichen Verhalten zu zwingen und es zu überfordern. Einfühlung in das Kind und den Jugendlichen sind ebenso unabdingbare Voraussetzungen wie konsequentes Verhalten.

Im Rahmen der *Sexualerziehung* kommt es mindestens auf dreierlei an: Erstens, wie sich der Erwachsene als sexuelles Wesen verhält.

Hier sind vor allem die Eltern als Vorbilder angesprochen. Sie vermitteln durch Gestik, Mimik und vieles mehr die typische Geschlechtsrolle. Die Kinder lernen durch Fragen nach sexuellen Dingen, jedoch nicht nur über den Inhalt der Antworten, sondern auch über die Art der Beantwortung und die familientypische Benennung der Geschlechtsorgane. Wie die Eltern untereinander und mit den Kindern schmusen, dürfte mit den nachhaltigsten Effekt auf Kinder ausüben. Zuneigung zu geben und anzunehmen sowie verantwortliches Sexualverhalten ist nicht nur theoretisch vermittelbar, sondern muß auch praktisch geübt werden.

Zweitens, wie die Reaktionen Erwachsener auf sexuelles Verhalten von Kindern und Jugendlichen aussehen, beispielsweise beim »Entdecken« sexueller Spiele von Kindern untereinander oder Selbststimulierung bis hin zu der Eröffnung, daß die 17jährige Tochter, die einen Freund hat, die Pille nimmt. Je nachdem wie der Erwachsene reagiert, könnte dies die Chance sein, daß ein Kind oder Jugendlicher ein befriedigendes und verantwortungsvolles Sexualverhalten entwickelt. Beschimpfen, Entsetzen oder gar Strafen erzeugen Angst, Mißtrauen und Schuldgefühle. Diese Reaktionen sind deshalb wenig sinnvoll.

Schließlich vermitteln drittens Mimik, Gestik, Regeln, gefordertes Verhalten, Gewohnheiten und eigenes Verhalten die Einstellungen Erwachsener hinsichtlich sexuellen Verhaltens. Differenziertes Wissen ist wichtig, bezieht sich jedoch nicht nur auf theoretische und mechanische Unterweisung in Fragen der biologischen Zusammenhänge, der Geschlechtsorgane und Fortpflanzung, Verhütung, Geschlechtskrankheiten, AIDS und Abtreibung. Vielmehr sind auch Diskussionen über sexuelle Gefühle, Phantasien, Lust, Ethik, Aberglauben und Funktionsstörungen gerade von Jugendlichen gefragt. Sie helfen ihnen, eine Orientierung zu finden, den ganzen Menschen als sexuelles Wesen zu begreifen. Auf diese Weise gelingt es, Sexualität als natürlich zu betrachten, eine angemessene Geschlechtsidentität zu entwickeln und eine nüchterne wie realistische Einstellung zur Sexualität, Liebe und Partnerschaft zu gewinnen.

Wie hilft der Fachmann?

Einiges zu diesem Punkt wurde bereits im vorherigen Abschnitt ausgeführt. So kann der Psychologe bei *problematischem Sexualverhalten* feststellen, ob Schulprobleme, Geschwisterrivalität,

Entwicklungsstörungen oder Schwierigkeiten in der Eltern-Kind-Beziehung vorliegen. Er wird den Eltern Fragen zur bisherigen Entwicklung und Biographie des Kindes, zu den Erziehungsvorstellungen und den Einstellungen zur Sexualität stellen. Ebenso wird er das Kind systematisch befragen, beobachten und eventuell testen. So soll die hinter dem problematischen Sexualverhalten liegende Schwierigkeit herausgefunden werden, um sie dann gezielt angehen zu können.

Bei der Behandlung der *Störung der Geschlechtsidentität* scheinen nur verhaltenstherapeutische Verfahren Aussicht auf Erfolg zu haben. Berichte über die Behandlung von Kindern und Jugendlichen liegen vor; sie stellen überzeugend Vorgehen und Erfolg dar. Wesentlich für den Erfolg ist die Überzeugung der Eltern, daß die Geschlechtsidentität ihres Kindes mit seinem biologischen Geschlecht in Einklang gebracht werden soll, um ihm später Schwierigkeiten und seelisches Leid zu ersparen. Entsprechend aktiv und zuverlässig müssen die Eltern mit dem Verhaltenstherapeuten zusammenarbeiten, zum Beispiel feminines Verhalten bei einem Jungen ablehnen und typisches Jungenverhalten loben und verstärken. Beim Jugendlichen ist die zentrale Voraussetzung, daß er die Therapie mit dem Ziel wünscht, seine Geschlechtsidentität zu ändern, also biologisches und »gefühlsmäßiges« Geschlecht in Übereinstimmung zu bringen; im einzelnen betrifft dies maskuline Merkmale (z. B. Stimmlage, Art zu gehen und zu sitzen), zwischenmenschliches Verhalten (z. B. Blickkontakt aufnehmen, Gespräche beginnen) und sexuelle Phantasien (z. B. beim männlichen Jugendlichen auf Frauen und nicht auf Männer bezogen).

Verhaltenstherapeutisches Vorgehen greift auf Modellernen, Verhaltenseinübung und verschiedene Verstärkungsformen zurück. Der Klient verliert so das Verlangen, sein Geschlecht ändern zu wollen. Er fühlt und nimmt sich im Therapieverlauf immer mehr als Mann bzw. Frau wahr. Letztes und schwerstes Ziel in der Behandlung ist es, die sexuellen Empfindungen heterosexuell auszurichten und gegengeschlechtliche Beziehungen aufzunehmen. Diese Art der erfolgreichen Behandlung macht eine operative Geschlechtsumwandlung und eine lebenslange Hormonbehandlung unnötig, wie sie manche transsexuelle Menschen anstreben. Die Grenzen sind jedoch vorgegeben, wenn der Klient eine verhaltenstherapeutische Behandlung für unangemessen hält, da er sich vollkommen dem anderen Geschlecht zugehörig fühlt, und sie deshalb ablehnt.

Literatur

Davison, G. C. & Neale, J. M.: Klinische Psychologie. Ein Lehrbuch. München: Psychologie Verlags Union, 3. erweiterte Auflage, 1988.
* *Haeberle, E. J.:* Die Sexualität des Menschen. Handbuch und Atlas. Berlin: De Gruyter, 2. erweiterte Auflage, 1985.

Adressen

Kinderarzt, Kinderkliniken und Kinderzentren, Erziehungsberatung, Beratungsstellen von Pro Familia (»Deutsche Gesellschaft für Sexualberatung und Familienplanung e.V.«; in jedem Bundesland bestehen eine Reihe Pro-Familia-Beratungsstellen, die alle in Haeberle, »Die Sexualität des Menschen«, 1985, aufgeführt sind).

Sprachentwicklungs- und Sprechstörungen

Beispiel 1
Daniel, 7 Jahre, stottert sehr stark in der Schule und meldet
sich aus diesem Grunde gar nicht mehr; er versucht, allen
Gegebenheiten aus dem Weg zu gehen, in denen er etwas
gefragt werden könnte. Wird Daniel angesprochen und kann
er nicht ausweichen, dann ist er wie blockiert, nachdem er
das halbe Wort gesprochen hat. Die Sprechmuskeln ver-
krampfen sich für längere Zeit, und Daniel bekommt einen
roten Kopf, schämt sich sehr und ist verzweifelt. Erst wenn
Daniel wieder ruhiger und entspannter wird, dann kann er
mit Sprechen fortfahren. Manchmal ist Daniel nur wenige
Bruchteile einer Sekunde blockiert – oft aber auch 10 oder
15 Sekunden. Viele Klassenkameraden lachen Daniel aus.

Beispiel 2
Fritz, 13 Jahre, lispelt schon seit Kindesbeinen an und kann
auch andere Buchstaben nicht richtig aussprechen (z. B.
»D«, »R«, »G«, »V«). Schon immer hatte Fritz nachlässig
gesprochen und sich nie viel Mühe mit dem Sprechen gege-
ben. In der Vorschulzeit fanden alle die etwas »komische«
Sprache lustig, heute hat Fritz nur Nachteile. Er hat keine
Freunde, mit denen er spricht oder spielt, und hat überhaupt
immer größere Angst, seinen Mund nochmal aufzumachen.

Was ist gemeint?

Im Kindes- und Jugendalter können sich eine Vielzahl von
Störungen der Sprache und des Sprechens einstellen. Einige
häufige sollen diskutiert werden. Zunächst können *Verzögerun-*
gen der Sprachentwicklung (= *Sprachentwicklungsstörungen*)

genannt werden, die sich darin äußern, daß Kinder Mängel in der Sprache, das heißt im Wortschatz, im Wort- und Satzverständnis und in der Aussprache, aufweisen. Die Mängel deuten auf eine Sprachentwicklungsstörung hin, wenn sie bis zum 4. oder 5. Lebensjahr noch erkennbar sind.

Von den Sprachentwicklungsstörungen sind die Sprechstörungen *abzugrenzen*. Die *Sprechstörungen* betreffen den Ablauf des Sprechens. Der Sprechablauf ist unterbrochen, verkürzt oder undeutlich, wodurch das Sprechen manchmal nicht zu verstehen ist.

Eine weitere Störung bildet die *Sprechverweigerung,* die sich plötzlich in völligem Schweigen gegenüber bestimmten Personen oder in bestimmten Situationen (z. B. in der Schule) zeigt. Da bei dieser Beeinträchtigung das Sprachvermögen bereits voll ausgebildet ist und das Kind schon gesprochen hat, liegt keine Sprachentwicklungs- oder Sprechstörung im engeren Sinne vor, sondern Ängste, Streß, Konkurrenzsituationen und Kontaktschwierigkeiten stehen im Vordergrund. Diese Störung wird als *Mutismus* bezeichnet und bleibt hier unberücksichtigt.

Wir beschäftigen uns mit den *drei großen Beeinträchtigungen* der Sprache und des Sprechens: dem *Stottern* und *Poltern,* die zu den Sprechstörungen gehören, und dem *Stammeln,* das zu den Sprachentwicklungsstörungen zählt.

Stottern. Ungefähr 3 bis 4% aller Kinder stottern, wobei diese Störung bei Jungen dreimal so häufig vorkommt wie bei Mädchen. Wie bei allen Sprechstörungen lassen sich zwei Formen dieser Sprechstörung unterscheiden: Das *dauerhafte* und das durch die Sprachentwicklung des Kindes bedingte, *vorübergehende* Stottern. Rechnet man alle diese Erscheinungsformen zusammen, stottern über 10% aller Kinder irgendwann einmal in ihrer Entwicklung. Besonders häufig tritt Stottern vom 2. bis 4., vom 11. bis 14. und vom 19. bis 22. Lebensjahr auf.

Man unterscheidet *zwei Formen* des Stotterns: Bei der ersten Form ist der *Sprechablauf gestört,* das heißt es treten langandauernde Verkrampfungen der Sprechmuskulatur auf. Dieses sogenannte »*tonische*« Stottern äußert sich darin, daß ein Wort zum

Teil gesprochen wird, dann eine lange Pause erfolgt und danach das Sprechen fortgeführt wird (z. B. Poli---tik). Die zweite Form, das sogenannte *»klonische«* Stottern, äußert sich durch kurzes, rasch aufeinanderfolgendes Zusammenziehen der Sprechmuskeln. Diese Störung hat zur Folge, daß *Worte, Silben* oder *Buchstaben mehrmals wiederholt* werden (z. B. Aut-t-tofahrer). Häufig sind beide Formen des Stotterns ausgeprägt.

Stottern tritt oft *kombiniert* mit sozialen Ängsten oder Sprechängsten (z. B. beim Sprechen zu versagen) auf (→ Angst). Im alltäglichen Umgang mit stotternden Kindern und Jugendlichen erkennt man diese am *veränderten Gesichtsausdruck* beim Sprechen. Man beobachtet ein Verzerren des Mundes, Aufreißen der Augen und Verkrampfen der Schultermuskeln. In manchen Fällen treten auch Schweißausbrüche, Erröten und eine unregelmäßige Atmung auf. Beim Singen kann man häufig feststellen, daß das Stottern nicht vorhanden ist.

Poltern. Unter Poltern versteht man eine relativ seltene Störung des Sprechablaufs (ca. 1%), die sich durch übereiltes, hastiges und schnelles Reden auszeichnet. Ein Polterer verschluckt beim Sprechen Wörter, Silben und Laute oder entstellt und verstümmelt Wörter. Im Gegensatz zu anderen Sprechstörungen kann der Polterer seine Sprache dadurch verbessern, daß er sich stärker auf das Sprechen konzentriert. Polterer wirken im alltäglichen Umgang nervös und ungeschickt. Nachzutragen ist, daß vom 2. bis 4. Lebensjahr Poltern nichts außergewöhnliches darstellt und in der Regel nach diesem Lebensabschnitt nicht mehr auftritt. Hält das Poltern über das 4. Lebensjahr hinaus an, so sollte es behandelt werden.

Stammeln. Unter Stammeln versteht man einen Aussprachefehler, das heißt eine Störung, bei der Laute und Lautverbindungen fehlen, durch andere ersetzt oder entstellt gebildet werden. So liegt bei 3 bis 4% aller Vorschulkinder und dreimal so häufig bei Jungen als bei Mädchen diese Sprachentwicklungsstörung vor. Am häufigsten haben Kinder mit dem Buchstaben »S« ihre Probleme. Dies hat dann das bekannte Lispeln zur Folge. Diese sehr begrenzte Sprachstörung kann sich jedoch auf andere Buchstaben (»R«, »G«, »K«) ausweiten. Stammeln tritt sehr häufig bis zum 4. Lebensjahr auf, verschwindet dann aber wieder. Demzufolge sollte eine Behandlung erst nach diesem Zeitraum einsetzen.

Was sind die Ursachen?

Es sollen hier nur die Ursachen der drei ausgeführten wichtigsten Sprachentwicklungs- und Sprechstörungen aufgeführt werden. Allgemein gilt, daß Sprachentwicklungs- und Sprechstörungen faktisch nicht vererbt werden und daß bei ca. 20% der Kinder ein Zusammenhang mit einer hirnorganischen Schädigung nahe-liegt.

Stottern. Bei Familien mit stotternden Kindern findet man *viele Vorschriften* und eine sehr *pedantische Erziehung;* die Väter sind eher autoritär und für das Kind nicht immer berechenbar. Weitere Ursachen bilden auch situative Bedingungen, wie *Konkurrenz-situationen, Streß* oder *Konflikte.* Diese Situationen werden als *bedrohlich* erlebt und erzeugen *Ängste.* Diese Ängste bewirken, daß man das Stottern und die damit verbundene Blamage vorher-sieht. In der Erwartung des Stotterns kristallisieren sich gefürch-tete Worte, Laute oder Situationen heraus. Genau diese Worte und Situationen werden dann vermieden oder es werden schwie-rige Wörter umschrieben. Dieses »Fliehen-Wollen« kann neue Sprechängste aufbauen und Stottern verstärken.

Poltern. Die Familien mit polternden Kindern wollen sich nach außen abschirmen und haben wenig Sozialkontakt, die Eltern zeigen im Beisein der Kinder kaum Gefühle. Diese Aspekte sind nun sicherlich nicht die Ursache des Polterns, geben aber gute Hinweise auf den *Nährboden,* auf dem sich diese Sprechstörung entwickeln kann. *Unmittelbare Ursachen* des Polterns liegen in der Art und Weise, wie Eltern – als *Vorbilder* ihrer Kinder – Sprache verwenden. Diese Eltern zeigen oft eine unkorrekte, hastige und unkonzentrierte Sprechweise; sie sind ungeduldige Sprecher und Zuhörer.

Stammeln. Auch bei Familien mit stammelnden Kindern treffen die meisten Aussagen über die Familienverhältnisse der Polterer zu. Hier ist kennzeichnend, daß diese Kinder nicht nur *nachlässig sprechende Vorbilder* haben, sondern generell eine *mangelhafte Sprachförderung* erfahren. Allerdings geht auch ein gewisser Prozentsatz auf körperliche Verbildungen der Zähne, Lippen, Zunge oder des Gaumens zurück. Solche Punkte muß ein Kinderarzt oder Sprachtherapeut abklären.

Wie kann man helfen?

Überlegungen über Sprachentwicklungs- und Sprechstörungen sollte man ab dem 5. Lebensjahr des Kindes anstellen, da vorher auftretende Störungen Übergangserscheinungen in der normalen Sprachentwicklung zwischen dem 2. und 4. Lebensjahr darstellen und in der Regel deshalb von selbst wieder verschwinden.

Das Ziel der Verbesserung des Sprechens ist, eine flüssige Sprache zu ermöglichen. Hierzu können Eltern – unter Anleitung eines Fachmannes – eine Vielzahl von *Sprechübungen fortführen*. So können Eltern *polternder* Kinder diese immer wieder auffordern, langsam, ruhig und aufmerksam zu sprechen. Bei allen Sprach- und Sprechstörungen, besonders aber bei polternden Kindern, sollten Eltern und ältere Geschwister sich *ihrer Rolle als Vorbild bewußt* sein und besondere Anstrengungen für ein korrektes und langsames Sprechen unternehmen.

Beim *stotternden* Kind sollte man aufmerksam und *geduldig zuhören,* wenn es spricht. Eigene ängstliche oder ungeduldige Reaktionen sollten vermieden werden und auch die Verzweiflung darüber, daß es noch immer nicht richtig spricht. In solchen Fällen ist es günstig, das Stottern *so wenig wie möglich zu beachten*. Situationen und Bedingungen, die das Stottern wahrscheinlich verursachen oder aufrechterhalten, sollten, wenn möglich, beseitigt oder verändert werden.

Wie hilft der Fachmann?

In der Bundesrepublik Deutschland liegt heute ein weitverzweigtes Angebot an Hilfemöglichkeiten für sprachentwicklungs- und sprechgestörte Kinder vor. Zunächst sollte man durch einen Kinderarzt oder Neurologen hirnorganische Schäden prüfen lassen. Anschließend muß die psychische Seite, wie Sprechängste, Vermeidung des Sprechens in Gruppen usw., getestet werden. Das eigentliche Sprach- bzw. Sprechtraining kann dann von einem Sprachtherapeuten, Logopäden bzw. Sprachheilpädagogen, von einer Sprachheilschule oder bei sehr schwierigen Fällen in einem Sprachheim durchgeführt werden.

Stottern. Beim Stottern stehen dem Fachmann verschiedene Behandlungsmöglichkeiten zur Verfügung, die heute in der Regel kombiniert angewendet werden. Zum einen sind es *Übungsbehandlungen,* zum anderen *psychotherapeutische* und zum dritten *medikamentöse* Behandlungen.

Die *Übungsbehandlungen* umfassen eine Vielzahl von Methoden, die darauf abzielen, systematisch *neue Sprechgewohnheiten einzuüben*. Es handelt sich beispielsweise um Atemübungen, Entspannungsübungen, den Einsatz von Sprachgebärden, Metronomen zur Veränderung des Sprechrhythmus', negative Übungen (= bewußtes Stottern, das als paradoxes Handeln zur Hemmung des Stotterns führt) und verzögerte Sprachrückkoppelungen (= verzögerte akustische Wiedergabe der eigenen Sprache über Kopfhörer). Die Sprechübungen können durch Verstärkungen (Lob, Belohnungen, Punkte) besonders unterstützt werden. Diese und weitere Übungen zeigen sehr gute kurzzeitige Effekte. Um längerfristige Erfolge zu erreichen, müssen zusätzlich vor allem *psychotherapeutische* Maßnahmen folgen. Hierbei werden die *Ursachen* des Stotterns berücksichtigt sowie *Verhaltenslücken* und *-mängel,* die durch das Vermeidungsverhalten des Stotterers in sozialen Situationen entstanden sind, abgebaut und kompetentes Verhalten aufgebaut. Von Bedeutung ist in diesem Zusammenhang, auf die *Ängste* von Stotterern *einzugehen*. Zum Angstabbau oder der Verminderung der sozialen Verängstigung in einer Gruppe wird der Psychologe auf bereits an anderen Stellen ausgeführte Verfahren zurückgreifen (→ Angst und → Kontaktprobleme). Auch beim Sprechtraining kann man durch Umschreibungen von Wörtern oder das Einlegen von Sprechpausen zunächst Ängste verringern. Eine *medikamentöse* Behandlung kann weder das Stottern selbst, noch dessen Ursachen beseitigen. Sie kann *lediglich* Angst und Verspannungen *mildern*. Es ist aber in jedem Falle günstiger, ohne Medikamente, jedoch mit Hilfe von psychotherapeutischen Techniken die Angst zu reduzieren und Anspannungen abzubauen.

Poltern. Die Behandlung des Polterns richtet sich danach, ob diese Störung in relativ reiner Form oder kombiniert mit Stottern auftritt. Beim reinen Poltern sind *Sprechübungen* notwendig. Dabei ist besonders auf langsames Sprechen zu achten. Die Aufmerksamkeit muß auf den Sprechvorgang gelenkt werden. Hilfreich ist das Mitklopfen der Silbenzahl. Die Arbeit mit der *Familie* des Polterers ist notwendig, da Familienmitglieder häufig die gleiche polternde Sprechweise besitzen. Deshalb muß die Familie angeleitet werden, langsam und sorgfältig zu sprechen.

Bei einer *kombinierten Polter-Stotter-Symptomatik* orientiert sich die Behandlung an der überwiegend auftretenden Störung. Der Fachmann muß dabei die Schwierigkeiten beachten, daß das, was für den Polterer gut ist, für den Stotterer schädlich sein kann und umgekehrt.

Stammeln. Beim Stammeln bieten sich logopädische Übungsbehandlungen an, die an vier Grundprinzipien orientiert sind: Die Übungen werden immer nur für *kurze Zeit* durchgeführt, eine eigene *Hörkontrolle* soll möglich sein; für die falsch gebildeten Buchstaben werden überbrückend *Hilfslaute* eingesetzt; schließlich sollen beim Üben *übertriebene Sprechbewegungen* und Kraftanstrengungen *unterlassen* werden. Auch bei Stammlern ist die Familie in die Behandlung mit einzubeziehen, da oft ebenfalls stammelnde Familienmitglieder anzutreffen sind. Diese besitzen eine ungünstige Vorbildwirkung, die verändert werden muß.

Alle Sprachentwicklungs- und Sprechstörungen, vor allem das Stottern, besitzen gute Heilungschancen im Kindesalter.

Literatur

* *Bruner, J.:* Wie das Kind sprechen lernt. Bern: Huber, 1987.
Irwin, A.: Mein Kind fängt an zu stottern. Stuttgart: Thieme, 1990.

Adressen

Erziehungsberatungsstellen, Sprachheilschulen und -zentren, Logopäden.

»Deutsche Gesellschaft für Sprachheilpädagogik e. V.«, Leonberger Ring 1, 12349 Berlin.

Bundesvereinigung Stotterer-Selbsthilfe e. V., Kasparstr. 4, 50670 Köln.

»Deutsche Gesellschaft zur Förderung der Hör-Sprachgeschädigten«, Bernadottestr. 126, 22605 Hamburg.

Übergewicht

> **Beispiel 1**
> Christian, 9 Jahre, hat immer Hunger, auch wenn er gerade
> etwas gegessen hat. Er wiegt schon 74 kg. Christians Mutter
> ist ratlos, da er so »unförmig« geworden ist und sie deshalb
> keine Kleidung mehr bekommt, die Christian paßt. In der
> Schule kann Christian sich schlecht konzentrieren, und er
> wird schnell müde. Christian hat weder in der Schule noch
> zu Hause Freunde. Alle verspotten ihn – er ärgert sich so
> sehr darüber, daß er schrecklichen Hunger bekommt. Zudem
> fühlt er sich alleine. Zu Hause kann Christian zu jeder
> Tages- und Nachtzeit an den Kühlschrank gehen und essen –
> er hat immer große Auswahl.
>
> **Beispiel 2**
> Monika, 15 Jahre, hat keine Freunde und auch keinen Aus-
> bildungsplatz gefunden. Sie fühlt sich vom Leben an den
> Rand gedrängt. Das einzige, was ihr so richtig Spaß macht,
> ist essen. Oft ißt Monika, wenn sie sich schlecht fühlt. Sie hat
> nach der Pubertät so richtig »zugelegt«. An Sport oder
> Freizeitmöglichkeiten hat Monika wenig Interesse, obwohl
> sie immer wieder dazu ermuntert wird. Monika denkt nicht
> daran, etwas für ihre Gesundheit zu tun – sie ist ja noch
> jung, dazu ist noch Zeit genug. Sie glaubt, daß alles schon
> gut gehen wird.

Was ist gemeint?

30% aller Kinder weisen irgendwann oder durchgehend in ihrer
Entwicklung Übergewicht auf. Übergewicht wird auch als *Fettleibigkeit* oder *Adipositas* bezeichnet und bedeutet eine *Abweichung von der Gewichtsnorm*, die für ein bestimmtes Alter, eine

bestimmte Größe und für Jungen und Mädchen getrennt angenommen wird. Manche Fachleute setzen eine *Grenze:* Ein Kind
hat Übergewicht, wenn sein Gewicht 25% über der Norm
liegt.

Übergewicht hat *verschiedene Auswirkungen* auf die Entwicklung des Kindes. So werden übergewichtige Kinder von ihren
Alterskameraden häufig abgelehnt, verspottet oder bemitleidet
und bei Spielen und Freizeitaktivitäten ausgeschlossen. Aus
dieser Erfahrung heraus meiden viele übergewichtige Kinder
Sozialkontakte. Darüber hinaus zeigen diese Kinder im schulischen Bereich *Konzentrations-* und *Lernstörungen* (→ Konzentrationsprobleme). Sie besuchen jedoch zum Teil Schularten, die
nicht ihrem intellektuellen Leistungsvermögen entsprechen. Sie
scheinen aufgrund von Vor- und Fehlurteilen sowie eigener
ungünstiger Selbsteinschätzungen ihre Fähigkeiten *nicht voll
entfalten* zu können. Solche falschen Beurteilungen können
Folgen des Übergewichtes und der auffallenden Passivität
sein.

Leider ist es heute immer noch so, daß man sich über die
Auswirkungen von Übergewicht wenig Gedanken macht.
Anscheinend müssen Kinder rund und dick sein, um als gesund
zu gelten. Dicke Kinder gelten als angenehm, da sie nicht
überaktiv und mit einem »schönen Essen« zu beruhigen sind. Die
Beeinträchtigungen des Dickseins werden damit abgetan, daß
sich der »Babyspeck« schon wieder »verwächst«. Zweifellos
wird jedoch *falsches Eßverhalten,* das heißt die übermäßige
Nahrungsaufnahme, in der Kindheit festgelegt und ist *später
schwer änderbar.* Übergewichtige Kinder werden demnach mit
einer gewissen Wahrscheinlichkeit übergewichtige Erwachsene
– und zwar auch schon allein deshalb, weil entweder eine
Vergrößerung der Fettzellen oder eine immense Zunahme der
Anzahl der Fettzellen die Fettleibigkeit bedingen, und dieser
Zellaufbau kaum mehr rückgängig gemacht werden kann. Die
massiven Folgen auf unser Herz-Kreislauf-System bei Übergewicht dürften hinlänglich bekannt sein.

Was sind die Ursachen?

Eßverhalten wird schon in aller frühester Kindheit geprägt: Deutet eine Mutter jede Unlustäußerung ihres Säuglings und Kleinkindes als Hunger und verabreicht dann Nahrung, dann ist es naheliegend, wenn später die Kinder bzw. Jugendlichen bei gefühlsmäßiger *Belastung* (Ärger, Trauer und anderes) zunächst einmal *mit Essen darauf reagieren.* Die dadurch erzielte Entspannung und Beruhigung erhöht die Bereitschaft des Kindes, in ähnlichen Situationen immer wieder mit Essen zu reagieren. Irgendwann einmal gibt es dann so viele Situationen, die Eßverhalten auslösen, daß die *Nahrungsaufnahme nicht mehr kontrolliert* werden kann. Daraus folgt, daß das Eßverhalten nicht mehr inneren, physiologischen Bedürfnissen gehorcht, sondern von außen, z. B. von täglichen Belastungen, Gefühlen, Vorbildern, Verstärkungen, der Essensauswahl und ähnlichem, geprägt wird. In der Tat essen Übergewichtige ziemlich *unabhängig von ihrem Hungergefühl!* Oft reicht eine gutplazierte und greifbare Nahrung aus, um zum Essen zu verleiten. Durch diese Essenszufuhr und die Gewöhnung des Körpers an die Nahrungsmenge *wissen* Übergewichtige in der Regel *nicht, wann* sie *wirklich Hunger haben.* Genauso wenig haben Übergewichtige Anzeichen dafür, wann sie ausreichend gesättigt sind. Eine weitere Ursache für die undeutliche Wahrnehmung von Grundbedürfnissen ergibt sich daher, daß beim Essen *Nebentätigkeiten* verrichtet werden. So lenkt z. B. Fernsehen so stark ab, daß weit über das Sättigungsgefühl hinaus sich Nahrung einverleibt wird.

Weitere Ursachen von Übergewicht können folgende *Lernprozesse* sein:

- Überbehütendes Verhalten der Mutter sowie
- außergewöhnlich positive Zuwendung für »braves Essen« verstärken übermäßiges Eßverhalten;
- Der leichte Zugang zu Nahrungsmitteln und Süßigkeiten erschwert die Selbstkontrolle;
- Sind die Eltern »gute Esser« und selbst übergewichtig, so braucht man sich über das Nacheifern der Kinder nicht zu

wundern. Kalorienreiche Eß- und Kochgewohnheiten tun ihr Übriges.

- Begrenzen sich die Möglichkeiten, Geborgenheit zu erleben vorwiegend auf die Essenszeit, so kann dies auch zu übermäßigem Essen beitragen.
- Schließlich werden die Kinder nicht zu ausreichenden und die Energiezufuhr ausgleichenden sportlichen Aktivitäten angehalten. Zudem sind auch in diesem Punkt übergewichtige Eltern selbst häufig ein schlechtes Vorbild für ihre Kinder.

Hat sich erst einmal ein falsches Eßverhalten herausgebildet, dann wird man es so schnell nicht wieder los. Dies hängt damit zusammen, daß übermäßiges Essen in vielfacher Weise *sich selbst aufrechterhält* und somit zur »Sucht« wird. Anders ausgedrückt: Durch übermäßiges Essen erfährt man unmittelbar so viel Schönes (z. B. erfahrener Wohlgeschmack, Sättigungsgefühl, innere Spannungen wie Trauer oder Wut lassen nach), daß langfristige Herz-Kreislauf-Probleme und andere mit Übergewicht verbundene Nachteile in den Hintergrund treten.

Abschließend ist darauf hinzuweisen, daß Übergewicht bei Kindern und Jugendlichen in wenigen Fällen auch durch körperliche Krankheiten verursacht werden kann. Hier muß der Kinderarzt oder Internist klären, ob und welche Stoffwechselstörungen, wie z. B. eine Schilddrüsen- oder Bauchspeicheldrüsenstörung, vorliegen.

Wie kann man helfen?

Eltern sollten *einige Regeln* für *gesundes Essen* beachten, diese ihren Kindern schrittweise nahebringen und als *Vorbild* selbst praktizieren. Einige dieser Regeln wären:

- Während des Essens nichts anderes tun!
- Langsam essen (Bissen in den Mund stecken und Besteck so lange hinlegen, bis der Bissen gut gekaut und heruntergeschluckt ist)!
- Fünf kleinere, regelmäßig über den Tag verteilte Mahlzeiten essen!

- Auf kalorienarme Kost achten!
- Vor den Mahlzeiten festlegen, wieviel man essen will, und nur einmal nehmen!
- Immer in einem bestimmten Raum, an einem festen Platz essen!

Ebenso müssen sich Eltern durch Worte, Regeln und Vorbild darum bemühen, ihren Kindern die Notwendigkeit von *Sport* und *Bewegung* nahezubringen. – Selbstverständlich sind auch Diätpläne begrüßenswert, um Anfangserfolge beim Abnehmen zu erreichen.

Wie hilft der Fachmann?

Abmagerungskuren in Kliniken oder lediglich der Einsatz eines Diätplans bringen bei Kindern nur mäßige Erfolge, das heißt, die Rückfallquote bei diesen Maßnahmen liegt bei 70 bis 80%. Sehr viel bessere Erfolge treten ein, wenn man sowohl mit den Kindern als auch den Eltern (in getrennten Gruppen) *neues Eßverhalten einübt*. Es handelt sich um ähnliche Regeln, wie sie weiter oben beschrieben wurden. Bei diesen Programmen, die von einigen Beratungsstellen für Ernährungsfragen, Gesundheitsämtern oder auch den Krankenkassen angeboten werden, werden vier *Ziele* angestrebt:

(a) Die Einstellung zum Essen und Übergewicht soll verändert,
(b) die Selbstkontrolle beim Essen aufgebaut bzw. gestützt werden,
(c) Diätvorschläge vermittelt und
(d) angemessenes Eß- und Bewegungsverhalten aufgebaut werden.

Die Ziele können in einem Zeitraum von zwei Monaten bei einstündigen wöchentlichen Sitzungen erreicht werden. Bei dem Vorgehen ist es wichtig, daß die Kinder (auch Grundschulkinder) üben, kalorienarme Mahlzeiten selbst zusammenzustellen, oder in Rollenspielen die Konsequenzen des Übergewichts nachspielen und erleben. Solche Trainingsprogramme werden, um einen langfristigen Erfolg zu erzielen, *individuell gestaltet,* indem z. B. mit einem Kind ein sogenannter »Eßvertrag« abgeschlossen wird. Dafür wird mit dem Kind ausgehandelt, welche Punkte es einhalten, in welcher Zeit es um wieviel sein Gewicht reduzieren soll und welche Belohnung es dafür erhält, wenn es die Ziele erreicht. Selbstverständlich sollen keine Süßigkeiten oder Lebensmittel als Belohnung eingesetzt werden.

Je älter die Kinder sind desto notwendiger ist es, daß sie ihr Eßverhalten selbständig kontrollieren lernen und sich mit anderen, vom Eßverhalten unabhängigen Tätigkeiten belohnen können. Wichtig bei allen Maßnahmen ist die *Rückmeldung über den Erfolg.* Tägliches wiegen und das Anlegen einer »Gewichtskurve« können hierfür gute Dienste leisten. Rückmeldungen erhalten die Kinder und Jugendlichen auch direkt über ihren Körper. Wenn sie nämlich merken, daß sie durch Gewichtsverlust und sportliche Aktivitäten gelenkiger werden und eine bessere Kondition bekommen und sie durch ein bestimmtes gymnastisches Programm spüren, wie sich ihr Bindegewebe strafft und die Muskulatur stärkt.

In vielen Fällen erzielen *Selbsthilfegruppen* (z. B. die Weight Watchers) sehr gute Erfolge, da diese Gruppen sehr strenge Absprachen, Diätpläne und ähnliches ausgeben. Die Gruppe und die ständigen Gewichtskontrollen helfen, die Vorgabe besser zu erreichen.

Literatur

Ferstl, R.: Determinanten und Therapie des Eßverhaltens. Berlin: Springer, 1980.
*Hautzinger, M. & Kaul, S.: Verhaltenstraining bei Übergewicht. Salzburg: Müller, 1978.

Adressen

Beratungsstellen für Ernährungsfragen, Gesundheitsämter, Selbsthilfegruppen (Weight Watchers), Kinderärzte.

Sachwortregister

Band 66292

Dietrich Bäuerle

Suchtgefahren – Kinder und Medikamente

Eltern, Ärzte, Apotheker und andere Erwachsene verabreichen, verschreiben, empfehlen Medikamente für Kinder: Anregungs-, Beruhigungs-, Schlafmittel. Medikamente gegen unerwünschtes Verhalten zu Hause oder für die Leistungssteigerung in der Schule. Meist bedenken die Erwachsenen nicht, daß daraus für das spätere Leben der Kinder Suchtgefährdungen entstehen können.
Dieses Buch will mit Empfehlungen und Hinweisen helfen, solchem Medikamentenmißbrauch vorzubeugen: durch liebevolle Erziehung, durch das gute Vorbild der Erwachsenen, durch sinnvolle medizinische Maßnahmen, durch eine humane Pädagogik in den Schulen und durch Vorsorgemaßnahmen in Politik, Wirtschaft und Gesellschaft.
Ein Kompaktteil im Anhang gibt allgemeine Hinweise für die Sucht- und Drogenvorbeugung sowie für angemessenes Verhalten im Krisenfall.

Ratgeber

Als Band mit der Bestellnummer 66239 erschien:

Schule, Familie und Medien üben heutzutage einen enormen Leistungsdruck auf unsere Kinder aus. Welche Gefahren dieser Streß für die Kinder mit sich bringt und wie man ihn erfolgreich abbauen kann, zeigt dieses Buch des bekannten Kinderpsychologen David Elkind.

Ratgeber

Als Band mit der Bestellnummer 66 203 erschien:

Leistungsdruck und Konkurrenzkampf bestimmen immer häufiger schon die ersten Lebensjahre unserer Kinder. Der amerikanische Psychologe David Elkind zeigt, wie Eltern übertriebenen Ehrgeiz vermeiden und ihre Kinder sinnvoll fördern können.

Band 66271

**Joan Franklin Smutny
Kathleen und Stephen
Veenker
Das begabte Kind**

Wie man es erkennt – wie man es fördert

Jedes Jahr werden schätzungsweise 500000 potentiell hochbegabte Kinder geboren.

Wie aber finden Eltern heraus, ob ihr Kind eine besonders hohe Intelligenz oder eine andere außergewöhnliche Begabung besitzt? Dieses Buch hilft Eltern, die besonderen intellektuellen oder musischen Anlagen eines hochbegabten Kindes frühzeitig zu identifizieren und schon in den ersten Jahren gezielt zu fördern – durch ein stimulierendes Zuhause, speziell entwickelte Vorschulprogramme und behutsam angewendete Kreativitätsanreize.

Margaret Reinhold

*Teufelskreis
Erziehung ?*

Fehler der Eltern erkennen und
den eigenen Kindern ersparen

BASTEI
LÜBBE

Band 66274

Margaret Reinhold
**Teufelskreis
Erziehung?**

Kontaktschwäche, Angst vor Nähe, sexuelle Störungen,
Unfähigkeit zu lieben – fast alle Probleme des Erwachsenen haben ihre Wurzeln in der Kindheit, in der Erziehung
durch die Eltern. Und nicht selten wiederholen wir bei unseren eigenen Kindern die gleichen Fehler.

Die Psychotherapeutin Margaret Reinhold schildert in diesem Buch anhand zahlreicher Fallbeispiele, wie Eltern –
bewußt oder unbewußt – die Psyche ihrer Kinder zerstört
haben und wie diese als Erwachsene damit fertigwerden
können. Denn nur, wenn wir die Fehler unserer Eltern und
ihre Auswirkungen auf unser Leben erkannt und verarbeitet
haben, werden wir in der Lage sein, den »Teufelskreis der
Erziehung« zu durchbrechen.

**BASTEI
LÜBBE**

Band 66283

Manuela Banse
Alleine erziehen

In der Bundesrepublik Deutschland leben zur Zeit rund 2,5 Millionen Alleinerziehende. Und es werden immer mehr. Ob ledig, getrennt lebend oder geschieden: Systematisch gegliedert findet der Leser in diesem Ratgeber Informationen und praktische Tips zu den brennendsten Themen wie Behörden – Kinderbetreuung – Wohnungssuche – Beruf – Partnerschaft und vieles mehr.
Manuela Banse ist selbst alleinerziehende Mutter. Ihre praktischen Erfahrungen sowie umfangreiche Recherchen machen dieses praxisnahe Buch zu einer wertvollen Hilfe.

Band 60352

Wolfgang Stürzbecher
Entwurzelt

Ein Stricher, ein Mißbrauchsopfer, ein DDR-Heimkind, ein Wohlstandsverwahrloster, ein krebskrankes Pflegekind und andere erzählen ihre Geschichte, spannend und schockierend zugleich. Die einen, die schon verloren hatten, bevor sie geboren wurden, die anderen, die – obwohl umsorgt und umhegt – es dennoch nicht schafften, Fuß zu fassen. Sie leben unter uns, und doch mag sie niemand wirklich wahrnehmen.

In diesem Buch geben sie preis, was sie bedrückt, erzählen von ihren Hoffnungen und Ängsten.

**BASTEI
LÜBBE**

Marie-Luise Lewicki

KIND UND BERUF- das geht!

Der umfassende Ratgeber für alle berufstätigen Mütter

BASTEI LÜBBE

Band 66265

Marie-Luise Lewicki
Kind und Beruf – das geht!

90 Prozent aller jungen Frauen wollen Beruf *und* Kind. Doch viele Mütter schaffen es einfach nicht, beides unter einen Hut zu bekommen – und geben auf, bevor sie es überhaupt versucht haben.
Hier hilft dieses Buch – mit praktischen Tips, mit Erfahrungsberichten berufstätiger Mütter und mit psychologischen Ratschlägen.

Aus dem Inhalt: Wir sind doch keine Rabenmütter! – Wenn beide Partner arbeiten wollen – Wer betreut mein Kind? – Die Wahl der richtigen Steuerklasse – Familie, Job – und nur noch Streß? – Noch ein Kind?

BASTEI LÜBBE